Lorelou Desjardins

Au Coin du fjord

LES AVENTURES D'UNE FRANÇAISE EN NORVÈGE

NORTH**PRESS**
OSLO, NORVÈGE

ISBN 978-82-692854-1-3

Première édition

Titre original: A Frog in the Fjord, One Year in Norway

Traduction pour la version française : Isabelle Meschi
Illustration de couverture : Rejenne Pavon
Mise en page et révision : Ionuț Burchi
Photo de l'auteure : Anna-Julia Grandberg, Blunderbuss
Illustrations des sections : Freepik.com

En savoir plus au sujet de l'auteure :
www.lorelou.com et
www.afroginthefjord.com

SOMMAIRE

PRÉFACE

par Cécile Moroni, humoriste et dirigeante d'entreprise
installée en Norvège depuis 2010

La Norvège est une perle du Nord un peu mystérieuse qui attire de plus en plus. Les paysages à couper le souffle, les fjords, les aurores boréales ou les îles Lofoten font rêver. Beaucoup de gens rêvent d'y voyager un jour et pourquoi pas, de s'y installer.

Les rapports et articles de presse des Nation Unies prouvent, année après année, que les peuples les plus heureux au monde vivent dans le Nord de l'Europe. Des émissions de voyage à la télévision aux magazines au papier glacé, il semble que les Scandinaves ont l'ensemble des outils requis pour faire face à la tous les maux, de la pandémie à la dépression hivernale. Un niveau de vie élevé, un faible taux de chômage, une égalité des sexes, des congés parentaux longs, la Norvège est aussi l'un des meilleurs pays dans lequel être mère.

Cela semble trop beau pour être vrai. La Norvège est-elle aussi extraordinaire que le chantent les rapports des Nations Unies ?

Lorelou est Franco-Québecoise et part seule vivre en Norvège pour une nouvelle opportunité professionnelle. Elle nous raconte l'histoire si personnelle et pourtant si universelle d'une aventure humaine et rencontre culturelle.

Le récit de Lorelou, *Au coin du fjord, les aventures d'une Française en Norvège,* montre que partir vivre en Norvège est une expérience inédite et valorisante. La culture norvégienne est clairement différente de la nôtre. Il y a les règles écrites, celles que l'on apprend dans les livres et les manuels d'apprentissage du norvégien. Et puis il y a toutes les autres. Celles qu'il faut des années pour comprendre, car elles sont profondément ancrées dans une vision du monde différente. Il y a également les codes établis que l'on découvre parfois dans des malentendus, et qui prêtent à rire.

Le monde du travail est aussi un exemple concret de la grande différence culturelle entre Latins et Scandinaves. En Norvège, la hiérarchie est si plate qu'on ne sait pas trop comment y naviguer en tant que Français au départ. C'est une société structurée pour mettre tout le monde sur le même pied d'égalité, et c'est tellement rafraîchissant.

Étant moi-même Française installée en Norvège depuis 12 ans, j'ai dévoré ce livre d'une traite. On se régale des aventures et mésaventures de Lorelou, de ses voyages aux quatre coins du pays et de ses découvertes culinaires. J'ai aussi trouvé très pertinentes ses analyses et ses explication historiques, qui expliquent plus en profondeur pourquoi les Norvégiens sont comme ils sont.

En 2022, le magazine *Forbes* a recommandé ce livre en écrivant que c'est l'un des cinq livres qui parle le mieux de la « vraie » Scandinavie. Il me semble que ce retour mérité vient du fait que le récit de Lorelou est un voyage aux quatre coins du pays - elle nous emmène de la «ceinture de la Bible» du Sud jusqu'en en terre Sápmi au Nord (appelée Laponie en France, ce mot est péjoratif en Scandinavie). C'est aussi une histoire sincère et captivante sur une culture hors du commun, racontée avec une légèreté pétillante. On rit avec elle de ses anecdotes cocasses : le premier dîner de Noël des collègues, la façon d'exprimer les sentiments passablement différents de la nôtre.

La Norvège est un petit pays riche, très varié, et finalement pas toujours comme on aurait pu l'imaginer. Comme le raconte Lorelou, je pense que bon nombre de Français ont été surpris par leurs codes de politesse étranges, comme le fait que personne ne vous tienne la porte en Norvège. Mais qu'à cela ne tienne, dans cette histoire, pour chaque porte fermée, s'en ouvre une nouvelle.

Le récit touche, et embarque le lecteur dans un grand voyage, avec l'idée d'un nouveau départ.

Je vous envie presque d'avoir encore tout de ce livre à découvrir !

Bonne lecture,

Cécile Moroni
Mars 2023

I

HIVER

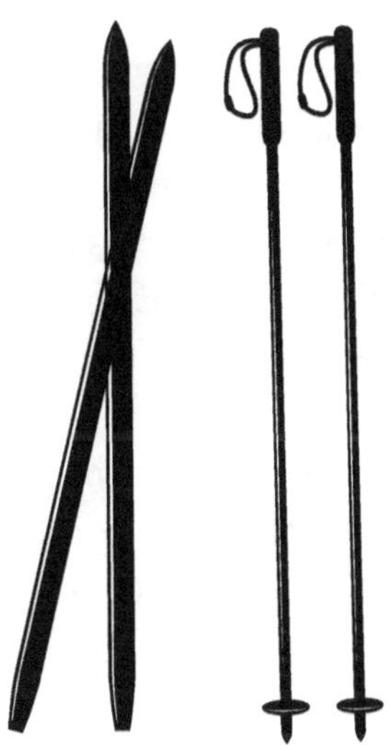

Sur la route du Nord

Rien à faire. Inutile d'insister. J'ai beau essayer de m'asseoir sur ma valise de toutes les façons possibles, elle ne se ferme pas. Alors que je m'apprête à l'ouvrir de nouveau pour en sortir des affaires, ma grand-mère entre avec trois bouteilles de vin (un rouge, un blanc et un rosé), cinq types de fromages différents et ma confiture faite maison préférée. En d'autres termes, le strict minimum pour assurer la survie d'une Française à l'étranger.

« Je suis sûre qu'ils ont aussi de quoi manger là-bas, dis-je à ma grand-mère dans son appartement parisien.

— On ne sait jamais, me répond-elle, assaillie par le doute. Il fait froid dans le Nord. Qu'est-ce qui peut bien pousser là-bas, à part de la neige et la tuberculose ?

— Des pommes de terre ? ». Après tout, les pommes de terre poussent dans les climats les plus hostiles. En fait, je ne sais pas grand-chose de ce qui pousse en Norvège. Ou plutôt, je ne sais pas grand-chose de la Norvège. Et pourtant, j'y déménage.

J'accepte ses cadeaux. Inutile de tenir tête à ma grand-mère : c'est une femme très obstinée. Et maintenant, tout ce qu'il me reste à faire, c'est de réussir à caler tous mes bagages dans le taxi qui m'emmènera à l'aéroport. Alors que je suis sur le seuil de la porte, avec près de 50 kilos répartis entre mon sac à dos, ma valise et mon grand tube en plastique contenant mes posters préférés, elle me donne un pot en verre enveloppé d'un chiffon de cuisine.

« Mamie, je ne peux rien prendre d'autre. Regarde comme je suis déjà chargée.

— C'est du miel. Tu dois le prendre. Ça te tiendra bien au chaud et en bonne santé en hiver, et comme ça, ta vie là-bas sera douce comme le miel » me réplique-t-elle.

Elle me serre fort contre elle comme si je partais pour une expédition polaire, se demandant si je serai dévorée par un ours blanc ou si j'attraperai le scorbut. Peut-être que je ne survivrai jamais à ce vol Paris-Oslo ? C'est si loin. Si dangereux.

Mon périple norvégien commence quelques semaines auparavant, dans une salle sans fenêtres, par un jour gris et neigeux dans le centre-ville d'Oslo, où j'ai passé un entretien pour l'emploi de mes rêves.

Je travaillais à Copenhague depuis un an à l'Institut danois des droits de l'homme, en tant que juriste en droit international. J'avais un métier passionnant : je conseillais des sociétés multinationales quant à leurs responsabilités liées à l'environnement et aux droits de l'homme sur le plan juridique. Mais j'avais un CDD et je n'étais pas sûre que mon contrat soit renouvelé. Je devais trouver un travail, idéalement au Danemark puisque j'y vivais avec mon petit ami. J'ai donc entrepris mes recherches au Danemark, mais après avoir envoyé plus de 60 CV, je n'ai décroché aucun entretien. Trois recruteurs m'ont appelée pour me dire que j'étais hautement qualifiée pour le poste mais que, puisque je ne parlais pas le danois, je n'avais aucune chance.

« Vous devez chercher hors de nos frontières » m'a dit le troisième recruteur. C'est à ce moment-là que j'ai décidé d'étendre ma recherche d'emploi à la Suède, en traquant notamment des postes me permettant de faire la navette avec Copenhague, comme à Malmö et à Lund. Donc, lorsque je suis tombée sur ce poste à Oslo, j'ai pensé : pourquoi pas ? Ce n'était pas vraiment la Suède, mais à cinquante minutes en avion de Copenhague, Oslo, c'était juste de l'autre côté de la mer du Nord.

J'ai pris un vol depuis Copenhague pour me rendre à mon entretien. Il m'a fallu un peu de temps pour trouver le bâtiment où j'étais censée le passer. L'adresse qu'on m'avait donnée se trouvait sur *Grensen*, à savoir « la frontière ». Donc l'entretien était à la frontière, mais laquelle ? Cela n'avait pas de sens, jusqu'à ce que je réalise que *Grensen* était une rue. Elle se trouvait à proximité du Parlement, que les Norvégiens appellent *Stortinget*, et mon application me traduisait ça en « le grand truc ». Purée, ces Norvégiens sont très informels, ai-je pensé, pour appeler leur Parlement « le grand truc ».

C'était le mois de novembre. Mon petit copain danois Aske m'avait donc conseillé de porter mes vêtements les plus chauds : des leggings thermiques, un pull en laine et le manteau d'hiver le plus épais que j'avais, ainsi que des chaussures de randonnée avec des chaussettes de ski. Je n'ai pas pu me présenter dans cette tenue à l'entretien. J'ai donc enfilé un tailleur, qui s'imprégnait d'humidité à chaque seconde qui passait. J'étais gelée, malgré mes chaussures de randonnée, mais excitée par cet entretien. Les Norvégiens que je croisais dans la rue avaient l'air de bien mieux supporter le froid : certains se baladaient même en T-shirt et baskets, les chevilles nues.

Le descriptif du poste parlait de gérer des projets dirigés par des populations autochtones vivant en Indonésie et de les soutenir pour garantir leurs droits à la terre afin de sauvegarder les forêts pluviales d'Asie du Sud-Est. Le financement provenait de Norvège. Le bureau était donc basé à Oslo, mais ce poste impliquait de voyager en Indonésie. Je connaissais bien ce pays pour y avoir vécu plusieurs années et avoir appris sa langue. L'organisation à vocation environnementale à laquelle j'avais postulé, Rainforest Foundation Norway, m'offrait un contrat de trois ans, accompagné d'avantages attractifs et d'un salaire régulier et correct. Quelque chose de rare étant donné mon jeune âge et le fait qu'il s'agissait du domaine très concurrentiel de la défense de la démocratie et des droits de l'homme. Dans ce milieu, la compétition était rude pour sauver le monde.

J'ai trouvé le bureau, changé mes chaussures de randonnée dans le hall et commencé mon entretien avec trois Norvégiens, des collègues et chefs au sein de l'organisation. Ils portaient des vêtements très décontractés : aucun d'entre eux n'avait de costume ni de cravate. J'ai même vu quelqu'un passer devant la salle de réunion en simples chaussettes. Après m'avoir posé de nombreuses questions sur mes diplômes, Bjørn, le directeur de l'organisation, m'a demandé :

« Si on vous offrait ce poste, seriez-vous prête à déménager à Oslo et à apprendre le norvégien ? C'est notre langue de travail au bureau et on ne va pas changer ça pour vous. C'était un homme de grande taille d'une soixantaine d'années, avec des cheveux blonds et bouclés et un sourire chaleureux.

— Bien sûr, j'ai déjà appris l'indonésien. Et l'anglais. Et un peu d'espagnol. Apprendre le norvégien sera du gâteau après ça » lui ai-je répondu avec assurance.

Je me suis demandé si le norvégien était difficile à apprendre. J'espérais juste que ce ne soit pas comme le danois : j'avais essayé d'apprendre cette langue quand je vivais à Copenhague mais ça avait été un vrai fiasco. Quand les Danois disaient *køkkenet* (la cuisine), j'avais toujours l'impression d'entendre « coconut ». J'avais pris des cours de danois intensifs pendant deux mois pour m'améliorer. Avec les autres étrangers, on répétait des sons qui n'existaient dans aucune autre langue, comme les coups de glotte et les "d" aspirés.

Après tout ça, j'étais capable de prononcer des mots danois mais je n'arrivais toujours pas à comprendre de quoi parlaient les gens. Je n'avais donc pas vraiment fait mes preuves dans l'apprentissage des langues scandinaves. Mais hors de question d'en informer Bjørn. À ce stade, j'étais prête à leur dire que j'apprendrais à jongler avec des boules de feu si ça pouvait m'offrir le poste. C'était une occasion unique de travailler dans le secteur qui me passionnait depuis des années.

« J'apprendrai votre langue, mais seulement si vous me payez les cours, ai-je ajouté.

— Ça marche, m'a répondu Bjørn dans un sourire. Parfait, nous vous recontacterons dès que possible au sujet du poste ».

Après quatre heures et demie d'entretien, je suis sortie épuisée. D'abord les questions, puis une dure épreuve de langue pour laquelle j'avais dû analyser un budget en indonésien. J'étais pratiquement sûre d'avoir échoué. En sortant, je n'avais pas la moindre idée de l'heure qu'il était, mais il faisait sombre. Les températures avaient encore plus chuté et une pluie glaciale fouettait mon visage et mon tailleur. Bien sûr, j'avais oublié de remettre mes vêtements d'hiver.

Ane m'attendait à l'extérieur du bureau. C'était la seule Norvégienne que je connaissais. Nous avions travaillé ensemble à l'Institut danois des droits de l'homme et nous étions devenues amies. C'était elle qui m'avait envoyé cette offre d'emploi. Nous avons papoté tout en buvant un cappuccino dans un très joli café qui s'appelait Bare Jazz. J'ai tout d'abord pensé que ça voulait dire « le bar du jazz » en norvégien, pour découvrir plus tard que ça signifiait en fait « uniquement du jazz ». Nous avons parlé de l'entretien en nous disant que ce serait génial si je décrochais ce poste. Le soir même, je regagnais Copenhague en avion.

Aske et moi, on s'était rencontrés au bureau car on travaillait tous les deux au même institut, mais dans des services différents. Il faisait des recherches pour son mémoire de maîtrise. Après plusieurs sorties, on s'était mis ensemble assez naturellement. Quelques mois plus tard, j'avais fini par perdre mon contrat de location dans un appartement que je partageais avec deux étudiants à Østerbro et Aske m'avait suggéré d'emménager chez lui à Nørrebro.

On avait une vie confortable. Il était en train de terminer ses études et mon contrat arrivait à terme. On vivait à côté d'un cimetière, ce qui peut sembler horrible, mais en fait, c'était un lieu très apprécié pour les pique-niques. Le philosophe Søren Kierkegaard y était d'ailleurs enterré. Tout ce dont j'avais besoin, c'était d'un emploi pour que l'on puisse s'installer pour de bon. Le studio qu'il avait acheté des années auparavant alors qu'il était célibataire était petit, mais on était amoureux et on n'avait pas besoin de grand-chose d'autre à l'époque.

Quelques jours plus tard, j'ai entendu le ton mélodieux de Bjørn me saluer au téléphone de son anglais teinté d'un accent norvégien.

« Nous avons vu 60 candidats au total et nous avons décidé de vous offrir ce poste. Qu'en dites-vous ? m'a-t-il demandé.

J'ai réfléchi une milliseconde.

— J'accepte ! Quand est-ce que je commence ? ai-je demandé.

— En janvier, si ça vous convient. Mais nous aimerions vraiment que vous veniez à notre fête annuelle de Noël à la mi-décembre, alors prévoyez d'être à Oslo. Ce sera une bonne occasion de rencontrer tous vos collègues de manière informelle. »

Aske n'en revenait pas.

« Tu viens juste d'accepter le poste ? m'a-t-il demandé, en me regardant raccrocher depuis notre salon de la rue Jægersborggade à Copenhague.

— Oui. C'est ce qu'on voulait, non ? ai-je répondu.

— Euh, j'imagine. La Norvège, ça fait loin. C'est une culture totalement différente de la danoise, tu sais.

— Vraiment ? C'est pas du pareil au même en Scandinavie ? Vous étiez tous des Vikings à une époque, non ? » ai-je répliqué dans un éclat de rire.

Nous en avons discuté plus tard dans la nuit. Il comprenait que ce tournant était important à mes yeux. Le poste serait fantastique. Je pourrais voyager dans la jungle indonésienne et apprendre tellement de choses.

« Ok, a-t-il conclu cette nuit-là. Je vais finir mon mémoire de maîtrise et rester à Copenhague jusqu'en mai de l'année prochaine et je te rejoindrai à Oslo au printemps. On ne vivra loin l'un de l'autre que quelques mois. Mais tu dois me promettre qu'on reviendra s'installer à Copenhague dans deux ans maximum. J'ai tous mes amis ici et mes parents. Je veux vivre ici, a-t-il ajouté.

— Deux années. Marché conclu » lui ai-je répondu en souriant.

Tout allait bien se passer. On avait un projet. J'ai appris plus tard que les projets étaient parfaitement inutiles. Plus votre projet de vie est clair, moins votre vie souhaite le suivre.

Le projet immédiat consistait à me rendre à Oslo pour la fête de Noël à laquelle Bjørn m'avait invitée, puis à passer les vacances de Noël avec ma famille et enfin, à déménager à Oslo pour de bon en début d'année. Bjørn m'avait prévenue qu'Oslo serait totalement désert pendant les vacances de Noël, ou *roumyula* selon ses termes : il valait donc mieux que je rentre à la maison. Mais durant les quelques jours que je passerais à Oslo, j'aurais le temps de rencontrer mes collègues et peut-être de m'inscrire à l'immigration.

Je n'avais pas la moindre idée de ce que la Norvège avait à

m'offrir et je ne savais pas ce que la vie me réserverait à Oslo. Avant de déménager de Paris à Copenhague, je me souviens avoir pensé que c'était un très gros sacrifice de m'aventurer si loin dans le Nord. J'imaginais Copenhague comme une ville extrêmement froide, peuplée de personnes glaciales suivant d'obscures règles sociales.

Bien que l'emploi que j'occupais à l'Institut danois des droits de l'homme ait été un CDD, il était vraiment passionnant. Ne vous méprenez pas, le Danemark est un pays merveilleux. J'avais même commencé à me faire des amis danois. Mais leur langue était dure à apprendre et leur pays si plat. C'est le seul pays que j'aie jamais visité où j'ai franchi le point culminant sans même m'en rendre compte. La « montagne des cieux » ne culmine qu'à 170 mètres au-dessus de la mer. Je me sentais plus liée à ce pays pour mon petit copain que pour autre chose. Et malgré la pluie et l'absence de relief, j'étais prête à y retourner. Apprendre le norvégien m'aurait aidée à décrocher un poste au Danemark par la suite, ai-je pensé. Je parlerais au moins une langue scandinave qui intéresserait les recruteurs.

J'ai dû annoncer mon déménagement à mes parents. Encore. Et pas pour me rapprocher de la maison. J'avais quitté Marseille, la deuxième plus grande ville de France et capitale de la Provence, à l'âge de 18 ans pour étudier l'indonésien et le malais aux Langues'O à Paris. Mes parents avaient pensé que je serais rentrée à la maison dès que j'aurais obtenu mon diplôme universitaire, mais j'avais attrapé le virus du voyage et je n'étais jamais rentrée à Marseille. Après avoir passé quelques années à Paris, j'avais étudié le droit au Québec, région dont mon père est originaire. J'étais ensuite allée en Indonésie, puis aux Philippines, pour travailler dans des organisations de la société civile spécialisées dans les droits de l'homme.

Pour payer mes voyages et mes études, j'avais travaillé dans des champs de maïs du Sud-Ouest de la France, vendu des croissants à Paris et plus tard, vendu du fromage de chèvre sur la Côte d'Azur. Bénéficier d'un enseignement supérieur abordable voire gratuit me permettait de réaliser tous mes rêves. J'avais fini par passer une maîtrise en droit international des droits humains, au Royaume-Uni Et c'était cette expérience et ces études qui m'avaient permis de décrocher le poste juridique au Danemark.

À ce moment-là, je parlais couramment l'anglais et l'indonésien-malais, j'avais des notions d'espagnol, de danois et de tagalog, mais aucune en norvégien. J'avais vécu dans sept pays, et à chaque fois, j'y avais vécu seule. Je voulais aller en Norvège non pas à cause de ses paysages dont j'ignorais tout, ni de sa nourriture que je n'avais jamais goûtée. Non, je voulais y aller parce que je me sentais ambitieuse, que ce poste était très intéressant et qu'il était proche du Danemark. Le fait que cet emploi se trouve en Norvège était secondaire. Il aurait tout aussi bien pu être à Lund ou Malmö en Suède ou au Jutland danois ou même aux Pays-bas, à partir du moment où il y avait un vol direct à moins d'une heure de Copenhague.

La Norvège était un mystère pour moi, mais cela ne me faisait pas peur. Si j'avais pu cohabiter pendant un an avec douze personnes de neuf nationalités différentes dans un seul appartement quand j'étudiais au Royaume-Uni, je pourrais certainement m'adapter à la Norvège, et ce malgré le froid à endurer et l'inhospitalité de ses habitants, que je m'imaginais déjà. Il devait bien y avoir des gens sympas là-bas aussi. Il fallait juste que je les trouve.

Mes parents, d'un autre côté, avaient espéré que je rentre à la maison après Copenhague. Après tout, j'avais assez voyagé et vu le monde, non ?

« Deux ans maximum. Juste assez de temps pour gagner en expérience professionnelle, ai-je essayé de les convaincre.

Le silence à l'autre bout du fil n'était pas dû à une mauvaise connexion : mes parents n'avaient pas imaginé un seul instant que j'aurais pu m'aventurer encore plus au nord que le Danemark.

— Mais où iras-tu après ? m'a demandé ma mère. En Sibérie ? La Norvège paraît si loin de la France.

Pourquoi mes parents pensaient-ils que la Norvège était si loin que ça ? Ils partaient en vacances en Thaïlande ou à Bali sans y réfléchir à deux fois et la Norvège était bien plus proche.

— Maman, la Norvège n'est pas si loin que ça. Il y a des vols de Paris à Oslo plusieurs fois par semaine et le trajet ne dure que deux à trois heures.

— De tous les endroits au monde où tu pouvais déménager, pourquoi la Norvège ? » m'a-t-elle demandé.

Après avoir voyagé pendant leur jeunesse, mes parents s'étaient installés à Marseille pour une raison : il y faisait beau et chaud presque toute l'année. Et pourtant, même là, ils trouvaient qu'il faisait froid en hiver. Si la température descendait en dessous de 15 °C, les gants et le bonnet étaient de rigueur. Et moi, je déménageais en Norvège. Mes chances d'y siroter une boisson sur la plage dans une noix de coco étaient très minces. J'ai découvert plus tard qu'il y a de magnifiques plages dans les îles Lofoten. Mais malheureusement, quand j'ai appelé mes parents, je n'en savais pas assez sur la Norvège pour les convaincre.

Après bien des efforts, je réussis enfin à caler le pot de miel dans l'un de mes bagages et je prends le taxi pour l'aéroport Roissy-Charles-de-Gaulle. Une fois arrivée, je commence à chercher la porte d'embarquement pour Oslo. Un jeu d'enfant : ça n'arrive pas tous les jours de voir une file de voyageurs composée uniquement de grands blonds parfaitement alignés, qui ne hurlent pas et n'essaient pas de couper la file, et dont chacun d'entre eux porte des vêtements issus des deux mêmes marques : Norrøna et Bergans of Norway.

Nous embarquons en silence. Je meurs d'envie de dire à la femme qui me précède dans la queue que je déménage dans son pays et de lui demander si elle a des conseils à me donner. Mais vu qu'elle ne m'a pas tenu la porte quand nous avons franchi les différents passages menant à l'avion, voire qu'elle me l'a envoyée à la figure, j'en déduis qu'elle n'est pas d'humeur à discuter avec une étrangère.

En essayant de mettre mes affaires dans le compartiment à bagages, je réalise que je suis bien trop petite pour l'atteindre. Je me hisse sur la pointe des pieds, tentant de faire rentrer mes bagages, et tous ces grands Norvégiens me regardent sans me proposer de l'aide. Qu'est-ce qui cloche chez ces gens ? En France, une femme qui a besoin d'aide n'a pas un mot à dire : les gens lui offrent un coup de main tout naturellement. Un homme et une femme sont assis à mes côtés, mesurant tous deux 30 cm de plus que moi et ils m'observent tandis que je me démène avec mes affaires.

Je finis par demander de l'aide à l'un d'entre eux, qui me sourit en me répondant « Oui, bien sûr » avant de prendre mes bagages avec facilité et de les mettre à l'endroit prévu sans aucun effort : le compartiment à bagages arrive au niveau de sa tête. Moi, j'arrive au niveau de ses coudes. Pareil pour les portes : ne vous attendez pas à ce qu'on vous les tienne. C'est un peu comme si ces gens n'avaient pas de manières. Mais je ne suis pas encore arrivée en Norvège, ne soyons pas trop négatifs au sujet du pays tout entier et de ses habitants. Peut-être que seuls les gens de l'avion se comportent comme ça ou bien qu'ils ont de bonnes raisons de le faire.

L'homme qui est assis près de moi dans l'avion n'arrête pas de jouer avec une petite boule noire de je-ne-sais-quoi avant de la porter à sa bouche. La femme de l'autre côté tricote sans relâche. Aucun des deux ne m'adresse la parole, mais je n'engage pas non plus la conversation, trop occupée que je suis à lire un livre en français sur l'apprentissage du norvégien.

Quand nous avons atterri à Oslo, tout le monde a quitté l'avion dans un silence et une discipline dont je n'avais jamais été témoin de ma vie. J'ai pensé à la même scène en France juste avant les vacances de Noël. Sur un vol de ce genre, le steward avait annoncé : « Nous prions tous les passagers de ne pas rallumer leur portable avant que l'avion ne se soit arrêté et ait atteint le terminal. Mais pour ceux d'entre vous qui l'ont déjà fait, souhaitez un joyeux Noël à votre famille ! ».

À vrai dire, ils étaient calmes, jusqu'à ce que l'on atteigne la zone pour récupérer nos bagages à Oslo-Gardermoen. Ensuite, ils se sont tous évaporés dans la nature et je suis restée plantée là toute seule à attendre mes bagages, avec pour seule compagnie une Indienne en béquilles.

Où sont-ils passés ? me suis-je demandé. Il était 23 h 30 et le dernier train était sur le point de partir en direction de la gare centrale d'Oslo. Qu'est-ce qui pouvait être important au point de préférer rater le dernier train? Et puis, à un moment donné, ils ont tous ressurgi avec des sacs de l'aéroport d'Oslo remplis de bouteilles d'alcool, de boîtes en carton et de sachets de bonbons. Du vin et des bonbons : c'est ce qui vaut vraiment la peine de rater le dernier train pour rentrer chez soi ? Bizarre, ai-je pensé. Ils ne peuvent pas s'acheter ça dans des magasins ordinaires en Norvège ?

Je suis arrivée en ville dans la nuit la plus sombre qu'il m'ait jamais été donné de voir et je me suis enregistrée auprès de l'hôtel dans lequel mon entreprise m'avait réservé une chambre jusqu'à ce que je trouve un logement. Seule dans une pièce hors de prix et minuscule, j'ai regardé la neige tomber en pleine nuit.

Mon Dieu, dans quoi m'étais-je embarquée ? J'aurais pu être n'importe où d'autre à ce moment-là, quelque part où le soleil aurait brillé quelques heures durant la journée. Et au lieu de ça, j'attendais d'être au lendemain en mangeant la seule nourriture norvégienne que la réceptionniste de l'hôtel avait pu me conseiller : une *pølse i lompe* provenant d'un endroit s'appelant Narvesen, un magasin local ouvert de 7 h à 23 h. Tout en mangeant cette saucisse au goût de plastique sucré enveloppée d'une crêpe froide au goût de pomme de terre, je me suis demandé quel était le taux de suicide dans ce pays et si les gens y consommaient beaucoup de drogues.

La traditionelle fête de Noël

La fête de Noël du bureau était le lendemain. Je suis passée au bureau pour dire bonjour et confirmer que j'étais arrivée à Oslo et que je me joindrais à leur fête. Sur le chemin, d'épais flocons de neige tourbillonnaient dans le vent. J'ai vécu au Canada, alors la neige ne me fait pas peur. Ni le froid d'ailleurs. Mais la différence, c'est qu'à Montréal, tout est conçu pour protéger les piétons du froid, avec des tunnels sous-terrains qui relient les centres commerciaux, universités et stations de métro. À Oslo, par contre, le temps ne semble pas gêner qui que ce soit. C'est comme si les Norvégiens avaient envie d'être à l'extérieur, même par - 15 °C en ce vendredi matin du mois de décembre. Les Norvégiens aiment-ils le vent et le froid ? Quel peuple étrange.

Le bus a fini par arriver. En montant dedans, je me suis aperçue que chaque personne était assise seule avec son sac sur le siège d'à côté. Le bus était parsemé de gens, et personne n'avait de voisin. Une distanciation sociale sans pandémie! Il y avait aussi des paires de sièges vides, mais voulant me montrer amicale, je me suis assise près d'une dame qui n'avait pas posé son sac à ses côtés. Je lui ai dit bonjour avec le sourire.

N'obtenant pas de réponse, j'ai pensé qu'elle ne m'avait pas entendue. J'ai donc touché son bras en lui souriant de nouveau et en disant : « *Hei* ».

Elle m'a regardée comme si je la harcelais. Avant même que je commence ma phrase, elle était partie s'asseoir autre part, sans personne à côté d'elle. Peut-être qu'elle n'aimait pas les étrangers ? Ou bien, peut-être que j'avais mauvaise haleine ? Ou alors, elle ne souhaitait pas parler. Quelle tristesse de ne pas pouvoir discuter avec les autres passagers du bus quand on se rend au travail. À Marseille, on peut plaisanter avec son voisin et discuter tout le long du trajet avant de se quitter sur un « Au revoir, bonne continuation ! ». Mais effectivement, à Paris c'est un peu différent : pas grand monde ne se sourit ni se parle dans le métro. Peut-être que les Osloïtes sont plus proches des Parisiens que des Marseillais.

Les passagers du bus n'avaient vraiment aucun contact, ni physique ni visuel entre eux. Ils regardaient tous droit devant eux ou étaient rivés à leur iPhone. Les passagers qui montaient dans le bus essayaient toujours de trouver une place isolée. S'il n'y en avait pas, alors seulement ils s'asseyaient près d'un passager en lui demandant s'il pouvait déplacer son sac par terre. J'espérais seulement que les Norvégiens étaient capables de plus d'amabilité qu'en ce vendredi matin dans ce bus.

Arrivée au travail, j'ai pris l'ascenseur direction le cinquième étage. Un homme est entré au deuxième étage. Cherchant à me montrer polie et chaleureuse, je lui ai adressé un « Bonjour ! ». Il a alors marmonné un *hei* tout en me regardant d'un air extrêmement gêné, avant de regarder un point fixe au sol. Je me suis alors souvenue d'une blague d'Aske. Comment distinguer un Norvégien introverti d'un Norvégien extraverti ? Lorsqu'il vous parle, l'introverti fixe ses chaussures, tandis que l'extraverti fixe les vôtres. J'avais mal compris, ce n'était pas une blague, mais la réalité !

La directrice des ressources humaines de l'organisation était là. Sur sa porte, le mot Gro était inscrit sur une plaque dorée. « Votre nom est Gros ? » lui ai-je demandé.

« Pas du tout, c'est G-r-o-u », m'a-t-elle corrigée. Ah oui, beaucoup mieux. Pardon Grou.

Pour la petite histoire, j'ai appris plus tard que Gro est un prénom féminin très commun en Norvège. C'est entre autres le prénom de la Norvégienne la plus connue de France : Eva Joly.

Gro m'a fait visiter les locaux, m'a donné quelques documents à lire, puis m'a signalé les issues de secours en cas d'incendie dans le bâtiment. Elle m'a aussi montré mon bureau où deux futurs collègues qui travaillaient m'ont saluée de la main.

« Voici Turbanne et Uva » m'a informée Gro. Turbanne, encore un prénom étrange. Donc les femmes en Norvège s'appellent Gros et les hommes Turbanne. C'est pas simple.

« Ils travaillent tous les deux dans la section Asie de notre organisation, comme toi, et seront tes collègues les plus proches » a-t-elle ajouté.

Uva (ou est-ce que c'était Uve ?) était une grande rousse. Mais après tout, tout le monde est grand en Norvège comparé à moi. Je fais un mètre soixante.

« Je viens d'un endroit qui s'appelle Voss, sur la côte ouest de la Norvège, m'a-t-elle dit en anglais. Je te préviens : mon dialecte norvégien est difficile à comprendre et j'écris dans l'autre langue norvégienne : le néo-norvégien ou *nynorsk* ».

Hein ? Lorsque Bjørn m'avait dit que j'allais devoir apprendre le norvégien, il n'avait pas mentionné l'existence de deux langues, et encore moins de dialectes. Je me suis contentée de sourire.

« Génial ! J'ai hâte d'apprendre ton dialecte ! » lui ai-je répondu.

Turbanne, un homme chauve et barbu, m'a chaleureusement serré la main en me disant « *Selamat datang!* », ce qui veut dire « Bienvenue » en indonésien. Toute l'équipe parlait couramment l'indonésien car nos partenaires sur place ne parlaient pas anglais et venaient souvent de tribus vivant dans les forêts tropicales d'Indonésie ou de Malaisie.

J'ai aperçu une paire de skis derrière son bureau et il avait l'air de porter une tenue de ski. Ces pantalons moulants avec des parties reflétant la lumière. Étrange attirail pour un jour où on se rend au bureau. En y réfléchissant, c'était lui que j'avais vu se balader en chaussettes quand j'avais passé mon entretien ici.

« Mon dialecte est du coin, alors tu devrais avoir moins de mal à me comprendre. Tu aimes skier ? m'a-t-il demandé après avoir surpris mon regard qui s'attardait sur ses skis.

— Eh bien, je n'ai pas beaucoup skié dans ma vie. Je viens du Sud de la France où il ne neige qu'une fois tous les 15 ans et où ils ferment l'aéroport et les écoles quand ça arrive.

Il a ri.

— Ok. Je viens juste d'acheter de nouveaux skis pour mes filles. On va skier ce week-end si le temps le permet. On pourra t'apprendre un de ces jours ! ».

Oui, ce serait génial, ai-je pensé. Avec des gens aussi sympas, mon nouvel emploi commençait bien.

Soudain, Gro s'est exclamée : « Oh regardez, il fait déjà noir dehors !

— Que veux-tu dire par 'noir dehors' ? Qu'il fait nuit ? ». J'ai jeté un coup d'œil à ma montre, puis à la fenêtre, avant de regarder de nouveau ma montre. Ce n'était pas une erreur : il n'était que 14 h 30 et une nuit noire enveloppait déjà Oslo.

— Ne t'inquiète pas. Le soleil revient dans deux semaines. À partir de là, tout ira mieux, m'a-t-elle répondu.

— Le soleil revient ? C'est-à-dire ? ai-je demandé.

— Le solstice d'hiver. Tu sais, en ce moment, on a environ 4 heures de lumière par jour mais les jours s'allongent après le 21 décembre, a-t-elle ajouté, comme si tous les habitants du monde savaient ça. Sauf que la plupart d'entre nous vivons dans des pays où nous ne sommes pas forcément impatients d'attendre des jours plus longs ou plus courts.

— Combien de minutes de soleil on gagne par jour à partir de cette date ? ai-je demandé.

— Quelques minutes, je crois » m'a-t-elle répondu.

Formidable. Il fera de nouveau jour dehors quand j'aurai fêté mes 45 ans.

Pendant que je calculais combien de semaines il faudrait pour avoir une journée d'ensoleillement semblable à Paris ou Marseille, j'ai entendu Gro crier un « *Gouyul!* », son sac à dos sur l'épaule.

« Attends une minute, tu pars déjà ? Mais il n'est que 15 h ! lui ai-je demandé.

— Oui, m'a répondu Gro en riant. Je dois aller chercher mes enfants à la crèche, m'a-t-elle expliqué, en enfilant son manteau et ses bottes.

— Mais tu ne viens pas à la fête de Noël ? » lui ai-je demandé. Trop tard, elle était déjà partie. Peut-être qu'elle était chargée d'organiser des choses pour la fête et que c'était la raison pour laquelle elle était partie si tôt ? Et que voulait dire *gouyul* ? Ça devait signifier « au revoir » en norvégien.

« *Gouyoul* » ai-je répondu, en faisant au revoir de la main à une porte qui s'était déjà refermée. Heureusement, Uva et Turbanne étaient encore là et ils se rendraient directement à la fête de Noël du bureau. Le dîner débutait à 17 h. Vous imaginez ? En France, c'est l'heure du goûter.

Avant de quitter le bureau, tous mes collègues qui se rendaient directement à la fête ont troqué leur tenue de travail pour des vêtements beaucoup plus habillés. Nous sommes passés devant le Palais royal d'Oslo pour nous rendre dans un appartement situé derrière Litteraturhuset, la Maison de la littérature. Je m'étais aussi changée et je portais une jolie robe noire et les plus hauts talons que j'avais dans mon placard : trois centimètres. Une fois arrivés, Bjørn a ouvert la porte en nous lançant « *Gouyoul!* » et en me serrant dans ses bras brièvement. J'apprendrai plus tard qu'il me donnait mon premier *klem* norvégien et que c'était bon signe.

Ce à quoi je lui ai répondu : « Au revoir ? ».

Il a ri. « *Jul* signifie 'Noël' en norvégien, m'a répondu Bjørn. *God jul* veut dire 'Joyeux Noël' et cette fête est une *julebord* ou littéralement, une 'table de Noël' en norvégien. Voilà ta première leçon de norvégien » a ajouté Bjørn.

Tous les hommes portaient un costume et les femmes étaient magnifiques en robe et bien maquillées. Il était difficile de croire qu'il s'agissait des mêmes personnes qui s'habillaient de manière si décontractée au bureau ou lors d'un entretien d'embauche.

Nous étions chez Bjørn et il avait disposé d'immenses tables qui faisaient le tour de l'appartement telle une chenille géante, toutes les chaises ressemblant à des pattes. Il y avait près de 30 assiettes et une grande quantité de nourriture déjà prête. Nous nous sommes tous assis et Bjørn a fait un discours. Ça m'a rappelé les Danois. Ces gens-là aiment les discours, et plus ils deviennent soûls, plus ils font de discours. Uva, assise près de moi, me servait de traductrice. Bjørn était en train de dire qu'il nous accueillait à la *julebord* du bureau, puis il a ajouté qu'il s'agirait d'une fête de Noël typiquement norvégienne et il a terminé en souhaitant la bienvenue aux nouveaux employés, dont je faisais partie. Lorsqu'il a prononcé un mot qui ressemblait à mon prénom, j'ai salué de la main les gens qui me regardaient avec un sourire bienveillant.

La table était inondée de nourriture, y compris de saumon

fumé, de gravlax et d'un aliment qui sentait les pieds malodorants mais qui était très bon : le *rakfisk*. Il y avait aussi une salade de pommes de terre, des crêpes de pommes de terre surnommées des *lefse*, des betteraves au vinaigre, encore des pommes de terre, de l'agneau fumé, d'autres types de viande salée ou séchée et bien d'autres choses que je n'avais pas encore identifiées. J'ai goûté à un peu de tout, mais même s'il y avait beaucoup de nourriture, tout était froid. J'ai donc supposé qu'il s'agissait de l'entrée et je me suis limitée, en attendant qu'on apporte le plat principal. Peut-être que ce serait de l'agneau ou du poisson chaud. Pendant ce temps, un homme roux et extrêmement silencieux nous versait un alcool très fort dans nos verres à chaque fois qu'ils étaient à moitié vides.

J'ai continué d'attendre. Jusqu'à ce que je comprenne que tout le monde s'enivrait et que personne ne mangeait plus vraiment. J'ai donc chuchoté à l'oreille d'Uva :

« Il y a d'autres plats après ça ?

— Non, tout le dîner est là. Il y aura du dessert et du café en plus. Et plus d'alcool, m'a-t-elle répondu. Si tu as encore faim, tu devrais manger maintenant ».

Elle m'a montré comment mettre du *rakfisk* dans la *lefse* et comment y ajouter de la crème fraîche aux poireaux. On nous a ensuite servi de la glace surmontée de fruits rouges chauds, et des tonnes de café. Et puis, ils ont retiré les tables et les chaises. C'est là que j'ai compris pourquoi nous étions toutes en robe légère malgré le froid qu'il faisait dehors : on allait danser toute la nuit. Les gens sérieux et timides qui m'avaient fait un signe de main discret au début du dîner se lâchaient désormais sur la piste de danse.

J'en ai profité pour discuter, notamment avec un homme très grand et chauve qui racontait des blagues très drôles, une femme brune de grande taille qui parlait très bien le français et les deux Français qui travaillaient déjà ici : Marc et Roger. Marc habitait en Norvège depuis près de 12 ans et Roger venait juste d'arriver. Ils travaillaient tous les deux dans le droit foncier en République démocratique du Congo. On m'a aussi présenté un homme du nom d'Erik qui faisait rire tout le monde dès qu'il ouvrait la bouche même s'il gardait toujours un air très sérieux.

Vers la fin de la nuit, je n'arrivais pas à en croire mes yeux. Marc s'était endormi sur le sofa. Erik, lui, dormait sous le sofa, alors même que la musique résonnait encore à plein volume. D'autres collègues étaient dans la cuisine et plongeaient leurs mains dans la casserole de fruits rouges chauds pour les attraper. Roger n'est pas resté longtemps à la fête car il avait trop mangé de *rakfisk* et s'était soudain senti très mal. Les gens dansaient beaucoup et certains d'entre eux se trémoussaient collés l'un à l'autre, comme s'ils flirtaient. Et puis, j'ai vu deux personnes qui avaient l'air d'être toutes deux à l'âge de la retraite s'embrasser passionnément comme deux adolescents. Mais qu'est-ce qui se passe ? ai-je pensé. Tous ces gens si polis et réservés se lâchaient tout à coup et changeaient de personnalité. À un moment donné, j'ai réalisé que je n'avais que deux options : me soûler ou partir. J'ai donc décidé d'accepter que l'homme silencieux me verse plus d'alcool fort dans mon verre. Il gardait toujours la bouteille à la main et je lui ai demandé ce que c'était.

« De l'*aquavit*. Celui-ci est chaud et norvégien, celui-là froid et suédois. Les vrais Norvégiens ne prennent que le chaud. L'autre, c'est pour les chochottes » m'a-t-il répondu d'un air très sérieux. Eh bien, va pour l'alcool chaud !

À la fin de la nuit, j'avais l'impression de mieux connaître mes collègues. Par contre, je ne me rappelais pas de la moitié de leurs prénoms. On aurait dit que 50 % des femmes s'appelaient Tine, Trine ou Katrine, et l'autre moitié Ane, Anne, ou Hanne. Quant aux hommes, leurs prénoms étaient remplis de sons impossibles à prononcer : Eustaïn, Aoudoun, Goat et

Tourchiell. Après avoir bien rigolé et dansé, ils sont rentrés chez eux, leur cravate sur la tête, mais je dois admettre que je ne me sentais pas encore vraiment à l'aise. Il semblait y avoir des codes sociaux invisibles que je n'arrivais pas encore bien à cerner et les gens se montraient amicaux tout en restant distants. En quittant le bâtiment pour retourner à l'hôtel, j'ai vu un homme qui portait un costume hors de prix se soulager dans la rue avec ce qui ressemblait à une part de gâteau à la crème sur la tête. Les gens deviennent vraiment fous dans ce pays quand ils boivent.

J'avais bien fait de ne pas aller au lit trop tôt, car le lendemain, en me réveillant à 10 h, le soleil venait tout juste de se lever. Il faisait froid, mais j'ai décidé de quitter ma chambre d'hôtel pour voir Oslo. Je voulais découvrir la ville pendant mon jour de repos. J'ai descendu la rue de l'hôtel sur quelques mètres et j'ai vu un homme habillé en tenue en latex moulante qui portait des skis sur ses épaules. Il était là à attendre le bus avec ses chaussures de ski de fond aux pieds. On est au cœur d'une capitale européenne. Il y aurait des pistes de ski à quelques arrêts de bus d'ici ?

Puis, j'ai vu dix autres personnes avec des skis, alors j'ai pensé qu'il devait vraiment y avoir des pistes de ski tout près d'ici. D'autres faisaient du jogging dans la neige et portaient des vestes jaune et vert vif qui me faisaient mal aux yeux. C'était moi qui avais la gueule de bois ou bien la mode d'Oslo qui déclenchait des migraines chez les moins sportifs d'entre nous ? Sans doute un peu des deux.

On était samedi, il faisait - 12 °C et ils étaient en train de courir ou de skier avant midi. Pourquoi ne sont-ils pas chez eux, au coin du feu, à boire du chocolat chaud, au lieu de s'entraîner dans le blizzard ?

Je me suis promenée, en tentant de m'imprégner de l'atmosphère de la ville. Ma première impression a été que les Norvégiens aimaient vraiment les travaux. Il y avait des travaux de construction vraiment partout, notamment sur le front de mer près de l'Opéra d'Oslo. Je suis allée au port Aker Brygge et au grand tremplin de saut à ski à Holmenkollen d'où on peut voir la ville tout entière et le fjord. C'était si joli. Et il faisait si froid. Le vent glacial me piquait les yeux et mes gants étaient trop fins. Les affaires préparées par Aske étaient sûrement adaptées à un hiver danois mais peut-être pas à un hiver norvégien.

Ce soir-là, on s'était donné rendez-vous dans un bar en ville avec Ane. Il faisait nuit depuis plus de six heures à ce moment-là et le sommeil me gagnait, mais les rues du centre-ville semblaient animées. Ane m'attendait au bar.

« Comment ça se passe ta nouvelle vie à Oslo ? m'a-t-elle demandé.

— Eh bien, mes collègues ont passé deux heures avec moi avant de partir et il fait tout le temps nuit. Les gens que je rencontre n'ont pas envie de me parler, lui ai-je répondu. J'ai de la chance de te connaître, je pars vraiment de zéro en Norvège, ai-je ajouté.

— Ne t'inquiète pas, je vais te présenter mes amis. Je ne serai pas tout le temps en ville vu que mon nouveau travail me fait beaucoup voyager, mais je resterai dans le coin. D'ailleurs, je vais bientôt organiser une fête. Avec un peu de chance, tu y rencontreras du monde » m'a-t-elle dit. Elle venait tout juste de commencer à travailler au Norwegian Refugee Council (Conseil norvégien pour les réfugiés, une ONG humanitaire).

Nous avons passé le reste de la soirée à boire des demi-verres de vin très chers et à nous raconter ce que devenaient nos anciens collègues. Je suis retournée à l'hôtel vers minuit. Des gens très joyeux se promenaient dehors et il semblait y avoir bien plus de monde dans les rues que le matin même. À ma grande surprise, un groupe de personnes m'a abordée de manière très amicale. Un des hommes a posé sa main sur mon épaule et son amie m'a demandé si je voulais prendre une gorgée de sa bière. Waouh, des Norvégiens m'avaient touchée. C'était inouï compte tenu des deux jours que je venais de passer dans ce pays. Ce soir-là, j'en suis arrivée à la conclusion suivante : les Norvégiens sont bien plus sympas la nuit que le jour. Apparemment, ce serait lié aux liquides : au manque de café le matin et au surplus d'alcool dans leur sang le soir.

En bref : les Norvégiens peuvent sembler froids quand on leur parle dans le bus, quand ils sont sobres et avant d'aller au travail. Mais ils sont bien plus chaleureux quand on discute avec eux le soir et sous l'influence de l'alcool. Les Norvégiens ne semblent pas être capables d'échanger des banalités dont les autres nations raffolent.

Ce pays reçoit très peu de lumière et il y fait froid en hiver. Pourtant, ça n'empêche pas les gens d'aller skier à 10 h du matin pendant un de leurs jours de repos au lieu de rester au lit à regarder la télé.

Le vin coûte très cher dans les bars norvégiens, mais il n'est pas de très bonne qualité. Quand je vois qu'un verre de vin en Norvège revient à peu près au double de ce que coûte une bouteille de vin en France... Vais-je survivre ici ? Cela fait juste deux jours que je suis là et j'ai déjà envie de pleurer.

LE MONDE DU TRAVAIL NORVÉGIEN

Mes premières semaines à Oslo étaient remplies de rendez-vous administratifs et autres dossiers à remplir en ligne. Les choses habituelles quand on déménage dans un autre pays. Je n'existais pas encore aux yeux de la Norvège. J'ai donc dû m'inscrire auprès des autorités norvégiennes fiscales et de l'immigration, obtenir un numéro de sécurité sociale ou numéro personnel, faire une demande d'ouverture de compte en banque pour recevoir mon salaire, m'inscrire à un cours de norvégien et trouver un endroit où vivre. Sans compter le travail bien sûr. Je devais m'adapter à une nouvelle manière de travailler.

J'ai commencé par m'enregistrer comme étrangère résidente en Norvège, procédure que l'on doit faire auprès de la police norvégienne. Après avoir pris un rendez-vous en ligne, j'ai ensuite fait la queue et présenté mon contrat de travail, mon passeport etc. Ensuite, j'ai dû m'enregistrer au Trésor public national. On m'a promis qu'on m'enverrait rapidement mon identifiant personnel, qui allait me permettre d'ouvrir un compte en banque, de recevoir mon salaire et de payer mes impôts. Au final, tout ça m'a pris deux mois, période pendant laquelle mes économies ont fondu à vue d'œil. J'ai consommé beaucoup de pâtes à la sauce tomate. Sans compte en banque, mon salaire était en suspens. La vie coûtait très cher en Norvège, surtout sans salaire.

Les premiers jours de travail ont été plutôt calmes. J'ai beaucoup lu pour en savoir plus sur l'organisation pour laquelle je travaillais et son histoire. J'ai aussi observé mes collègues pour chercher à m'intégrer et éviter tout faux pas culturel. J'avais déjà remarqué que les choses étaient différentes ici : les collègues ne se faisaient pas la bise pour se saluer. Ils m'avaient serré la main la première fois qu'on s'était rencontrés, après quoi, ils s'étaient contentés de me lancer un *Hei* (Bonjour) de loin. Certains matins, ils ne disaient même pas *Hei*. Les gens avaient peu de contacts physiques entre eux et ne se faisaient même pas de tapes sur l'épaule. J'ai aussi remarqué qu'ils semblaient très concentrés et qu'ils prenaient rarement des pauses-café. Mais ils quittaient leur travail tôt, laissant leur poste à 16 h ou souvent encore plus tôt dès 14 h 30 car ils devaient aller chercher leurs enfants. Avec Noël qui approchait, les collègues étaient de moins en moins au travail même si on devait pointer 7 heures et 45 minutes par jour.

Et je ne sais pas trop pourquoi, mais tout ce qui s'était passé à la *julebord* avait été effacé de leur mémoire. À chaque fois que j'essayais de mentionner la soirée pour créer une sorte de lien entre nous, ils gardaient le silence et s'éloignaient. J'ai appris que ceux qui s'étaient embrassés étaient mariés à d'autres personnes, et qu'en plus, ils n'avaient pas l'air de s'apprécier plus que ça au travail. Est-ce que j'étais en train de rêver ? Toutes ces choses étaient bien arrivées, non ?

« Ce qui se passe à la *julebord* reste à la *julebord* » m'a expliqué Uva quand je lui ai demandé. J'avais tant de choses à apprendre sur les codes sociaux norvégiens dans le milieu du travail.

Le rythme s'est accéléré après les vacances et j'ai participé à ma première réunion de travail norvégienne. Il s'agissait d'une réunion qui regroupait 30 membres du personnel, tous assis autour d'une table. Elle s'est passée en norvégien du début à la fin. Du coup, je n'ai rien compris. J'ai essayé de lire le langage du corps et de décrypter les intonations pour deviner ce qui se disait. J'ai eu du mal à me concentrer sur les mots à cause de sons étranges qu'émettaient les gens assis autour de la table. Certains d'entre eux produisaient des bourdonnements, sans ouvrir la bouche.

J'avais l'impression que les gens qui bourdonnaient exprimaient en fait un avis : soit ils étaient d'accord, soit ils désapprouvaient ce qui était dit. Difficile à dire car ils fixaient tous leurs mains posées sur la table, en s'évitant du regard. Et puis, il y en avait d'autres qui faisaient des bruits d'aspiration rapide, avec des petits sons tels que « ha », comme s'ils venaient juste d'apprendre quelque chose de choquant et avaient besoin de se poser pour respirer. Peut-être qu'ils avaient de l'asthme ? Ou bien qu'ils donnaient aussi leur point de vue ? J'espérais juste qu'ils n'allaient pas tous s'évanouir d'un coup.

Autre mystère : une femme tricotait pendant la réunion. De toute ma vie, je n'avais jamais vu personne tricoter au travail. J'imagine qu'il y a un début à tout.

Peut-être que je pourrais demander à la collègue tricoteuse de me tricoter des gants, ceux avec les petits motifs norvégiens en laine. Ils ont l'air bien plus chauds que ceux que j'ai ramenés du Danemark.

Pendant la pause, je lui ai demandé si elle avait du mal à suivre le contenu de la réunion. Elle m'a répondu que le fait de tricoter l'aidait à mieux se concentrer. J'ai alors pensé à ce qui m'aidait à mieux me concentrer : écouter du jazz, boire du vin rouge. Est-ce que je pouvais, moi aussi, faire ça pendant une réunion norvégienne ? Il valait mieux que j'en parle à mon chef, Bjørn. Elle a ajouté qu'elle ne travaillait pas ici mais qu'elle enquêtait sur les conditions de travail de plusieurs entreprises. Mince ! Je n'allais pas la revoir. J'allais devoir trouver quelqu'un d'autre pour me tricoter ces gants. Malheureusement, je n'ai plus jamais revu de tricoteuses au bureau après ça.

Tout cela m'a tellement perturbée que j'ai craqué pour une deuxième tasse de café. Ce n'était pas dans mes habitudes d'en boire autant mais les circonstances étaient extraordinaires. J'ai regardé ma montre : nous n'étions pas encore arrivés à la moitié de la réunion. Heureusement, la table regorgeait de café pour m'aider à rester éveillée jusqu'au bout.

Autre surprise : notre directeur Bjørn parlait peu. Mais toutes les autres personnes autour de la table avaient quelque chose à dire et le faisaient. Leur ton restait monotone tout du long, et dans l'ensemble, ils étaient très polis et mesurés. En général, il y avait de longues pauses entre chaque personne. Bjørn écoutait, prenait des notes et à la fin de la réunion, personne ne semblait ni satisfait ni frustré. Il a ensuite dit quelque chose d'un ton tout aussi affable. Si toutes les réunions sont aussi paisibles que celle-ci, travailler en Norvège va être un vrai rêve.

En sortant de réunion, Bjørn m'a demandé :

« Alors, qu'as-tu pensé de ta première réunion norvégienne ?

— Je n'ai pas compris les mots, mais j'ai l'impression que cette réunion s'est très bien passée ! lui ai-je répondu.

Il a ri, puis m'a demandé :

— Vraiment ? Qu'est-ce qui te fait penser ça ?

— Tout le monde était si calme : ni conflit, ni colère, ni énervement. Personne ne parlait plus fort que les autres, les gens ne se coupaient pas la parole et n'étaient pas agressifs comme on le voit dans les bureaux français, ai-je répondu.

– Eh bien, m'a indiqué Bjørn, le sourire toujours aux lèvres, la réunion ne s'est pas bien déroulée. Les gens étaient très agacés, ils ont refusé la plupart des propositions et nous ne sommes pas allés plus loin que le deuxième point à l'ordre du jour. On a dû programmer plusieurs autres réunions pour parvenir à un compromis et se mettre d'accord sur des solutions.

– Ah, je ne suis pas encore assez douée pour déchiffrer les Norvégiens, ai-je admis. Mais pourquoi n'as-tu pas simplement pris une décision à la fin au lieu de programmer une autre réunion ? C'est toi le patron, non ? ai-je ajouté.

– Je le suis, mais en Norvège, les chefs ne peuvent pas décider sans tenir compte des souhaits de leurs employés. Le monde du travail norvégien a une structure bien moins hiérarchisée que dans la plupart des autres pays. Nous devons tous discuter avant de prendre des décisions. Je dois y aller. Autre réunion. Bonne chance, Lorelou ! » a-t-il conclu en m'offrant un sourire encourageant.

J'ai regagné mon bureau en proie à la plus grande perplexité. Comment j'avais pu autant me tromper en décryptant le langage du corps et le ton des voix ? Les façons d'exprimer de l'agacement, de l'opposition et du désaccord différaient tant que ça entre les Norvégiens et les Français au point de m'avoir tout fait interpréter de travers ? Et si c'est comme ça qu'ils marquent leur désaccord, comment font-ils alors pour montrer qu'ils sont d'accord ? Les Français ont leurs défauts, mais au moins quand quelqu'un n'est pas d'accord avec vous, ça se voit très clairement.

Un autre élément m'étonnait. Les gens étaient assez informels au travail. Mon collègue en chaussettes n'était pas le seul à s'habiller de manière décontractée. Personne ne portait de costume ni de cravate, et encore moins de chaussures vernies. Les gens arrivaient avec leurs grosses bottes d'hiver et les gardaient souvent toute la journée. Il était pratiquement impossible de différencier le directeur de la personne payée pour laver les bureaux. Ils sont habillés presque de la même façon, et tout le monde se parle d'égal à égal. Tout le monde semblait aussi employer le terme « *du* » qui veut dire « tu » et je ne décelais aucun signe de l'existence de « vous ». En demandant à Turbanne, il m'a appris que les Norvégiens n'utilisent le vouvoiement que pour une personne : le roi de Norvège.

En bref : un lundi matin au bureau n'est pas le bon moment pour s'habiller avec un costume et une cravate, ou des chaussures à talon pour les femmes. Les Norvégiens attendent plutôt les fêtes de bureau pour cela.

Après la réunion, nous sommes allés déjeuner. À 11 h 30. Ce qui, en France, correspondrait à un petit déjeuner tardif. Mes collègues s'activaient dans la cuisine du bureau avec des morceaux de pain dur qu'ils appelaient du *knekkebrød*, un pain rectangulaire qui produisait un « knekk » quand on le rompait, un peu comme des cracottes WASA. Ils y ont ajouté des ingrédients, qui variaient beaucoup d'une personne à l'autre (poisson, légumes, pâtes à tartiner en tube) mais qui avaient tous le même nom en norvégien : *pålegg*. Apparemment, il n'y a pas beaucoup de mots pour désigner la nourriture dans cette langue. Pas beaucoup d'aliments chauds non plus. Tout a été plié en moins de 30 minutes.

Au fil des semaines, j'ai tenté de m'intégrer en mangeant du *knekkebrød* avec ce fromage plastifié blanc dont les Norvégiens raffolaient. C'était bien trop fade pour moi, mais j'essayais de me fondre dans le paysage. Malgré mes efforts, on m'a beaucoup reprise sur ce que je ne faisais pas bien. On m'a dit que n'importe quel fromage plus coûteux que le *gulost* ou le *hvitost* le moins cher (du fromage à pâte dure blanche ou jaune vendu en blocs) était trop sophistiqué pour être mangé au quotidien.

J'ai ainsi appris qu'en Norvège, un repas ne doit pas coûter trop cher.

« Tu manges ça au déjeuner ? D'habitude, c'est uniquement réservé aux fêtes, m'a dit un jour Erik à l'heure du déjeuner en montrant mon pain garni d'un fromage nommé *Østavind*.

Je trouvais le goût de ce fromage norvégien intéressant, mais apparemment, ce n'était pas adapté à un déjeuner norvégien.

— C'est du fromage pour tapas, a ajouté Erik. On en mange le vendredi soir ou pour les grandes occasions ».

Donc, j'avais trouvé un bon fromage norvégien, mais on m'imposait des règles qui déterminaient quand je pouvais en manger ? Comment pouvait-il y avoir autant de codes sociaux au sujet d'un simple déjeuner fait de pain et de garniture ?

Autre problème : on contrôlait aussi la quantité de fromage qu'il était permis de tartiner sur son pain.

« Waouh, ça fait beaucoup de fromage. Quand j'étais petite, on ne pouvait en avoir qu'une très fine tranche » m'a un jour fait remarquer Gro. Donc, non seulement je dois manger du fromage insipide, mais en plus, je n'ai pas le droit d'en manger trop ? Pourquoi ils me rationnent comme si on était en temps de guerre alors qu'ils vivent dans le pays le plus riche du monde ?

Le mot *pålegg* désignait 30 choses différentes. Je ne comprenais pas comment un seul et unique terme norvégien pouvait couvrir tant d'aliments différents. Je savais que *på* était une préposition qui pouvait généralement se traduire par « sur » et que *legg* venait du verbe étaler. Les Norvégiens adorent assembler des mots. Et parfois, les mots obtenus ont un tout autre sens.

Le terme *pålegg* semblait être un concept norvégien définissant tous les ingrédients que les Norvégiens avaient eu l'idée d'étaler sur un morceau de pain ou de pain croustillant. Il pouvait s'agir de jambon, de fromage, de poivron rouge, d'avocat, de saumon fumé ou de truite fumée. Ils avaient aussi du *Svolværpostei* alias du « pâté de Svolvær », un village situé dans les îles Lofoten. Ce pâté est à base d'œufs de poisson et de foie de morue. Ou du *leverpostei*, un pâté de foie de porc mélangé à des épices. Les Norvégiens aiment les associations : du fromage et du poivron rouge. Ou bien, plus luxueux, de l'avocat avec du saumon. Ou uniquement du jambon. Très important :

le fromage doit être doux. En tant que Française, quelle ne fut pas ma surprise de découvrir que les producteurs de fromages en Norvège faisaient la promotion de leurs produits en les qualifiant de « doux » alors qu'en fait, le bon adjectif serait « insipides ». S'ils n'ont pas de goût, pourquoi voudrait-on les acheter ? me suis-je demandé.

Ils m'ont fait goûter au *brunost,* ou fromage brun, au goût très sucré. Pour prendre une tranche de ce fromage à pâte brune vendu en blocs, ils m'ont passé un *ostehøvel* ou rabot à fromage dont tout le monde s'est empressé de me dire avec fierté que c'était une invention norvégienne. Il y en a qui sont fiers de leur nation car elle a inventé l'alphabet ou l'électricité, mais j'imagine qu'un rabot à fromage fait tout aussi bien l'affaire.

Ce fromage brun avait un goût de lait concentré caramélisé. Très gras et sucré, il possédait d'excellentes propriétés, comme l'avantage de pouvoir être conservé au frigo pendant des mois sans moisir et d'être un excellent carburant. En janvier 2013, un camion transportant 27 tonnes de *brunost* avait pris feu dans le comté de Nordland, et la combinaison de sucre et de matières grasses avait si bien brûlé qu'il avait fallu quatre journées entières aux pompiers pour éteindre l'incendie. Cela avait pris trois ans et plus de huit millions de couronnes norvégiennes pour que le tunnel puisse rouvrir. Qui eut cru que le *brunost* pouvait aussi être une arme de destruction massive ? Les médias norvégiens avaient surnommé cet événement le *Brunost-brannen* (l'incendie du fromage brun).

Ils avaient aussi un autre *pålegg,* le Prim, qui était un mélange à base de fromage brun, de crème et de sucre ajouté. « Ne t'inquiète pas, c'est du *pålegg* pour enfants » m'a indiqué un jour Uva à l'heure du déjeuner quand je me suis renseignée sur ce que renfermait le frigo au bureau. Combien de diabétiques doit-il y avoir en Norvège, me suis-je demandé, si la nourriture pour enfants ressemble à ça ?

Mais le *pålegg* le plus bizarre qui existe n'est ni du fromage blanc, ni même du fromage brun. C'est du *pålegg* en tube. En Norvège, on trouve toutes sortes d'ingrédients en tube : des *makrell i tomat,* à savoir des maquereaux à la sauce tomate. Ou mon pire cauchemar : le *rekeost,* un fromage liquide saveur crevette.

Il faut être Norvégien pour inventer une pâte semi-liquide aux crevettes et au fromage à tartiner sur une tranche de pain. Il y avait d'autres mélanges étranges comme une pâte liquide au bacon et au fromage, localement appelée du *baconost.* Ou un autre produit qui s'appelait du *kaviar.* Vous imaginez sans doute qu'il s'agit de caviar (ces gros œufs qui coûtent les yeux de la tête et qui sont généralement vendus par les Russes) mais le caviar norvégien ressemble un peu à une recette que ma grand-mère tient de se sa meilleure amie d'origine bulgare et qu'on appelle du tarama. Elle le cuisine elle-même en mélangeant des œufs de poisson, de l'huile et du pain. Et beaucoup de sel. C'était une sorte de mayonnaise aux œufs de poisson. J'ai réussi à goûter au *kaviar,* mais c'était trop me demander que de tester le *rekeost* et le *baconost* à ce stade. J'étais prête à apprendre le norvégien et à m'adapter à cette culture mais pas à manger de la nourriture en tube au quotidien pour m'intégrer. Il ne fallait pas pousser.

Curieusement, les Norvégiens n'importaient pas les fines couches de chocolat danoises qui étaient exactement de la même taille que le pain. Cela aurait fait un délicieux *pålegg* à déguster en Norvège.

En bref : en Norvège, tricoter de la laine pendant une réunion est autorisé si ça vous aide à vous concentrer. Tout ce que vous dites à une réunion norvégienne doit être prononcé d'une voix très calme. Si les Norvégiens souhaitent manifester de l'agressivité, ils lèvent les yeux au ciel ou changent légèrement de ton, en envoyant de subtils messages passifs-agressifs à leurs collègues norvégiens qui vont automatiquement comprendre à quel point ils sont énervés ou en désaccord. Tout cela est indétectable aux yeux d'étrangers. Les bruits gênants sont permis pendant les réunions norvégiennes à partir du moment où il s'agit 1) de boire son café, 2) d'inspirer comme si on avait de l'asthme, ou 3) de produire des bourdonnements. Ces sons ne sont pas passifs-agressifs (je sais, ça devient compliqué). Une réunion se termine souvent en reconnaissant qu'une autre réunion est nécessaire. On peut aussi demander à faire une réunion pour se plaindre de la culture de réunion. Ou pour fixer des journées sans réunion.

En ce qui concerne leur langue, les Norvégiens ont des mots pour des choses que personne d'autre dans le monde ne semble avoir besoin de désigner. L'un d'entre eux est *pålegg*. Je pense avoir fait le tour de sa signification, déjeuner après déjeuner au bureau.

Des Prénoms A Coucher Dehors (Dans La Neige)

J'apprenais à connaître Turbanne et Uva de mieux en mieux puisqu'on partageait un espace de travail commun. Du moins, c'est comme ça que je comprenais leurs prénoms. Turbanne m'expliquait des mots norvégiens de manière très aimable et patiente. J'ai donc commencé par son prénom.

« Turbanne est un prénom courant pour les hommes en Norvège ? lui ai-je demandé.

— Je m'appelle Torbjørn, m'a-t-il répondu, en écrivant son prénom pour que je puisse voir comment il s'orthographiait. *Tor* vient du dieu Thor et *bjørn* veut dire 'ours', a-t-il ajouté. Il me l'a fait prononcer plusieurs fois jusqu'à ce que j'y arrive.

— Est-ce que ça veut dire que le prénom de notre chef est en fait 'ours' ? ai-je demandé.

— Voilà, c'est ça, m'a-t-il répondu. Les prénoms norvégiens

s'inspirent souvent du vieux norrois en y puisant des noms, des dieux et des éléments naturels comme les îles, le vent, le soleil et les animaux. Ylva vient en fait d'*ulv* qui signifie 'loup' » a-t-il ajouté, en désignant notre autre collègue. Elle ne s'appelait donc pas Uva comme je l'avais cru tout ce temps. J'ai répété le prénom d'Ylva, mais ma prononciation n'était pas bonne.

« Voilà, m'a dit ce jour-là Marc au déjeuner. Pour prononcer le son Y en norvégien, tu dois placer un stylo sous ton nez et le coincer entre ta lèvre supérieure et ton nez ». Chose que j'ai faite en répétant « Ylva ».

« Ouiiii ! » se sont exclamés Torbjørn et Ylva en chœur.

Je n'étais pas la seule à avoir du mal à prononcer les prénoms. Le mien aussi était un vrai casse-tête pour les Norvégiens. « Tu peux répéter ton prénom ? ». Voilà la question que me posaient les Norvégiens à chaque fois que je me présentais. « Loulou ? C'est ton vrai prénom ? » me demandaient-ils, en me serrant la main un peu plus longtemps que prévu. Il faut savoir qu'en norvégien, la lettre O se prononce comme un OU français.

J'ajoutais toujours : « Lorelou, en un mot. Ça s'épelle L-O-R-E-L-O-U ».

Curieusement, les Norvégiens croient souvent que c'est un nom issu d'un conte de fées. Au bureau, les gens ont commencé à brailler « lorlorlo » et j'ai pensé que c'était un autre son typiquement norvégien. J'ai mis plusieurs semaines à comprendre qu'en fait, c'était moi qu'ils appelaient. Ou qu'ils disaient juste mon prénom parce que ça les amusait. Au final, je me suis habituée à la façon étrange dont les Norvégiens prononçaient mon prénom et j'ai commencé à leur répondre quand ils faisaient des gargouillis. J'aurais dû écrire mon prénom *Lårølo* dès le début pour qu'ils le prononcent bien.

En fait, mon prénom n'est pas non plus courant en France. Il vient d'une chanson de Gilles Vigneault, un célèbre chanteur du Québec, dont le titre est *Gros Pierre*. Elle raconte l'histoire d'un garçon amoureux d'une très belle fille dont il se languit pendant des années, alors qu'elle est partie vivre en ville, jusqu'au jour où il meurt de tristesse dans leur village. J'ignore pourquoi mais cette chanson de l'enfance de mon père l'a poussé à me donner le prénom de cette femme, en me condamnant ainsi à une vie remplie d'explications et, je dois l'avouer, d'originalité. Donc, si quelqu'un dit mon prénom dans la rue, je peux être pratiquement sûre que c'est bien moi qu'on appelle.

Mes compétences linguistiques en norvégien s'amélioraient. J'arrivais à bien prononcer le prénom de mes collègues. Il était temps d'apprendre de nouveaux mots en norvégien pour pouvoir suivre les réunions et avoir de vraies conversations. Mon employeur m'a inscrite à un cours de norvégien jusqu'à ce que j'atteigne un bon niveau pour pouvoir travailler dans cette langue.

Dans mon cours de langue, on apprenait le norvégien dans un livre qui s'intitulait *Ny i Norge* ou « Nouveau en Norvège » et le premier chapitre mettait en scène une femme thaïlandaise qui s'appelait Urai et avait déménagé en Norvège car elle s'était mariée à un Norvégien. Le texte et ses questions tournaient autour d'Urai qui devait remplir des documents pour obtenir de l'aide du système norvégien de sécurité sociale, la NAV. Le chapitre tout entier concernait la façon de toucher des prestations sociales quand on était enceinte et étrangère.

Après l'avoir lu, nous avions tous été perplexes. Il y avait des profils très variés dans la classe, comme un informaticien indien du nom de Ramu, une analyste financière lituanienne, deux jeunes Philippines au pair, un cuisinier italien marié à une Norvégienne et une maîtresse de crèche polonaise.

Aucun d'entre nous ne correspondait à l'histoire que racontait le livre sur les immigrés en Norvège. Aucun d'entre nous ne souhaitait apprendre à remplir un formulaire de la NAV.

J'avais d'autres préoccupations. Je voulais savoir pourquoi le norvégien ressemblait tant au danois dans sa forme écrite mais se prononçait de manière totalement différente. Et pourquoi les gens disaient sans cesse « *ikke sant* » ? Et surtout, pourquoi est-ce que les Norvégiens semblaient tous parler une langue différente ? (J'ai appris plus tard que c'est à cause des dialectes, nombreux en Norvège).

Notre prof était aussi utile qu'un chapeau de paille dans une tempête de neige. J'ai développé des techniques pour donner l'impression de mieux parler le norvégien que je ne le faisais en réalité. Avant tout, j'ai essayé de maîtriser la prononciation et la mélodie de la langue. J'ai découvert plus tard qu'il existait autant de mélodies norvégiennes que de fjords dans l'ouest de la Norvège.

La mélodie que j'apprenais était celle du dialecte d'Oslo. Le tout était de faire semblant d'être très heureux à la fin de chaque mot et de chaque phrase : l'intonation chantante. Par exemple, « *Sier du DET?* » qui signifie « Ah BON ? » (lettres capitales = intonation joyeuse à la fin). Ou bien « *GlasmagasinET* » (centre commercial à Oslo), etc. Cette astuce m'a aidée à masquer mon manque de vocabulaire pendant un moment.

On peut donner l'illusion de mieux maîtriser la langue en prononçant parfaitement trente mots plutôt qu'en baragouinant 500 mots (mal prononcés qui plus est !). J'ai essayé d'oublier le conseil que m'avait donné ma prof de danois, à savoir de manger toutes les voyelles. Il s'est avéré que les Norvégiens aiment prononcer chaque son de manière distincte, contrairement aux Danois.

Pour augmenter mon potentiel social et me faire des amis, je ne pouvais pas uniquement répondre *Ja* (oui) ou *Nei* (non) aux phrases ou questions que les Norvégiens me posaient. Afin de cacher le fait que je ne comprenais pas ce que les gens me disaient quand ils s'adressaient directement à moi, j'ai appris des mots et des phrases passe-partout qui faisaient penser aux gens que j'avais compris.

Par exemple, si je croisais une personne que je connaissais dans la rue et qu'elle me racontait dans son dialecte obscur tout droit sorti de Molde qu'elle allait partir en vacances en Grèce ou refaire sa salle de bains, je me contentais de répondre « *så spennENDE!* » une fois son discours terminé, avec le sourire. Ça veut dire « c'est génial ! » et les Norvégiens l'utilisent beaucoup. Je répondais « *så spennende* » à presque tout ce qu'on me racontait, jusqu'à ce qu'un jour, mon collègue Torbjørn me fasse remarquer en anglais que « Ce n'est pas *spennende*. Je viens de te dire que mon chien est mort. Tu comprends quand je te parle ? ». Oups. J'étais prise la main dans le sac.

« En fait non, je ne te comprends pas toujours. Mais j'aime bien t'écouter, j'apprends le norvégien comme ça. Qu'est-ce qu'il faut répondre à quelque chose de triste ? Pour poursuivre la conversation ? lui ai-je demandé.

— Eh bien, peut-être '*så trist*' (c'est si triste !) ou '*uff, da!*' ». Compris. Désormais, quand je ne comprenais pas ce que disaient les gens, j'étudiais leur langage du corps. S'ils avaient l'air heureux, je glissais un « *så spennende* », et au contraire, s'ils semblaient être tristes ou contrariés et qu'ils secouaient par exemple la tête, je lançais un « *uff, da* » (avec une intonation triste à la fin). « *Uff, da* » est une expression norvégienne qu'il est très difficile de traduire. On l'utilise pour faire preuve de compassion envers quelqu'un qui vous raconte un événement négatif qui lui est arrivé. Imaginez la conversation suivante :

« J'ai été malade trois jours et puis, le jour où j'ai repris le travail, il y avait une grève des trains ». Dans ce cas, « *Uff, da* » est une réponse norvégienne tout à fait appropriée. Mais ne commettez pas la même erreur qu'il m'est arrivé de faire une fois. « *Uff, da* » est assez banal. Autrement dit, ça n'est pas adapté pour des événements vraiment importants et tristes comme le décès d'un proche.

Quand quelqu'un semblait essayer d'obtenir mon approbation ou qu'il me racontait une longue histoire, je comprenais peut-être 30 pour cent de son discours. J'ai tenté d'adopter toutes les expressions qu'on utilise pour montrer de manière passive qu'on suit une conversation. Tout ça sans jamais donner mon avis ni poser de questions à la personne qui parlait. J'appelle ça des « mots bouche-trou » ou des « méthodes norvégiennes pour survivre aux bavardages ».

Par exemple, il y a le *MmmmMMhh,* ce bourdonnement que certains font pour montrer qu'ils sont d'accord avec ce que dit une personne ou pour l'encourager, et qui équivaut à un « Continue de parler, je t'écoute ». L'expression « *ikke sant* », qui signifie littéralement « pas vrai » ou « n'est-ce pas », et se dit à tout bout de champ dans une conversation norvégienne, pour montrer qu'on suit. Un peu comme « noon, sérieusement ? » ou « ah oui ! » en français. Autre élément qui rentre dans la même catégorie : le son aspiré « ha » que j'avais pris pour de l'asthme lors de ma première réunion norvégienne.

J'ai trouvé toutes ces astuces très utiles pour encourager les Norvégiens à poursuivre leurs discours et me donner ainsi plus de temps pour imaginer ce qu'ils pouvaient bien être en train de me raconter.

D'autres mots bouche-trou sont très pratiques pour donner l'impression aux Norvégiens que vous comprenez ce qu'ils vous disent, comme *Såpass.* Je m'en sers exclusivement quand un Norvégien parle de quelque chose qu'il a trouvé scandaleux. Par exemple, s'il dit « Mes beaux-parents ont acheté leur appartement en déboursant un million de couronnes norvégiennes de plus que sa valeur estimée », je vais lui répondre *såpass!* (« Tant que ça ? »). Cette expression ne doit s'employer que quand on a besoin de montrer à quel point on est impressionné par quelque chose de complètement disproportionné. Les Norvégiens (qui comprennent évidemment tout ce que leurs compatriotes leur disent) les utilisent aussi, mais pour donner l'impression de s'intéresser aux discours des autres.

Cela dit, la plupart d'entre eux n'utilisent ce genre d'approbation passive que pour trouver une excuse originale afin de couper court aux papotages sans intérêt et éviter ainsi de gâcher 10 minutes de leur vie. Cette excuse commence souvent par le mot *oj* comme s'ils s'étaient soudain souvenus de quelque chose de très important qui demandait toute leur attention. Ils prononcent ça OY. « *Oj*, je dois aller chercher mon enfant à l'école maternelle », « *Oj*, il est déjà 17 h 30. Je dois aller acheter des bières » (on arrête de vendre de la bière à 18 h à peu près tous les jours en Norvège), « *Oj*, je file prendre mon train » et ainsi de suite.

En bref : faire semblant de parler couramment le norvégien est un art presque aussi difficile à maîtriser que celui de parler la langue. Le norvégien possède une infinité de mots et d'expressions qu'on ne trouve pas vraiment dans les manuels, mais qui sont absolument essentiels pour comprendre les conversations et codes sociaux norvégiens.

Les stéréotypes sur la Norvège

J'étais toujours inscrite à mon cours de norvégien, mais il n'était pas très intéressant car il ne me donnait aucune stratégie pour maîtriser rapidement la langue ou différencier les multiples dialectes norvégiens. Tout ce qu'on faisait, c'était répéter des mots et des règles de grammaire. Pour faire court, je m'ennuyais.

Chez moi, je lisais une bande dessinée, *Pondus*, que Torbjørn m'avait conseillée. Chaque fois que je posais des questions sur de nouveaux mots rencontrés dans *Pondus*, la prof n'y répondait pas car ils n'étaient pas issus du manuel. Je lisais aussi des livres pour enfants, comme *Folk og røvere i Kardamomme by*, un livre très connu de Thorbjørn Egner. (Le titre est apparemment traduit ainsi: *Gens et brigands de Pimentville*).

Ce qui était intéressant dans le cours, c'est que les autres élèves vivaient en Norvège depuis plus longtemps que moi et ils pouvaient m'apprendre des choses sur les Norvégiens. Il y avait un net contraste entre ce que la prof nous racontait sur la culture et la société norvégiennes et ce que les autres élèves m'apprenaient.

Mario, un Italien, avait parcouru la distance séparant le cap Nord de Rome à vélo un été. C'est là qu'il avait rencontré sa future femme qui vivait dans ce qu'il disait être « un village chrétien sans aucune bière en vue ». Il m'a appris qu'il avait traversé plusieurs pays à vélo dont la Macédoine, la Turquie et même l'Iran. Il n'avait jamais été aussi mal reçu sur la route qu'en Norvège. Quand il avait frappé aux portes des habitants en Norvège du Nord, au Trøndelag et sur la côte ouest pour emprunter un coin de leur jardin ou de leur terrain afin d'y planter sa tente, on lui avait fermé la porte au nez la plupart du temps. Mais apparemment, tout le monde ne l'avait pas fait car il avait rencontré sa femme en cours de route ! Dans tous les cas, il avait été surpris de voir à quel point il était difficile de briser la glace et combien certains Norvégiens pouvaient être réservés.

« Tu ne te feras jamais d'amis norvégiens, m'a-t-il prévenue. C'est presque impossible ».

Gerda, l'analyste financière lituanienne, avait d'autres problèmes.

« Non, a-t-elle dit, ici, le plus gros problème, c'est que les hommes n'abordent pas les femmes. Quoi qu'on fasse, quoi qu'on porte, ils n'essaient jamais de nous séduire, a-t-elle lâché l'air désespéré.

« Et ils sont très nationalistes. Vous avez vu ce qui se passe le 17 mai ? a-t-elle ajouté. Je ne savais pas de quoi elle parlait. Ramu, l'informaticien indien, avait un avis sur les relations avec les Norvégiennes.

— Mais Gerda, les Norvégiennes sont des filles faciles. C'est ce qu'on nous dit en Inde. C'est sans doute pour ça que leurs hommes ne doivent faire aucun effort pour les séduire.

— Non, écoute. C'est pas comme ça, a ajouté Marte, une

Polonaise qui travaillait dans une crèche et étudiait aussi la biologie à l'université d'Oslo. La Norvège est un pays génial pour les femmes. Ici, une femme peut être une patronne. Elles ont tout : la carrière et les enfants ! La Norvège possède l'une des meilleures cultures d'entreprise au monde parce qu'elle permet aux gens d'avoir une vie privée en dehors du travail. Et les salaires sont bien plus élevés ici ».

La prof n'a pas bien pris ces stéréotypes, surtout celui sur les femmes. Elle nous a dit de ne pas oublier que la Norvège avait l'indice d'égalité des sexes le plus élevé au monde et que c'était le meilleur pays pour être mère.

« Et les femmes ne sont pas des filles faciles, elles sont libres. C'est différent » a-t-elle ajouté.

Elle semblait très fière d'être norvégienne, et toute critique venant de l'un d'entre nous était perçue comme une attaque personnelle. Elle nous a demandé de nous en tenir au livre, qui disait que la Norvège était le pays le plus riche au monde et bénéficiait du meilleur niveau de vie et de l'environnement le plus sain. Elle a fait l'éloge du système norvégien de protection sociale, de la redistribution à chaque citoyen, de la richesse en pétrole et du principe de l'égalité des chances. Elle a ajouté que la nation norvégienne est très hétérogène et que tout est pacifique dans cette société grâce à une grande liberté d'expression.

Puis, elle a conclu sur un :« En fait, la Norvège est le meilleur pays au monde ».

J'avais déjà entendu ça quelque part, mais où ? Ah oui, voilà ! Dans chacun des pays où je m'étais rendue. Le complexe de supériorité n'est pas réservé aux Norvégiens, il se trouve partout. En Australie, au Canada, au Danemark, aux États-Unis d'Amérique. Apparemment, beaucoup de gens pensent que leur pays est le meilleur du monde.

« Oui, mais dans le cas de la Norvège, c'est vrai » a-t-elle répondu.

Ce qui est amusant, c'est que même les Danois ont des stéréotypes au sujet des Norvégiens. Je me souviens de leurs réactions quand je leur avais annoncé que je partais vivre en Norvège.

« On les appelle des *fjellaper*, des singes des montagnes, m'avait dit un ami d'Aske à une fête. Jusque-là, j'avais cru que les Scandinaves étaient très soudés et qu'il existait une vraie solidarité entre eux.

— Les Norvégiens sont très irritants. Ils sont si riches. Toute cette richesse aurait dû nous revenir » avait ajouté un autre copain à la même fête. C'est sans doute parce qu'à une époque, la Norvège était sous domination danoise que beaucoup de Danois semblent penser que le pétrole norvégien est en fait danois.

Abordons quelques autres fausses idées qui circulent sur la Norvège. Nombreuses sont les personnes vivant à l'extérieur de la Scandinavie qui ont du mal à épingler la Norvège sur une carte. Elles pensent parfois que c'est un endroit caché au pôle Nord, tout le temps recouvert de glace. On m'a quelques fois demandé si les pingouins et les ours polaires se promenaient en toute liberté à Oslo.

Beaucoup de gens rament aussi pour trouver sa capitale et se demandent si la Norvège est en fait un pays ou une région. Peut-être même une ville ? Certains pensent qu'elle fait partie d'un grand pays nommé la Scandinavie, dont la capitale est très changeante. En France, une coiffeuse m'a demandé si je me plaisais à Stockholm, la capitale de la Norvège. Ou en Norvège, la capitale de la Suède. Ou à Copenhague, la capitale de la Scandinavie. On s'emmêle souvent les pinceaux entre tous ces pays scandinaves avec leurs capitales. D'ailleurs la Finlande, c'est la Scandinavie aussi non ? (la réponse est non, c'est un pays nordique mais pas scandinave).

Dans l'ensemble, ceux qui ne vivent pas en Norvège semblent

avoir une idée très approximative de ce qui se passe vraiment dans ce pays. Alors que, d'un autre côté, ceux qui vivent ici ont des idées bien précises sur ce que signifie la vie à la norvégienne.

En bref : il semblait y avoir beaucoup de clichés et potentiellement de stéréotypes sur la Norvège et les Norvégiens. Les Norvégiens sont froids et peu accueillants, ils sont nationalistes, les femmes norvégiennes sont faciles à mettre dans son lit et ce pays est le meilleur où l'on puisse travailler, surtout si on est une femme. J'ai aussi entendu de nombreuses fois, de la bouche de Norvégiens, qui le disaient parfois sur le ton de la plaisanterie et d'autres fois sérieusement, que la Norvège est le plus beau pays du monde.

J'approchais ces stéréotypes comme un défi personnel. J'allais essayer de découvrir s'ils étaient fondés et mes conclusions reposeraient sur mes propres observations, non sur une série de clichés. Certains étaient d'ailleurs évidemment faux : je n'avais vu aucun pingouin marchant librement à Oslo. Je pouvais donc rayer ça de ma liste. D'autres semblaient être plus plausibles.

Mais avant toute chose, je devais trouver un endroit où vivre.

Mission : trouver un appartement à Oslo

Après le travail, je visitais des logements qui devaient être assez grands et abordables pour qu'on puisse y vivre avec Aske. Mes collègues m'avaient conseillé de chercher un appartement sur www.finn.no (*finn* signifie « trouver »), le site Web norvégien sur lequel les gens vendent et achètent absolument tout.

J'ai tout d'abord cherché des locations d'appartements entiers en centre-ville, mais les prix étaient si élevés que c'était de la folie. Il fallait débourser près de 15 000 NOK (couronnes norvégiennes) pour un appartement avec une chambre. Cela correspond à près de 1 500 euros. Aske avait prévu de venir vivre ici quelques mois plus tard. Il aurait besoin de temps pour trouver un emploi et donc participer au loyer. Je serais probablement la seule à payer le loyer pendant un an, avec mon salaire qui n'était finalement pas aussi élevé que je l'avais imaginé au début, compte tenu du coût de la vie ici. Ane m'a suggéré de chercher au-dela du centre-ville, car la périphérie restait accessible en métro. Plus important encore, elle m'a encouragée à publier une annonce moi-même sur finn.no afin d'avoir accès aux appartements qui n'apparaissaient même pas sur le site. Les propriétaires peuvent ainsi choisir eux-mêmes les profils qui les intéressent et contacter des locataires potentiels.

Dans mon annonce, j'ai écrit que nous étions un couple franco-danois et que nous souhaitions louer un appartement tout entier ou une maison tout entière contre un loyer maximum de 10 000 NOK. En visitant des logements à la périphérie d'Oslo, j'ai découvert combien la nature était proche du centre-ville. Dans quelle autre capitale peut-on vivre dans la forêt, à 10 minutes à pied d'un lac, tout en restant à 20 minutes du centre-ville en métro ? Les Norvégiens habitant à Oslo ne semblaient pas réaliser la chance qu'ils avaient. Les Parisiens auraient tout donné pour pouvoir profiter d'une nature si riche tout près du centre-ville.

Nous avons reçu des mails de plusieurs propriétaires qui louaient leur maison. Ces logements étaient vides et n'attendaient que leurs prochains locataires : potentiellement moi. La plupart des propriétaires étaient riches et possédaient une ou deux maisons de plus sur leur terrain. Nous étions les seuls à les visiter. Aske faisait des allers-retours les week-ends pour qu'on visite les appartements ensemble et qu'il voie ce qui lui plaisait.

Ces endroits étaient hors du commun. Ou peut-être hors de notre classe sociale ? Chaque appartement ou maison qu'on nous faisait visiter se trouvait dans des quartiers dont les noms finissaient par *kollen* : Grefsenkollen, Voksenkollen, Holmenkollen. Tous étaient situés dans la zone ouest d'Oslo qui, comme je l'ai appris plus tard, est la partie la plus riche de la ville. Toutes les maisons avaient une vue à couper le souffle sur le fjord d'Oslo : seul l'angle changeait.

Le premier endroit que j'ai visité était un appartement de 65 mètres carrés, entièrement meublé. J'y suis allée seule car Aske n'avait pas pu se libérer ce week-end-là. Le loyer était très abordable, 7 000 NOK par mois, et j'étais très tentée. Mais premier souci : la cuisine sentait comme si quelqu'un y était mort et était resté deux semaines sous la chaleur.

« C'est quoi, cette odeur ? ai-je demandé à la vieille dame qui me faisait visiter le logement.

— Oh, l'ancien locataire a laissé le frigo et le congélateur ouverts pendant plusieurs semaines de suite et tout a pourri là-dedans, y compris la viande » m'a-t-elle expliqué.

Je me suis demandé comment on pouvait se débarrasser de cette odeur. Deuxième souci : le logement tout entier était meublé avec des éléments que même ma grand-mère n'aurait pas voulus.

« Je peux amener mes propres meubles ? ai-je demandé.

Je n'en avais aucun mais je pourrais toujours en acheter quelques-uns de plus jolis que tout ce qui se trouvait dans ce logement.

— Non, tout doit rester ainsi, a-t-elle répondu.

— Même le lit ? ai-je demandé. La chambre était assez spacieuse pour accueillir un lit double mais contenait un lit simple.

— Non, je ne veux pas de double lit dans cette maison. Et de toute façon, pourquoi auriez-vous besoin d'un lit de la sorte ? Vous n'êtes pas mariée, n'est-ce pas ? ». C'est vrai. Mais l'annonce indiquait que j'avais un copain. J'ai regardé autour de moi. Il y avait des croix partout.

« Je viens de la communauté des Smith's Friends » a-t-elle ajouté, comme si ça expliquait tout. Les amis de Smith ? Qui est Smith ? De quoi me parlait cette femme ?

Tandis que j'étais dans le métro pour rentrer à l'hôtel, j'ai tapé « Smith's Friends » dans Google et j'ai découvert qu'il s'agissait d'une communauté appelée l'Église chrétienne de Brustad, qui compte plus de 8 000 membres en Norvège et que certains soupçonnent d'être une secte. Vivre chez des Mormons norvégiens, ça n'allait pas le faire, malgré le loyer peu cher.

Le logement suivant que nous avons visité était un appartement en sous-sol avec autant de fenêtres qu'une cellule de prison. Cette fois-ci, Aske était présent. Le logement faisait 37 mètres carrés, laissait peu filtrer la lumière du jour et se louait à 10 000 NOK. La chambre n'avait pas de fenêtre et la propriétaire nous a expliqué que c'était un très bel endroit. Sans doute, pour une personne qui n'a ni besoin de respirer ni besoin de voir le soleil, ai-je pensé.

« Le couple qui vivait ici avant était très amoureux. Du coup, le manque de fenêtres n'était pas un problème pour eux » a ajouté la propriétaire à notre intention. Aske et moi nous sommes regardés et avons levé les yeux au ciel en même temps.

Notre dernière visite était un autre appartement en entresol. En entrant dans le logement, situé dans le quartier d'Holmenkollen, nous nous sommes demandé qui pourrait bien vouloir y vivre. Aucune fenêtre dans la cuisine ni dans la salle de bains. Aucune lumière non plus dans la première pièce, ce qui fait que j'ai dû rester plantée là le temps que mes yeux s'habituent à l'obscurité avant de pouvoir voir le reste de l'appartement. Des câbles électriques pendaient du plafond ou des murs çà et là. Même le séjour était sombre, bien qu'il ait plusieurs fenêtres. Pour une raison étrange, les locataires avaient recouvert les fenêtres de rideaux occultants si épais qu'aucune lumière ne filtrait à travers. Les murs comportaient de grandes étagères sur lesquelles de nombreuses bouteilles d'alcool vides étaient disposées tels des trophées. Mais j'ai ensuite écarté l'un des rideaux occultants qui recouvrait une fenêtre pour regarder à l'extérieur. Il y avait une vue imprenable sur le fjord d'Oslo, le soleil couchant se reflétant dans la mer et les nuages flottant dans le ciel teinté d'orange et de bleu.

J'ai chuchoté : « Aske, viens voir ».

Pas de vis-à-vis, pas de route bruyante. On pouvait même

utiliser le jardin. J'entendais les oiseaux chanter et les fleurs éclore. Aske a souri.

« On le prend, ai-je lancé à la propriétaire.

— Mais il y a d'autres gens intéressés, m'a-t-elle répondu.

— Oui, mais on veut vraiment vivre ici et on peut signer le bail sur-le-champ. J'ai une caution de trois mois sur mon compte que je peux vous virer à tout moment » ai-je ajouté de manière convaincante.

Nous avons donc conclu l'accord. Je pense que le fait d'être française et danois nous a un peu aidés, car les classes sociales aisées en Norvège ont l'air d'avoir un faible pour tout ce qui touche à la France : la langue, l'histoire, l'art, le champagne, la mode et la culture. Les quatre enfants de la propriétaire avaient étudié la médecine dans une école de Copenhague et cette dernière avait passé de nombreuses vacances sur la Côte d'Azur. Je n'étais pas Coco Chanel, l'égérie que beaucoup d'étrangers imaginent lorsqu'ils pensent aux petites Françaises au top de la mode, et Aske était loin d'être médecin, mais cela ne semblait pas avoir d'importance. Je me suis soudain demandé si nous aurions eu une chance de vivre là si nous avions été, disons des réfugiés, ou si nous avions porté des noms musulmans.

En quittant l'appartement, nous avons décidé d'explorer les alentours. Dagny, la propriétaire, nous avait dit que la forêt de Nordmarka se trouvait juste à quelques minutes à pied de la maison. Nous avons emprunté une rue qui montait et fini par trouver une forêt. À mesure qu'on s'y enfonçait toujours plus, la vue devenait de plus en plus spectaculaire. Sur notre gauche, une forêt à perte de vue, avec des maisons de plus en plus rares, et sur notre droite, le fjord d'Oslo. Aske était stupéfait en voyant l'altitude à laquelle nous nous trouvions. Il faut rappeler que le Danemark est un pays très plat. La cime de ce beau pays est surnommée « la montagne des cieux » et surplombe le pays tout entier du haut de ses 170 mètres. Aske n'arrêtait pas de me demander à combien de mètres au-dessus du niveau de la mer nous étions.

« Ça doit être une très haute montagne en Norvège » m'a-t-il dit. Alors que j'étais assez sûre que pas du tout. Nous avons poursuivi notre balade, dans un état de paix total au cœur de cette nature étourdissante. Deux lignes étaient tracées dans la neige de chaque côté du chemin sur lequel nous marchions et je les ai piétinées pour rire, en me demandant à quoi elles servaient. Au bout d'un moment, une personne est descendue en skiant, l'air extrêmement contrariée. Il m'a fallu trois ou quatre personnes pour comprendre que j'étais en train de marcher sur leurs pistes de ski. Ah je vois. Oups, un faux pas.

La nuit a commencé à nous envelopper. Au départ, nous avons trouvé ça magnifique. Les nuances de rose et de bleu foncé ajoutaient au mystère et au romantisme du moment. Nous nous sommes assis sur un rocher en espérant pouvoir admirer les aurores boréales. Nous étions probablement assez au nord pour ça, m'a dit Aske. Nous avons patienté sans voir aucune aurore. Soudain, le ciel était totalement noir.

Nous avions marché hors des pistes de ski un bout de temps et nous n'avions aucune idée de l'endroit où nous nous trouvions. Nous avons tourné en rond pendant ce qui nous a semblé être une éternité, dans la nuit noire, en nous guidant uniquement grâce à la lumière du portable d'Aske. Nous avons réussi à retrouver la piste de ski, qui était éclairée par des réverbères pour les skieurs, mais nous étions toujours totalement perdus.

Nous ignorions s'il fallait aller à gauche ou à droite et, bien entendu, nos portables ne recevaient pas de signal. Nous avons marché et marché, dans un froid qui devenait glacial. Nos chaussures n'étaient pas adaptées. Nous étions habillés pour aller visiter un appartement, pas pour survivre dans la nature par des températures négatives. J'ai commencé à en vouloir à

Aske et à moi-même. Comment avions-nous pu être aussi imprudents ? Je nous voyais déjà en train de creuser un trou dans la neige pour pouvoir dormir en attendant que le jour se lève. Ce qui se produirait assez tard le lendemain d'après ma brève expérience de l'hiver norvégien.

Tandis que j'imaginais les gros titres des journaux du lendemain, « Deux touristes retrouvés morts de froid à un kilomètre de la station de métro », un homme a descendu la piste vers nous en skiant. Nous lui avons fait signe et il a vu à quel point nous étions désespérés.

« On est perdus. Comment retourner en ville ? » lui avons-nous demandé.

Il a skié près de nous et nous y a conduits en se servant de sa lampe frontale. C'était vraiment à côté. Ce jour-là, nous avons tiré une grande leçon de cette expérience : toujours savoir se localiser et ne jamais quitter la maison sans des vêtements adéquats. Aske est retourné à Copenhague le lendemain. Lui aussi était un peu secoué par cette expérience mais il semblait prêt à déménager en Norvège pour vivre avec moi à Holmenkollen. C'était un appartement en entresol, mais on n'y vivrait qu'un à deux ans, et on pourrait en faire quelque chose de bien.

Une semaine plus tard, j'avais rendez-vous avec Dagny à la banque pour signer les documents du contrat et virer l'argent sur un compte de caution, que les Norvégiens utilisent quand une caution doit être versée pour un appartement.

« Une dernière chose, m'a-t-elle dit alors que nous étions sur le point de nous quitter. Tu dois dire à tous les Norvégiens que tu rencontres que tu vis dans la maison de Jahn Teigen.

— Jan qui ? ai-je demandé.

— Jahn Teigen. C'est un chanteur norvégien célèbre. Il a représenté la Norvège 3 fois à l'Eurovision et a été 14 fois en finale du Melodi Grand Prix pour représenter la Norvège ! Et il n'a jamais obtenu aucun point. Nous lui avons acheté sa maison il y a vingt ans. Nous avons tout laissé comme ça l'était à l'époque, y compris ton appartement qui était son studio de répétition. Dis-le aux Norvégiens que tu rencontreras : ça les impressionnera ou ça les fera rire, m'a-t-elle expliqué.

Dagny avait perdu son mari plusieurs années auparavant et louait cette partie de sa maison pour le loyer mais aussi pour avoir un peu de compagnie dans son énorme résidence.

— Ok » ai-je répondu, en tentant de me souvenir du nom du chanteur.

Plus tard, j'ai annoncé à chaque Norvégien que je rencontrais que je vivais dans la maison de John Teagen, mais ça n'a impressionné personne. Ma nouvelle propriétaire a perdu la tête, ai-je pensé, personne ne connaît ce gars ici. Mais j'ai ensuite appris à bien prononcer le nom du chanteur et les réactions rigolotes des gens n'ont pas tardé. La plupart d'entre eux se mettaient à chanter « *Mil eettteeerr miiiiiiil* » ou « *Optimist* », deux de ses chansons célèbres.

Je dois beaucoup à Jahn Teigen. Les fêtes géniales et bruyantes que j'ai organisées dans cet entresol qui était en fait son studio de répétition complètement insonorisé. La vue à couper le souffle sur le fjord d'Oslo, la péninsule de Nesodden, les îles de Hovedøya et de Gressholmen, et les voiliers par beau temps.

J'avais en revanche du mal à m'habituer à certains détails, comme la réaction des Norvégiens quand je leur avouais que je louais un appartement au lieu d'en être propriétaire.

Au bout d'un moment, je me suis mise à appeler mes voisins « les Orangés » car quels que soient le temps ou la saison, ils étaient toujours bronzés. Les adolescentes de Vestkant, la partie la plus riche d'Oslo, me fascinaient. Quand je les regardais dans le métro, j'avais l'impression d'être une anthropologue observant une tribu aux coutumes étranges et exotiques. Elles avaient leurs propres tenues, si différentes des miennes :

de grandes bottines en fourrure, des leggings de sport serrés, des cheveux blonds raides, une tonne de maquillage et un teint orangé ton carotte. La plupart d'entre elles portaient aussi des sacs à main qui coûtaient un bras alors qu'elles n'avaient que 13 ou 14 ans.

En écoutant leurs conversations, j'ai appris que certains Norvégiens sont si riches qu'ils possèdent des yachts à la Barbade. Et qu'ils y fêtent Noël, ce qui explique sans doute leur bronzage qui tient toute l'année.

Les personnes âgées avaient beaucoup de chiens, mais elles les sortaient rarement car c'étaient les employés philippins qui se chargeaient de ça.

Après quelque temps, j'ai remarqué que les seuls étrangers qui vivaient à Holmenkollen étaient 1) des Philippins qui sortaient les chiens ou faisaient du baby-sitting, 2) des ouvriers polonais ou 3) les partenaires des gens qui vivaient là, le plus souvent des épouses espagnoles, danoises ou cubaines.

Apparemment, avoir des femmes de ménage, des jardiniers et du personnel qui faisaient le travail à leur place semblait être normal pour eux.

Une fois, j'avais dû acheter des fournitures pour faire le ménage chez moi et tandis que je rentrais avec un seau et un balai à la main, une femme portant un grand manteau de fourrure m'a demandé :

« Tu es une femme de ménage ? Elle m'a scrutée de plus près. Tu n'as pas l'air d'être polonaise. Serbe peut-être ? J'ai vraiment besoin d'une femme de ménage.

— Non, désolée, je suis juriste. Et en plus, je suis nulle pour le ménage, lui ai-je répondu.

— Voici ma carte, n'hésite pas si l'une de tes amies peut m'aider » a-t-elle conclu.

Mis à part les questions gênantes, je dois avouer que j'étais transcendée par le panorama à chaque fois que je prenais le métro. La vue plongeante sur le fjord était magnifique et je ne m'en lassais pas, même si je ne pouvais l'admirer que depuis une partie de mon appartement, l'autre moitié étant dépourvue de fenêtres.

L'autre côté surprenant, c'est que quelle que soit la personne à qui je parlais, ils avaient tous l'air surpris que je sois en location. Il s'est avéré que chaque Norvégien de ma connaissance avait acheté son logement. Et même s'il ne s'agissait que d'un studio de 35 mètres carrés, ils semblaient retirer beaucoup de bonheur du fait d'en être les propriétaires. Les gens me présentaient toutes sortes d'arguments pour me pousser à acheter un logement en Norvège mais n'avaient pas l'air d'écouter mes arguments en faveur de la location. Comme par exemple le fait que je ne savais pas combien de temps j'allais vivre en Norvège, que j'aimais la liberté que m'offrait la possibilité de résilier mon bail de location en trois mois et que je n'étais pas responsable des réparations à faire dans l'appartement. C'était le propriétaire qui en était chargé. En plus, je trouvais ça terrifiant de faire un emprunt immobilier sur 25 à 30 ans. Les Norvégiens n'avaient assurément pas peur de contracter des prêts.

Certains de mes collègues allaient même jusqu'à consulter les sites des banques pour me conseiller celles avec les meilleurs taux d'intérêt et cherchaient des appartements pour moi même si je n'avais aucune intention d'en acheter un.

« Tu n'as qu'à vendre ton appartement en France » me disaient-ils souvent.

Mais de quel appartement parlaient-ils ? J'avais 26 ans et je ne possédais rien à part mes quelques affaires personnelles ramenées en Norvège et des livres restés chez mes parents.

« Oui celui dans lequel tu vivais à Paris. Tu le vends et tu t'en achètes un ici » poursuivaient-ils.

Oui bien sûr, acheter un appartement à Paris avant 26 ans.

Tous les logements en vente sur finn.no se ressemblaient comme deux gouttes d'eau. Des murs blancs. Des meubles gris.

Du parquet. Des pierres grises et des bougies dans les salles de bains, et des orchidées face aux fenêtres. Parfois, ils me montraient des annonces et je ne me rendais même pas compte qu'il s'agissait de logements différents. C'était comme si aucun de ces appartements (ou de leurs propriétaires) n'avait de caractère ni de personnalité. C'était juste incompréhensible à mes yeux. Les choses fades et conventionnelles étaient-elles considérées comme tendance en Norvège ?

C'est vrai, je payais un loyer, mais en France comme en Allemagne, beaucoup de gens paient un loyer jusque tard dans la vie. Il n'y a rien de mal à ça, ai-je pensé. Ça permet de déménager plus facilement au lieu de s'engager et on achète une maison plus tard. Comme mes parents, qui avaient acheté leur première maison quand ils avaient 35 ans, et ce n'était pas une maison toute neuve mais vieille et délabrée qu'ils avaient dû rénover.

En Norvège, les choses paraissaient différentes. Ici, être propriétaire de son logement semblait être considéré comme un droit fondamental. Ce besoin était placé au même rang que celui de manger, de respirer et d'avoir assez de neige pour pouvoir skier en hiver. J'avais du mal à saisir comment des jeunes d'une vingtaine d'années pouvaient, eux aussi, être obsédés par le fait d'« entrer sur le marché de l'immobilier ».

À mes yeux, c'était un rêve très conservateur pour quelqu'un d'aussi jeune. Vingt ans, c'est l'âge où on voyage à travers le monde, où on fonde un groupe de punk et où on se révolte contre la société. Mais apparemment, j'avais tout faux. Les jeunes qui venaient tout juste de se débarrasser de leur acné voulaient une vie confortable dans une nouvelle maison dont ils étaient les propriétaires, même s'il fallait emprunter pour payer des traites allant jusqu'à 60 % de leur salaire mensuel.

En attendant, j'étais aux anges de vivre sur ma colline, d'admirer le panorama sur le fjord que je n'aurais jamais pu m'acheter et de me demander si j'aimais assez ce pays pour y rester.

En bref : pour éviter les questions gênantes des Norvégiens qui essaient de me convaincre d'acheter un appartement
comme si leur famille possédait la moitié d'Oslo, toujours avoir
une annonce Finn de prête sur mon portable pour être sûre
de montrer des photos d'un appartement que je vais visiter le
dimanche suivant lors d'un *visning* ou visite d'appartement.

Apprendre à skier sans perdre la face

Soudain, les Jeux olympiques d'hiver ont chamboulé nos vies. L'atmosphère a changé dès que les compétitions de ski ont débuté en février. Ces gens si timides, humbles et discrets sont devenus bruyants, fiers et obsédés par tout ce qui arrivait à leurs skieurs. Ou aux skis de leurs skieurs. Ou encore au fart appliqué sous les skis de leurs skieurs. J'ai découvert qu'en Norvège, le ski de fond, ou *langrenn*, de son nom norvégien, n'est pas qu'un simple sport. Il semblait faire partie intégrante de l'identité nationale du pays.

Toute compétition impliquant de la glace ou de la neige, et plus particulièrement du ski du fond et du biathlon, les mettait en colère (quand un Suédois gagnait), les faisait devenir arrogants (quand un Norvégien gagnait) ou les déprimait (quand les Norvégiens ne gagnaient pas trois jours d'affilée).

Le premier changement notable a concerné les médias. Alors qu'ils couvraient normalement les actualités habituelles, soudain, les chaînes de télé, émissions radiophoniques et articles de journaux norvégiens se sont mis à parler des Jeux olympiques d'hiver 80 pour cent du temps et des autres événements touchant la Norvège et le reste du monde 20 pour cent du temps (des événements sans importance comme les incendies, les guerres et les inondations). De nouveaux débats, qui étaient surréalistes pour toute personne n'étant pas norvégienne, ont fait irruption dans la sphère publique. Les employés devaient-ils être autorisés à regarder les JO pendant leurs heures de travail tout en étant payés ? Le maire d'Oslo a répondu que non, les 55 000 employés de la municipalité d'Oslo ne seraient pas autorisés à regarder les jeux pendant leurs heures de travail. Puis, un « expert en management », quoi que ça puisse vouloir dire, a été invité pour dire que c'était une mauvaise idée d'interdire de regarder les jeux. Et le plus drôle, c'est que tout ça était étiqueté dans la catégorie « conflit du travail » par les journaux. Si un pays en vient à considérer qu'il s'agit là d'un conflit du travail, ça doit vouloir dire que tous les autres vrais conflits ont déjà été résolus, ce qui est impressionnant.

Ensuite, ces compétitions de ski ont révélé une nouvelle facette de la culture norvégienne : mes collègues, qui étaient d'habitude extrêmement humbles quand ils parlaient d'eux-mêmes, et qui se montraient timides et calmes en public, n'avaient tout à coup plus honte de se vanter du fait que l'équipe norvégienne était la meilleure du monde.

« Oui... en ski de fond. Un sport que vous avez inventé » j'aimais leur rappeler. Ils étaient étonnés que je n'aie jamais entendu parler de Petter Northug ni regardé de ski de fond à la télé quand j'étais petite.

J'essayais de me tenir informée en lisant les journaux norvégiens qui étaient disponibles tous les jours au travail. J'ai découvert des emplois dont je ne soupçonnais pas l'existence, mais qui participent largement au bonheur collectif des Norvégiens. L'un d'entre eux est le *smøresjef*. J'ai traduit ça en « chef du beurre » (*smør* = beurre, et *sjef* = chef). Pendant un instant, j'ai cru que le chef du beurre avait pour tâche de résoudre une autre crise du beurre.

En 2011, la Norvège a été confrontée à une crise du beurre, à savoir à une pénurie de beurre pendant la période cruciale de Noël durant laquelle des tonnes de beurre sont nécessaires pour pouvoir faire les gâteaux traditionnels. Les gens ont commencé à le vendre dix fois plus cher que le prix normal et à le passer en contrebande depuis la Suède. Peut-être que le chef du beurre dont ils parlaient dans les médias s'assurerait que l'offre de beurre corresponde toujours à la demande de beurre en Norvège pour les fêtes de Noël. La raison pour laquelle ils faisaient appel au même homme pour qu'il offre son assistance lors des compétitions de ski restait un mystère pour moi.

J'avais tort : le mot *smør* a plusieurs significations en norvégien. Ça peut vouloir dire « beurre » mais aussi « fart». Un *smøresjef* est un technicien en chef du fart, qui veille à ce que les skis des skieurs soient correctement fartés. On a accusé l'équipe chargée du fartage et le technicien en chef du fart d'être responsables de la défaite de l'équipe norvégienne. Je ne comprends pas vraiment ce qui s'est passé car il y a apparemment une équipe de 25 experts en fartage qui était chargée de cette tâche et qui disposait d'un budget de 25 millions de NOK pour s'assurer que les skis étaient correctement fartés. Comment peut-on louper ça ? C'est ce que j'ai demandé à Torbjørn un jour à l'heure du déjeuner. C'était si compliqué que ça de farter quelques skis ?

« Le fartage, c'est tout un ART ! » m'a-t-il répondu, très contrarié. Ok, on se calme.

Mais en y réfléchissant bien, je dois concéder aux Norvégiens que les Jeux olympiques d'hiver sont le seul moment durant lequel ils peuvent mettre leur humilité et leurs bonnes manières de côté et, pour une fois,crier leur fierté sur tous les toits. Tant mieux pour eux. On a tous besoin de notre heure de gloire, même si ça ne dure que quelques semaines chaque hiver. Tout le monde a le droit d'être fier et arrogant et de hurler de joie quand son équipe nationale gagne au sport. La Norvège est une petite nation et ne peut pas fournir autant d'athlètes de haut niveau que des pays peuplés comme la Chine ou les États-Unis. Alors ils excellent dans des sports bien locaux. Le biathlon, le ski de fond, etc.

La Norvège offre probablement le meilleur terrain au monde pour toutes ces compétitions : la Suède est trop plate pour ça. Ne parlons même pas du Danemark. La Finlande et la Russie se concentrent sur qui va mourir en premier aux championnats du monde de sauna et les Canadiens sont bien trop occupés à gagner au hockey sur glace. De ce fait, les Norvégiens se doivent de gagner ces compétitions plus que tout autre pays, car c'est leur chance de figurer parmi les superpuissances internationales. Ils ont juste besoin de se détendre un peu, si vous voulez mon avis, et de se rappeler que la définition du ski de fond n'est pas « un jeu que remportent toujours les Norvégiens ».

Autrement, les autres nations ne prendraient pas la peine d'y participer. Donc oui, les Norvégiens doivent être prêts à perdre de temps en temps.

En bref : en Norvège, il est socialement interdit de se vanter personnellement de ses propres réussites. Par contre, il est tout à fait acceptable de vanter les réalisations collectives des Norvégiens.

Exemples : remporter des compétitions sportives, gagner à l'Eurovision, être les vainqueurs d'un concours d'échecs, figurer en tête du classement des Nations unies pour l'indice de développement humain. Mais il semble que les étrangers ne sont jamais autorisés à se vanter. S'ils se targuent de leurs réussites personnelles, ils sont perçus comme enfreignant la loi de Jante (voir plus loin dans le livre) qui proclame qu'on ne doit pas croire qu'on est mieux ou plus intelligent que les autres.

Ne pas oublier qu'il est vivement recommandé aux étrangers d'apprendre à skier car c'est comme ça qu'on se montre désireux de s'intégrer à leur culture. Mais ne jamais, sous aucun prétexte, surpasser les Norvégiens au ski.

Dans mon cas, aucun risque que ça n'arrive ! J'étais une vraie débutante. Je n'avais pas l'intention de participer à une compétition, je voulais juste apprendre à skier car j'avais compris à quel point ça comptait dans la culture norvégienne. Ramu, l'informaticien indien de mon cours de norvégien, et moi nous sommes inscrits à un cours de ski pour débutants au Oslo Sports Center.

Il venait de Pondichéry, un ancien comptoir français dans la province indienne du Tamil Nadu. Il parlait un peu français et était un poète dans sa propre langue maternelle, le tamoul. Nous aimions tous les deux écrire et jouer avec les mots. Sa famille ne considérant pas la poésie comme une bonne carrière, il était devenu informaticien et travaillait pour le groupe Tata à Oslo.

Il était tout aussi perdu que moi en Norvège et tout aussi impatient que je l'étais d'en apprendre plus sur cette culture et de s'intégrer.

Premier défi : nous devions nous trouver des skis et du matériel. Je me suis acheté un lot qui comprenait des skis, des bâtons, des chaussures et des pantalons. C'est fou : ces vêtements coûtent presque autant, si ce n'est plus, que les skis eux-mêmes. J'étais très occupée cette semaine-là. J'ai donc dû aller au magasin le vendredi après le travail, puisque le cours avait lieu le samedi matin.

Je suis ressortie du magasin de sport avec mes skis, me sentant très mal à l'aise. J'étais en plein milieu du centre-ville et j'essayais de tenir ces skis en évitant qu'ils ne cognent la tête de quelqu'un. J'avais prévu de retrouver mes collègues pour une *fredagspils* ou « bière du vendredi ».

Qu'est-ce que j'allais bien pouvoir faire de ces skis ? J'avais trop honte de les amener au bar, mais qu'est-ce que je pouvais faire d'autre ? Ils étaient neufs. Si je les laissais au coin d'une rue pour les récupérer plus tard, ils allaient sûrement disparaître.

J'ai décidé de surmonter ma honte et de les amener au bar. C'était si bizarre et ridicule de boire une bière avec ses skis dans un coin. Pour une Française, ça revient à se pointer à une soirée chic en jogging.

À ma grande surprise, quand je suis entrée dans le bar Justisen au cœur d'Oslo avec mes skis sur l'épaule, en essayant de me rendre aussi discrète que possible, les gens m'ont souri. C'était la première fois qu'autant d'étrangers me souriaient. Un homme m'a même parlé ! Je n'arrivais pas à en croire mes yeux. Et en plus, il n'avait même pas l'air soûl.

« Tu vas skier ? Quelle chance ! » m'a-t-il lancé, avec un large sourire.

Une autre personne qui m'a entendue parler anglais a ajouté : « Oh génial, tu vas apprendre à skier, bonne chance ! ».

Ces Norvégiens étaient pleins de surprises. La prochaine fois que j'aurai besoin de sourires et de chaleur humaine dans ce pays, je poserai juste mes skis sur l'épaule et je ferai le tour des bars, ai-je pensé. Peut-être même que je pourrais me faire des amis norvégiens de cette façon. En tout cas, ça marchait très bien pour briser la glace avec les gens du coin.

Après avoir bu quelques bières avec mes collègues que j'ai bombardés de questions sur la culture norvégienne, je suis rentrée chez moi à une heure convenable. Je devais être en forme pour le ski.

Le lendemain, nous nous sommes donné rendez-vous à la station de métro Majorstuen avec Ramu pour nous rendre ensemble au Sognsvann. Nous avons fait la connaissance de tous les participants au cours pour débutants et des moniteurs, qui semblaient tout droit sortis de magazines norvégiens : grands, blonds et en tenue de ski.

« Bonjour, je suis Trou et voici Tour » a dit l'un des moniteurs en indiquant son collègue. Toute la classe a explosé de rire. Ça devait être une blague norvégienne, a-t-on pensé.

« Je suis Truls et voici Tor. Ce sont des prénoms norvégiens courants » a-t-il ajouté en les écrivant pour qu'on comprenne mieux.

Drôles de prénoms que donnent les Norvégiens à leurs enfants… C'est comme s'ils ne réalisaient pas que tous ces mots avaient une autre signification hors de Norvège. Aucun de ces parents n'avait pensé que leurs enfants pourraient un jour rencontrer des étrangers ou vivre dans un autre pays ? Il avait aussi une assistante, dont le prénom était beaucoup plus facile à comprendre : Kaia, prononcer Kaya. Truls l'a présentée comme « une des ces Norvégiennes qui sont nées avec des skis aux pieds, car elle vient du Trøndelag ». Je n'ai pas trop compris le lien entre les deux, mais de toute évidence, il y en avait un.

À ma grande surprise, la moitié de la classe était norvégienne ! Certains d'entre eux n'étaient donc pas nés sur des skis. La plupart des personnes présentes venaient de Norvège du Sud et d'Oslo. Les endroits où il y a peu de neige.

La différence entre les Norvégiens et les immigrés du cours résidait principalement dans la tenue. Les Norvégiens avaient des skis qui coûtaient cher et portaient tous des vêtements sophistiqués et des lunettes de soleil arborant le logo « Swix ». Les immigrés comme moi étaient vêtus de vieux pantalons de ski prêtés par des amis, dont les couleurs flashy rappelaient souvent le style des années 80.

Truls a vérifié les skis de tous les participants pour s'assurer que nous avions poncé nos skis avant de les farter. Il s'est arrêté à Ramu, qui avait apparemment acheté le mauvais type de skis. Il avait choisi des skis de slalom.

« Comment j'étais censé savoir qu'il y avait deux types de skis ? » s'est-il défendu, d'un air quelque peu désespéré. Je suis allé au magasin et je leur ai dit que je cherchais des skis. C'est ce qu'ils m'ont donné » a-t-il ajouté.

Heureusement, il ne les avait pas utilisés et pouvait donc les ramener au magasin pour les échanger. Mais en attendant, il n'avait pas de skis. Par chance, Truls et Kaia avaient accès à une salle remplie de vieux skis où ils ont trouvé une paire à la taille de Ramu.

Une fois que Truls s'est assuré que nous avions tous les bons skis, et qu'ils étaient poncés, il s'est mis à nous présenter les différents farts et à nous expliquer comment les appliquer sur des skis de fond. Il a sorti une boîte rouge de la taille d'une boîte à outils et en a extrait plusieurs petits pots de différentes couleurs.

Il y avait du rouge, du bleu, du violet, de l'argenté, du vert. Nous avons tous regardé les petits pots et en avons pris un dans nos mains, pour en examiner l'aspect et la texture. Ensuite, nous en avons tous choisi un rapidement, pensant probablement qu'on ne tomberait pas sur la couleur qu'on voulait si on mettait trop de temps à choisir. J'ai pris le pot vert car c'est une couleur que j'aime. Les autres ont pris un fart assorti à leurs skis ou à leurs pantalons. Certaines filles se battaient pour le fart violet car elles trouvaient que c'était celui qui s'accordait le mieux à leurs skis et qu'il n'y avait qu'un seul pot de fart violet dans la boîte. Et puis, le Kazakh a commencé à se plaindre du fait qu'il n'y avait que des couleurs féminines, alors qu'il voulait du fart noir. Ramu, lui, voulait du fart doré.

« Pourquoi le choix des couleurs est si limité ? a demandé
le Kazakh. Pourquoi ne préparez-vous pas mieux la séance de
ski ? » a-t-il dit aux organisateurs.

J'ai remarqué que Truls était irrité. D'habitude, je ne vois
pas quand les Norvégiens sont contrariés, ce qui signifie qu'il
devait sans doute ressentir beaucoup de frustration et qu'il ne
laissait transparaître que ce qu'il était incapable de contrôler.

« On NE choisit PAS la couleur du fart en fonction de ses
skis. Le fartage n'est pas un défilé de mode, a-t-il lancé, en
arrachant les pots de fart de nos mains et en les remettant tous
dans la boîte.

« Tout le monde aura le même fart aujourd'hui, a-t-il annoncé, à notre grande déception. Le vert ».

J'ai souri. Ma couleur avait gagné !

« Chaque fart est adapté à différents types de neige et de
température, a expliqué Truls.

— Il est primordial d'avoir le bon fart ou la bonne combinaison de fart. Autrement, la neige se colle aux skis ou ils
glissent trop, a ajouté Tor. Aujourd'hui, on va tous utiliser ce
fart parce qu'il fait froid et que la neige est dure.

— Comment il peut y avoir différents types de neige ? a
demandé Ramu. C'est toujours de la neige, non ?

— Il y a de nombreux types de densité de neige, a répondu
Tor. C'était un peu comme s'il essayait d'enseigner la physique
quantique à un groupe de manchots. Nous n'étions pas vraiment son meilleur public.

« Allons skier maintenant » a-t-il annoncé, en s'élançant
vers une surface plane à l'arrière du lac de Sognsvann.

Une fois arrivés là-bas, il a demandé à Kaia de nous montrer les mouvements à réaliser pour faire du ski de fond. Des
mouvements en diagonale entre les jambes et les bras, tout en
exerçant une pression sur les pieds pour prendre de la vitesse.
J'étais fière de moi car je parvenais à tenir debout sur mes skis

sans tomber. Et aussi parce que certains étaient pires que moi. Le gars du Kazakhstan n'arrivait même pas à rester debout sur une surface plane sans perdre l'équilibre. Ensuite, quand on a commencé à descendre des pentes, l'Australienne s'est retrouvée coincée en plein milieu de la piste. Elle avait farté ses skis avant de venir et la neige y restait collée. Tor a voulu changer le fart pour qu'elle puisse reprendre la pente, mais elle a refusé. Elle avait si peur de descendre la colline qu'elle a préféré rester immobile et coincée.

Les Norvégiens aiment à répéter que faire du ski de fond, c'est aussi facile que de marcher… C'est n'importe quoi. J'ai marché toute ma vie et ça ne m'a jamais posé de problèmes. En revanche, skier est une autre paire de manches : j'ai du mal à être rapide, à descendre les pentes sans tomber. Nous sommes tous tombés. Certains d'entre nous se sont fait mal en skiant, en s'écrasant par exemple contre des arbres. D'autres ont blessé d'autres personnes, comme Ramu qui a failli décapiter une petite fille quand il a déchaussé ses skis et les a balancés sur son épaule sans regarder autour de lui. Sa mère a été très gentille et s'est contentée de sourire en lui disant de faire attention.

Mais je crois que le plus déprimant dans tout ça, c'était de voir des enfants d'à peine quatre ans skier comme des pros à côté d'adultes comme nous qui avions du mal à maintenir une vitesse normale sans nous épuiser. Skier est éreintant si on n'a pas la bonne technique. À la fin de la journée, Tor nous a dit que le reste tenait surtout à la pratique.

Nous sommes rentrés en ville et j'ai eu la sensation d'avoir fait un pas de plus pour m'intégrer à la société norvégienne. Bien sûr, je n'avais skié qu'une seule fois, mais c'était déjà un bon début, non ? Kaia et moi avons papoté dans le métro qui nous ramenait dans le centre-ville. Elle m'a montré où se trouvait le Trøndelag sur une carte et m'a indiqué son village situé près d'une petite ville du nom de Røros. Elle venait d'emménager à Oslo et elle était pleine de vie et très sympa. Elle avait vécu au Brésil et parlait le portugais à la perfection et elle travaillait aussi dans ma branche. On a bien accroché et on s'est échangé nos numéros pour aller prendre un café à l'occasion.

Je suis arrivée chez moi épuisée. J'ai pensé à Torbjørn, qui revenait au travail de ses week-ends de ski, après avoir parcouru des dizaines de kilomètres chaque jour muni d'un sac à dos. Moi, j'avais pratiqué le ski deux heures sur une piste plate située à 20 minutes d'Oslo avant de descendre la même colline cinq fois de suite. Et j'avais l'impression d'avoir couru un semi-marathon.

En bref : en tant qu'étrangère, je n'arriverai sans doute jamais à la cheville d'un petit Norvégien de cinq ans en ski de fond. Certains Norvégiens détestent skier, mais ils ne le crient tout simplement pas sur les toits. D'autres ne savent pas skier et ils sont encore plus discrets à ce sujet. Votre tenue, avec les bonnes marques, est tout aussi importante que votre technique. Pour imiter les Norvégiens, il est très important de calculer la distance parcourue en skiant pendant le week-end en *mil* (le mile scandinave correspond à 10 kilomètres), puis de s'en vanter au travail le lundi. Ce n'est qu'après avoir transpiré et souffert en skiant sur plusieurs dizaines de *mil* qu'on peut se faire plaisir en prenant un chocolat chaud et un petit pain à la cannelle qu'on appelle localement un *kanelbolle*.

Découvrir Tromsø sous les aurores boréales

Aske était pris par ses examens et il avait plus de mal à venir aussi souvent qu'au début. Maintenant que nous avions un appartement, il ne lui restait plus qu'à passer ses examens avant de pouvoir déménager en Norvège.

Je passais mes déjeuners de travail à regarder mes collègues se fendre la poire en se racontant des blagues en norvégien tout en essayant de saisir ce qu'ils pouvaient bien se dire. Je comprenais des bribes de conversation mais j'avais surtout l'air d'une idiote quand je riais au mauvais moment alors que ce n'était même pas une blague. Je posais aussi des questions auxquelles on avait déjà répondu ou je sortais des choses qui étaient complètement hors sujet. Ma vie sociale n'était pas passionnante. Elle se limitait à une amie, Ane, et à quelques interactions sociales à mon cours de norvégien.

J'essayais parfois d'inviter mes collègues à venir boire un verre de vin ou un café chez moi, mais ils avaient tous une vie et un emploi du temps bien chargés. Beaucoup d'entre eux quittaient le bureau tôt pour s'occuper de leur famille. Il faisait noir et froid, alors autant dire que ma maîtrise du ski n'était pas très utile pour occuper mes week-ends. Je commençais à m'ennuyer. Heureusement, Kaia m'avait rappelée et nous nous étions vues quelques fois autour d'une tasse de thé et d'un gâteau. Elle mettait un point d'honneur à toujours parler en norvégien pour que je puisse apprendre plus vite. Mes compétences en conversation laissaient à désirer et je ne comprenais pas grand-chose.

Je me sentais un peu seule mais je ne comptais pas baisser les bras si vite. Je voulais voyager et découvrir la Norvège, notamment le Nord du pays : voir les aurores boréales et observer les baleines, faire du traîneau à chiens, pêcher sous la glace, chasser le renne, construire un igloo et skier en bikini.

La famille d'Ane était de Tromsø et elle m'a dit que ses parents pourraient m'héberger le temps d'un week-end et me faire découvrir la région. J'ai donc réservé mes billets d'avion. Tromsø est à peu près aussi loin d'Oslo qu'Oslo l'est de Paris. Environ 2 000 kilomètres les séparent. C'est là que j'ai réalisé que la Norvège était un long pays.

Quand je suis allée au bureau le lendemain et que j'ai annoncé à mes collègues que j'avais décidé de visiter la Norvège du Nord, ils m'ont regardée comme si j'étais devenue folle.

« Mais il fait froid là-bas. Et noir. Pourquoi vouloir aller là-bas sur ton temps libre ? Tu viens du Sud de la France. Rentre chez toi sous le soleil ! m'a dit Gro, qui était originaire d'Oslo.

— Mais c'est si exotique, aucun membre de ma famille ne s'est jamais aventuré au nord du cercle arctique, ai-je répondu avec le sourire. Je peux aller en France quand je le veux, mais ça, c'est une occasion unique dans la vie.

— Alors, tu vas aller à Trondheim ? m'a demandé Gro.

— Trondheim ? Ça fait déjà partie de la Norvège du Nord ? Je vais à Tromsø, ai-je répondu.

— Tromsø ! Encore pire ! En fait, techniquement, Trondheim n'est pas en Norvège du Nord, mais c'est déjà bien assez au nord comme ça. C'est l'endroit le plus au nord où je sois allée en Norvège, a-t-elle répondu.

Les autres personnes autour de la table ont hoché la tête en signe d'approbation.

— Combien d'entre vous sont allés en Norvège du Nord ? » ai-je demandé.

Les deux seules personnes qui déjeunaient avec nous à s'y être rendues étaient Knut, notre collègue qui avait grandi à Kirkenes, et le gars du service administratif dont la femme était de Bodø.

Je n'en revenais pas. Comment pouvaient-ils ne pas connaître leur propre pays ? Ils semblaient préférer se rendre vers une destination du nom de *Syden* plutôt qu'en Norvège du Nord. D'après les photos que j'avais trouvées sur internet, la Norvège du Nord avait l'air bien plus attrayante, avec ses magnifiques plages de sable blanc, ses aurores boréales, ses baleines, ses îles aux petites maisons rouges et aux hauts sommets, tandis qu'en tapant *Syden* dans Google, le moteur de recherche ne m'avait affiché que des photos de Norvégiens tenant une bière à la main sur la plage.

Le jeudi suivant, j'ai suivi l'exemple de certains de mes collègues et j'ai quitté le bureau plus tôt pour profiter d'un week-end de trois jours. Tandis que j'embarquais à bord de l'avion pour Tromsø, j'ai immédiatement ressenti un changement d'atmosphère par rapport à ce que j'avais connu à Oslo : les voix, le bruit, les rires. Des gens assis côte à côte qui ne se connaissent pas et discutent, en plaisantant et en parlant fort. J'ai souri. Ça me rappelait le Sud de la France.

Parce que soyons honnêtes, les interactions sociales à Oslo ressemblent à un voyage interminable en ascenseur. Les gens n'attendent qu'une seule chose : pouvoir en sortir et fuir l'idée terrifiante d'être obligés de bavarder.

Les Norvégiens du Nord avaient déjà l'air différents. Assises à côté de moi, deux dames étaient plus que ravies de répondre à toutes mes questions portant sur les différences entre les habitants d'Oslo et les Norvégiens du Nord.

Au début, elles me l'ont expliqué par des mots simples que je pouvais comprendre, mais deux bières plus tard, elles ont commencé à employer des termes qui semblaient appartenir à un dialecte. Ou du moins, aucun de ces mots ne figurait dans les manuels de norvégien qu'on utilisait en cours.

« Les *Søringa* ont volé toutes nos richesses, tout notre pétrole. Sans nous, ils ne seraient rien. Mais ils décident pour nous, a dit l'une des femmes, qui s'appelait Toril.

Je prenais des notes.

— Qui sont les *Søringa* ? » ai-je demandé.

Pour tout Norvégien du Nord, la Norvège est divisée en deux et délimitée par la frontière du comté de Nordland. Quiconque vient du nord de cette frontière est un Norvégien du Nord, et quiconque vient du sud de cette ligne est un *Søring*. Le terme *Søring* n'est pas très positif, d'ailleurs. Il se trouve qu'il existe vraiment une région du nom de Norvège du Sud (*Sørlandet* en norvégien), située tout au sud de la côte la plus méridionale de la Norvège, qui fait face au Danemark. Mais ce n'est pas la région mentionnée par les Norvégiens du Nord quand ils parlent de « Norvège du Sud » et de *Søringa*.

Apparemment, la carte de Norvège change en fonction des personnes avec qui vous discutez puisque mes collègues d'Oslo estimaient que Trondheim faisait déjà partie de la Norvège du Nord. Tout cela devenait terriblement confus. En plus de ça, je percevais de la rancœur dans la voix de Toril quand elle mentionnait ces gens du Sud qui avaient plus de pouvoir et de richesse. Il semblait y avoir de la discrimination envers les Norvégiens du Nord.

« Pour les *Søring,* la Norvège du Nord est une longue bande côtière de terre habitée par des personnes qui vivent dans le noir et qui s'exposent trop à l'alcool fait maison. Tu te rends compte que quand je suis allée à Oslo dans les années 1960, je n'ai pas pu trouver de chambre à louer ? Les annonces précisaient 'Les Norvégiens du Nord ne sont pas les bienvenus' a-t-elle ajouté. *Jævla søringa* ». *Jævla* est un gros mot norvégien qui vient de « Diable ». En gros, ça se rapproche de « maudits gens du Sud ».

Ah ! Exactement comme quand je vivais au Danemark, me suis-je souvenue, où la plupart des annonces précisaient « Chambre uniquement disponible pour les Danois ».

« Je ne vois aucun signe de discrimination flagrant contre les Norvégiens du Nord à Oslo de nos jours. Quand est-ce que ça a changé ? ai-je demandé.

— Quand les immigrés pakistanais sont arrivés dans les années 1970, m'a-t-elle répondu. Mais ça continue d'une certaine façon. Est-ce que tu savais que la Norvège n'a jamais eu de Premier ministre venant de Norvège du Nord ? Les seuls ministères qu'on obtient sont ceux liés à l'industrie de la pêche » a-t-elle ajouté.

C'était très intéressant. Tout n'était donc pas rose. Le « rêve norvégien » qu'on vendait aux étrangers dans les manuels d'apprentissage de la langue mettait toujours en avant le fait que la Norvège était une société hétérogène qui s'enrichissait toute grâce au pétrole. Personne ne m'avait jamais dit qu'il y avait eu autrefois de la discrimination entre Norvégiens et qu'une pointe de ressentiment se manifestait encore à cet égard de nos jours. Marseille, la ville d'où je viens, est perçue par les autres Français, comme une ville malfamée où tout le monde est violent, paresseux et mal élevé par rapport aux habitants de la capitale. Ce que me racontait cette femme était donc un récit auquel je pouvais m'identifier.

Nous avons atterri à Tromsø la nuit sous un ciel teinté d'une couleur vraiment unique : le bleu clair et le bleu foncé se mêlaient à du rose chatoyant provenant de l'horizon. La mère d'Ane m'attendait à l'aéroport. Elle s'appelait Nina et parlait avec un très fort accent du Nord.

« *Katti kom du?* m'a-t-elle demandé.

— Pardon ? Je m'appelle Lorelou, pas Katy, lui ai-je répondu.

— *Ka tid.* Ça veut dire 'À quelle heure es-tu arrivée' ? Je sais que tu ne t'appelles pas Katy, m'a-t-elle expliqué en souriant. C'est comme ça qu'on le dit en Norvège du Nord. D'ailleurs, même si je parle un dialecte prononcé du coin, je viens en fait d'une petite île finlandaise qui s'appelle Åland. On parle suédois là-bas. Je vis ici à Tromsø depuis plus de 30 ans » m'a expliqué Nina.

Nous avons bavardé dans un mélange de norvégien et d'anglais jusqu'à ce que l'on arrive à destination. Leur maison était située derrière un grand monument blanc et pointu au-dessus d'un pont. C'était en fait une église, ou plus précisément *Ishavskatedralen*, ou cathédrale arctique de Tromsø. Nina m'a expliqué que l'architecture de ce monument s'inspirait d'une île dénommée Håja, à laquelle elle pouvait me conduire le lendemain si ça m'intéressait. Évidemment que ça m'intéressait. Je n'avais qu'une envie : en apprendre le plus possible sur ce nouvel endroit exotique.

Au bout d'un certain temps, j'ai réalisé que chaque mot qui était censé contenir un H dans le norvégien parlé par les habitants d'Oslo transformait cette lettre en K dans son dialecte : « *Ka sa du?* » au lieu de « *Hva sa du?* » (Qu'est-ce que tu as dit ?) ou bien « *Kofor fløta du til Norge?* » au lieu de « *Hvorfor flyttet du til Norge?* » (Pourquoi as-tu déménagé en Norvège ?).

Il avait beaucoup neigé pendant la nuit. Nina a donc commencé à déblayer. Elle m'a passé une autre pelle et on a mis environ deux heures à dégager la voiture, à la démarrer et à libérer la route pour pouvoir sortir. J'avais transpiré au point d'avoir fait de l'exercice physique pour toute la semaine grâce au *måking*.

Attention, ne pas oublier que « *en måke* » est une mouette en norvégien, et que ça n'a rien à voir avec le fait de transpirer dans la neige.

Quand nous avons enfin réussi à dégager la voie pour faire passer la voiture, j'ai posé mes fesses sur le siège qui était préchauffé. Je ne m'étais jamais assise sur un siège de voiture chauffé de toute ma vie. Ce véhicule c'était le grand luxe !

Nous avons traversé la ville de Tromsø, qui est une île. Il y a deux ponts qui relient l'île, à la Norvège continentale d'un côté, et à Kvaløya de l'autre. Nina s'est arrêtée à proximité de l'aéroport pour me montrer un point à l'horizon.

« Regarde, m'a-t-elle dit, le soleil se lève depuis quelques semaines désormais. Fini le *mørketid* ».

Nous étions au bord de la route qui donnait sur l'aéroport, coincées entre une route nationale et une sorte de lac ou de fjord, mais le panorama n'en restait pas moins à couper le souffle. Le ciel aux teintes bleu clair et rose reflétait sa lumière dans l'eau immobile. La lumière était beaucoup plus vive que je ne l'avais imaginé.

« C'est quoi le *mørketid* ? ai-je demandé.

— C'est le mot qu'on utilise pour désigner la période de l'année où on n'a pas de soleil. Elle dure trois mois, de novembre à janvier, m'a-t-elle répondu.

À mes yeux, Oslo était déjà assez sombre comme ça. Qu'est-ce que ça devait être ici sans aucune lumière pendant des mois ? Comment pouvaient-ils survivre à ça ?

— Mais le reste du temps, vous avez des journées normales ? lui ai-je demandé.

— Non. On commence par une minute de soleil le 21 janvier. À partir de là, le *mørketid* est fini. Ensuite, ça revient assez vite, on gagne plusieurs minutes de soleil par jour jusqu'au 21 juin, où ça s'inverse de nouveau et où les journées perdent toujours plus de soleil, m'a-t-elle expliqué.

— Vous êtes déprimés en hiver ? ai-je demandé.

— Non, mais on dort plus. Et j'ai besoin de faire beaucoup d'exercice physique. Autrement, c'est dur. On regarde aussi beaucoup la télé. Mais après, en été, on a tellement de lumière que c'est formidable. Notre humeur change. Tu devrais revenir en été pour voir comment c'est ! » a-t-elle conclu. Pas besoin de me le répéter deux fois ! J'étais déjà tombée amoureuse de la Norvège du Nord.

Nous sommes remontées en voiture et avons poursuivi notre chemin. Après être sorties de Tromsø, nous sommes arrivées sur une île du nom de Kvaløya : l'île aux baleines. Nous avons roulé à l'intérieur des terres pendant un moment, sur ce qui avait l'air d'être une vieille route, et puis soudain, la côte est apparue. Nous nous sommes arrêtées dans la localité de Sommarøy (*øy* signifie île, donc Sommarøy est l'île de l'été), ou nous nous sommes assises sur une plage. C'était le paysage le plus pur que j'aie jamais vu de ma vie. Au loin, les montagnes étaient recouvertes de neige, la lumière était rosée et bleue, et on pouvait voir une île qui ressemblait en effet beaucoup à la cathédrale située derrière chez Nina. Ou plutôt, la cathédrale arctique ressemblait beaucoup à l'île.

« Regarde ! Haaøya ! » s'est-elle exclamée, en m'indiquant l'île. Nous avons marché un peu, sous un vent à décorner les bœufs. Et puis, nous avons roulé encore jusqu'à Brensholmen, où son beau-frère vivait. C'était une immense maison en bois avec des plafonds bas et des sols qui n'avaient pas l'air très plats. Et surtout, elle était construite au-dessus du niveau que pouvait atteindre la marée. La belle-mère de Nina était là quand nous sommes passées : elle avait grandi dans cette maison.

« Quand j'étais petite, il n'y avait aucune route pour venir ici. Pour aller à Tromsø, il fallait prendre le bateau » m'a-t-elle dit.

J'ai regardé dehors. Le ciel était magnifique, tout comme la marée basse que l'on voyait à perte de vue. Mais le vent, punaise le vent : il vous gelait les os, quelle que soit votre tenue. Je n'osais même pas imaginer à quoi pouvait bien ressembler un hiver de sept mois ici, sans aucune voie d'issue. Et si le bateau ne pouvait pas venir à cause d'une tempête, que mangeaient-ils ? Du sable et des nuages orageux ?

La vieille dame semblait être en assez bonne santé. Elle avait survécu aux tempêtes et aux restrictions caloriques auxquelles elle avait sans doute été confrontée enfant, dans une Norvège bien plus pauvre et isolée qu'aujourd'hui.

« Je vis à Tromsø désormais et j'ai vendu la maison à mon fils. Je suis seule et cette grande maison représente trop de travail pour moi » m'a-t-elle expliqué.

— Je comprends ! lui ai-je répondu en souriant. J'avais du mal à prendre soin d'un appartement de quarante mètres carrés.

Nous avons mangé des morceaux de pâte molle, blanche et plate qui semblait être garnie de beurre, de sucre et de cannelle et s'appelle *lefse*. Et bu du café, bien sûr. Une maison norvégienne du Nord qui n'a pas cinq litres de café prêts, à tout moment et pour chaque personne n'est pas une vraie maison. Il faut toujours en prévoir au cas où quelqu'un passerait vous voir à l'improviste.

J'aurais adoré rester un peu plus et explorer toutes les pièces. Du peu que j'avais vu de la maison (quand je m'étais rendue aux toilettes), toutes les pièces semblaient avoir des plafonds plus bas que n'importe quel logement moderne. On aurait sans doute pu écrire trois livres entiers sur ce dont cette maison avait été témoin au fil des générations de Norvégiens du Nord qui l'avaient habitée, sur les marées qu'elle avait vues et sur les pêcheurs qui rentraient au foyer imprégné de sel et de sueur.

Malheureusement, nous avons dû nous en aller. Nina devait passer à l'hôpital pour y travailler quelques heures. Elle m'a déposée dans le centre-ville de Tromsø et je me suis dirigée vers l'office de tourisme pour voir quelle activité j'allais pouvoir faire dans l'après-midi au sein de cette ville arctique. Il était 14 h, un samedi de février. C'était la nuitpolairedepuis le mois d'octobre. J'étais à 344 km au nord du cercle arctique et à 644 km au sud du cap Nord. En résumé, très loin de chez moi.

J'aurais pu partir à la découverte des aurores boréales, mais pour ça, j'aurais dû rester assise six heures durant dans un bus qui m'aurait emmenée à la frontière du comté de Finnmark, puis rester dans le froid à regarder le ciel. Ça ne m'enchantait pas, alors j'ai réservé une place pour aller faire du traîneau à chiens dans les Alpes de Lyngen. Je n'avais jamais été dans une ville aux trottoirs si glissants de toute ma vie. La ville tout entière était une patinoire géante. Comment les gens faisaient-ils pour ne pas se briser la nuque chaque hiver ? C'était un mystère. Je m'agrippais à tout ce que je pouvais trouver sur les trottoirs : arbres, rampes métalliques. Mes pieds glissaient dans toutes les directions.

J'ai réussi à arriver au point de rendez-vous sans tomber, puis j'ai attendu les autres participants, qui étaient principalement des touristes. Dans le minibus qui nous conduisait de Tromsø à l'endroit où résidaient les propriétaires des chiens et au lieu de départ de la course, nous avons tous commencé à bavarder.

Il y avait Jim, un touriste anglais qui était venu visiter Tromsø pour vivre des aventures excitantes et « rencontrer des gens ». Par ça, il voulait sûrement dire « coucher avec celle qui voudra bien de lui ». Mais passons ce détail. Il y avait aussi deux femmes âgées venues des Pays-Bas qui étaient fascinées par les aurores boréales et la Norvège en général. Et un couple de Chinois qui parlaient anglais comme moi après que le dentiste m'a anesthésié un côté de la mâchoire : tout simplement incompréhensible.

Une fois arrivés à l'endroit où nos hôtes, Anja et Gáppe, gardaient leurs chiens, on nous a conduits dans une grande pièce remplie de dizaines de combinaisons d'hiver pour éviter de geler pendant la promenade en traîneau. Je suis si petite que j'ai eu du mal à en trouver une de ma taille, mais tout a fini par s'arranger. Nous sommes tous allés faire la connaissance des huskies et on nous a montré comment diriger les traîneaux. Nous avons un peu caressé les chiens pour qu'ils reconnaissent notre odeur. Je ne suis pas du tout fan des chiens mais ceux-là étaient vraiment magnifiques et gentils : ils vivaient à l'extérieur et couraient tout le temps.

Il fallait se mettre par deux : une personne restait debout derrière le traîneau et le dirigeait, tandis que l'autre devait s'asseoir à l'avant pour profiter de la balade. Chaque traîneau était tiré par huit chiens. Puisque tous les autres étaient en binôme, j'ai dû me mettre avec Jim. Nous avons dû décider de qui dirigerait le traîneau en premier. Cette personne était aussi celle qui freinerait, en appuyant de tout son poids sur une barre métallique à l'arrière du traîneau.

« Je ne suis pas sûr d'être assez fort pour freiner, a lancé Jim.

— Qu'est-ce que je devrais dire alors ? Je faisais la moitié de son poids et de sa force. Mais pas de soucis, je vais diriger le traîneau en premier » lui ai-je répondu.

J'ai pris place à l'arrière. C'était si palpitant. Au début, les chiens ne couraient pas si vite que ça, mais au bout d'un moment, ils se sont mis à cavaler dans la neige à la vitesse de l'éclair. J'ai détourné le regard quelques secondes : on faisait du traîneau à chiens sur une montagne enneigée et au-dessus de nous, le ciel arctique nous enveloppait de son bleu foncé. J'en avais le souffle coupé. Le vent glacial fouettait mon visage. Je devais guider les chiens et arrêter de rêvasser. Pas d'aurores boréales en vue malheureusement. Nous avons continué comme ça pendant un moment, et puis l'heure d'échanger nos places est arrivée. Jim a pris le relais. J'étais assise sur le siège entre la personne qui dirigeait le traîneau et les chiens. J'avais l'impression d'être une reine portée par ses gardes.

Jusqu'à ce que le cocher du carrosse se mette à hurler.

« Non, c'est trop dur. Noon ! a crié Jim.

— Quoi, Jim ? Qu'est-ce qui est trop dur ? » ai-je crié en retour. On allait vite et il y avait le bruit du vent.

N'ayant pas de réponse, je me suis retournée. Cet imbécile avait sauté du traîneau et avait atterri dans la neige. Les chiens s'en fichaient : ils couraient, bien trop heureux de ne plus avoir personne pour les arrêter.

J'étais en glisse libre sur la neige, sans personne pour freiner. J'ai pensé prendre le contrôle du traîneau mais de là où j'étais assise, il m'était impossible de passer à l'arrière pour prendre la place de Jim. Ou je pouvais sauter, mais le traîneau dévalait la pente à toute vitesse. Je me suis alors mise à hurler, pour alerter Gáppe et Anja. Ensuite, les chiens devant nous se sont arrêtés, mais les miens ont continué à courir, jusqu'à ce qu'on percute un monticule de neige qui cachait certainement un rocher. Résultat : un morceau du traîneau s'est cassé. Anja l'a vérifié et il pouvait apparemment tenir le reste du trajet malgré la collision.

À partir de là, j'ai pris les rênes du traîneau et je n'ai plus permis à Jim de jeter ne serait-ce qu'un seul coup d'œil à l'arrière du frein. Il était assis comme un pacha sous sa fourrure de renne et semblait très satisfait.

Nous sommes rentrés chez Gáppe et Anja en un seul morceau et pendant que les chiens regagnaient leurs niches et étaient nourris, nous avons bu du chocolat chaud sous la *lavvu*, la grande tente que Gáppe et Anja avaient plantée derrière leur maison. Nous avons observé le ciel et parlé des quatre heures que nous avions passées en traîneau, même si nous avions l'impression que ça n'avait duré que 30 minutes tout au plus. La seule chose qui nous prouvait que nous étions restés si longtemps dehors était le froid qui avait engourdi nos fesses et nos joues.

Nous sommes rentrés à Tromsø en minibus, puis j'ai pris le bus pour gagner l'autre côté du pont qui menait à l'arrière de la cathédrale arctique où Nina et son mari Svein vivaient. J'étais fatiguée, frigorifiée et affamée, mais heureusement, Svein avait cuisiné un plat qui sentait incroyablement bon. Du poisson ! Le frère d'Ane, David, était aussi là avec sa petite amie Ayta, qui étudiait à l'université de Tromsø.

Ce poisson était sans l'ombre d'un doute l'un des plus tendres que j'aie jamais mangés de toute ma vie. N'oubliez pas que je viens de Marseille, un port connu pour ses plats à base de poisson comme la bouillabaisse. J'ai mangé des tonnes de poisson dans ma vie. Mais quelque chose dans la chair de celui-là le rendait inimitable et si savoureux.

« Ce poisson est du *skrei*. Il a parcouru 1 000 kilomètres de la mer de Barents aux îles Lofoten. Certains l'appellent du *torsk* mais ils ne s'y connaissent pas. La morue commune ne voyage pas aussi loin, elle reste juste dans le coin » m'a expliqué Svein tout en me versant du vin. En plus de ça, il y avait une tranche avec ce qui ressemblait à des œufs de poisson, et du foie de poisson. J'étais en plein rêve.

Je leur ai raconté comment on grillait des milliers de sardines sur la plage à Marseille, lors d'une fête qu'on appelle la sardinade. Il y avait aussi des pommes de terre, du *kålrabi* (du chou-rave) et des carottes. Et des petits verres remplis d'un liquide doré. Svein a dit *Skål!* en levant son verre, alors j'ai supposé que je devais en faire de même. J'ai lancé un *Skål!* et bu le liquide doré que j'imaginais être une sorte de boisson traditionnelle venant de Norvège du Nord que les gens prenaient avec le *skrei*. Peut-être que c'était du « *skrei aquavit* » ? Mais à ma grande surprise, il s'agissait de beurre fondu. En voyant ma tête quand je l'ai avalé, Svein a explosé de rire.

Pendant que les autres buvaient de l'*aquavit* (la vraie boisson cette fois-ci), j'ai fait un gâteau au chocolat en suivant la recette de ma grand-mère. En attendant qu'il cuise au four, nous avons nettoyé la cuisine et nous nous sommes assis près de la cheminée avec la télévision en bruit de fond. Nina tricotait un pull pour sa fille qui lui avait commandé un motif non traditionnel : des crânes marron sur fond de mosaïque verte au lieu du « pull Marius » en laine typiquement rouge, blanc et bleu. Je dois trouver un homme dont la mère ou la grand-mère saura tricoter ce genre de choses pour moi, ai-je pensé. Svein observait le feu en silence tout en sirotant son vin, alors j'ai discuté avec Ayta. Elle était russe, de Sibérie, et étudiait à l'université de Tromsø. David et elle s'étaient rencontrés à un club de bains de glace près de Tromsø.

« Bains de glace ? ai-je répété, choquée.

— Oui, en Sibérie, on fait un trou dans la glace et on saute dedans, mais ici, on marche juste dans l'eau du fjord. Il y a un peu de sel, donc ça ne gèle pas complètement » a-t-elle ajouté.

Ce qui était drôle avec Ayta, c'est qu'elle avait toujours chaud à Tromsø. Elle venait de la région habitée la plus froide au monde : Iakoutsk en Sibérie. En hiver, il y faisait si froid que les smartphones ne marchaient pas. Il n'y a que quelqu'un qui vient de Sibérie pour trouver que Tromsø a un climat semi-tropical, ai-je pensé.

Je me sentais très proche de ces gens que je venais tout juste de rencontrer, comme si nous nous connaissions depuis toujours. Ils étaient si gentils et sympas, et si drôles, avec cet humour pince-sans-rire que j'aimais tant. Nous avons mangé le gâteau avec une tasse de café noir avant d'aller nous coucher.

J'ai dormi comme un bébé et j'ai eu beaucoup de mal à me réveiller le lendemain, le soleil ne se levant pas. J'ai décidé d'explorer la ville toute seule et je suis sortie après avoir pris un petit déjeuner consistant composé de pain, de saumon, d'œufs et de maquereau fumé. Pour une raison étrange, j'ai décidé de traverser le pont à pied au lieu de prendre le bus. Ah si, ça me revient, le billet était trop cher. La vue était vraiment magnifique, mais il faisait un froid de canard à cause du vent. Une fois arrivée de l'autre côté, je me suis dirigée vers la ville pour partir à la découverte de Tromsø.

Pour un endroit qui n'abritait que 70 000 âmes, la ville offrait une quantité impressionnante de cafés, de bibliothèques et de cinémas. Nina m'avait dit qu'un célèbre festival du cinéma était organisé chaque année à la mi-janvier : le Tromsø International Film Festival. J'étais dégoûtée : je l'avais raté de deux semaines. J'allais devoir revenir l'année suivante.

Je me suis posée dans un café très – comment disent-ils déjà en Norvège – ah oui, *koselig*, qui s'appelait le Verdensteatret (le théâtre du monde) et j'ai commencé à écrire des cartes postales à mes parents et à ma grand-mère. « Un petit coucou du pôle Nord ! ». Je n'étais pas vraiment au pôle Nord, mais je m'en rapprochais bien assez aux yeux de n'importe quel Marseillais.

Tandis que j'écrivais, j'ai reçu un SMS de David qui me demandait si j'avais envie de sortir : on était samedi soir. Il me disait qu'il avait rendez-vous avec des amis dans un bar d'étudiants du nom de Driv dans le centre-ville (par opposition à quoi ? me suis-je demandé. Toute la ville se trouvait au centre). J'y suis allée. Il y avait surtout des hommes car Ayta était en train d'étudier chez elle.

Plus ils se soûlaient, plus ils parlaient leur dialecte et moins je les comprenais. Mais au moins, ils étaient sympas et offraient à la petite Française de la bière locale, la Mack. Aske me manquait. Je passais un super moment et j'aurais aimé qu'il soit là. Juste quand j'étais en train de lui envoyer un message, Mikkel, l'ami de David, a renversé sa bière sur mon portable et s'est excusé avec un grand sourire révélant des dents criblées de taches noires. Une gingivite peut-être ? Je lui ai demandé ce que contenait la petite boîte ronde qu'il gardait près de lui sur la table. Le truc noir sur ses dents venait de là. Oh, ce sont ces boîtes de réglisse ou de chocolat que les gens achetaient à la boutique hors taxes de l'aéroport, ai-je pensé. J'ai ouvert le couvercle supérieur de la boîte et je suis tombée nez à nez avec des petites choses noires et humides, qui sentaient le rat mort. Mais ce n'est pas de la réglisse, c'est du tabac ! ai-je réalisé. J'ai envoyé un SMS à Ramu: « Ce truc que tu as avalé n'était pas du chocolat, mais du tabac. C'est pour ça que c'était dégueu ».

Il s'avère que la première mission des Norvégiens lorsqu'ils vont à l'étranger, même s'il s'agit de la Suède, consiste à acheter autant de *snus* — des petites poches de tabac à garder dans la bouche plutôt qu'à fumer — d'alcool et de bonbons que l'autorisent les quotas du gouvernement norvégien. Les taxes sur ces produits sont élevées en Norvège, alors les gens aiment en acheter dans des supermarchés étrangers ou des boutiques hors taxes pour faire des économies, même si ça implique de rater le train qui les ramène chez eux !

J'ai passé une soirée géniale, et plus je buvais, plus j'avais faim. Heureusement, le bar vendait des bâtonnets séchés de renne que j'ai mâchés toute la nuit. Mais l'atmosphère était super et je me sentais à ma place même si je parlais peu le norvégien. David et ses amis m'ont appris une chanson, dont je ne comprenais pas les mots mais dont je me suis contentée de répéter les sons mécaniquement :

Ka du sei, ka du mein
Har du pula mange rein
Var det en eller to?
Var det han eller ho?

Qu'est-ce que tu dis, que veux-tu dire
As-tu bais beaucoup de rennes*
Il y en avait un ou deux ?
C'était un mâle ou une femelle ?

J'étais si heureuse de parler le norvégien du Nord que je l'ai répétée en boucle toute la nuit pour être sûre de ne pas oublier les paroles. Le bar était en train de fermer, alors ils ont décidé d'aller chez David. Une fois là-bas, ils m'ont dit qu'ils allaient me montrer comment consommer une boisson du nom de *karsk*. Ils avaient préparé du café noir sur la table, ainsi que des pièces de monnaie et une bouteille contenant une boisson alcoolisée non identifiée.

« La méthode norvégienne consiste à mettre une pièce dans une tasse. Puis, tu verses le café jusqu'à ce que la pièce disparaisse de ta vue. Et ensuite, tu verses de l'alcool fort jusqu'à ce que la pièce réapparaisse, a-t-il dit. J'étais sur le point de le faire quand il m'a stoppée.

« Mais la méthode norvégienne du Nord consiste à poser une pièce sur la table. Puis, tu verses le café dans la tasse jusqu'à ce que tu ne puisses plus voir le fond de la tasse et ensuite, tu verses l'alcool jusqu'à ce que la tasse soit remplie. Bois autant de tasses que possible, jusqu'à ce que tu voies autant de pièces sur la table que de tasses d'alcool que tu as bues, a-t-il ajouté. Tout le monde a ri.

— Je me souviens, une fois, j'ai bu du *karsk* avec des gars d'Oslo. *Stakkars søringa* (pauvres gens du Sud). Ils n'ont même pas réussi à dépasser deux verres » a dit Leif, l'ami de David qui venait de Karasjok. Et ils se sont tous remis à rire.

Nous nous sommes tous endormis quelque part, entre les canapés et les lits de la maison. Le mot « gueule de bois » a pris un tout nouveau sens le lendemain. J'avais l'impression d'être à l'article de la mort.

« Les gars, comment vous faites pour faire passer une gueule de bois en Norvège du Nord ? leur ai-je demandé.

— Les Norvégiens du Nord n'ont jamais la gueule de bois. C'est ce qu'on appelle l'évolution darwinienne, m'a répondu David.

— Oh, arrête tes conneries. Ton foie a peut-être vécu plus d'aventures que le mien, mais tu as une sale tête aussi aujourd'hui » ai-je rétorqué.

Appelez ça comme vous le voulez, mais nous avons passé la journée à dormir, à regarder la télé et à dormir encore.

Ses parents avaient mis des émissions de télé censées être « typiquement norvégiennes ». La première d'entre elles montrait un feu qui brûlait dans une cheminée. Passionnant, il faut bien le dire. Nous avons regardé pendant plusieurs heures les bûches se consumer devant nos yeux. Je me suis assoupie à un certain moment, mais ce qu'il y a de bien avec la « slow tv » norvégienne, c'est qu'on ne rate pas grand-chose. Côté suspense, on fait mieux. J'étais à peu près sûre qu'aucune des bûches n'allait survivre à un feu de dix heures.

À un moment donné, j'ai senti une brise glaciale sur mon visage qui m'a fait ouvrir les yeux. David avait ouvert la porte et était dehors.

« Hé, on est pas tous nés pour boire du café assis dehors par - 15 °C, lui ai-je crié.

— Lorelou, viens voir ! » m'a répondu David.

Enveloppée dans une couverture de laine, je suis sortie sur le balcon couvert de neige. Au-dessus de nos têtes, une poussière de lumière verte dansait dans l'immensité du ciel. Le ciel tout entier était devenu un grand ballet de lumières et de poussières de couleur verte, violette et blanche. Le spectacle a duré plusieurs minutes. C'était l'une des plus belles choses que j'aie vues de ma vie : ma première aurore boréale.

J'étais si triste à l'idée de devoir rentrer à Oslo, cette ville ennuyeuse. J'avais envie de rester : je devais encore observer les baleines, découvrir la bibliothèque et me régaler dans les nombreux et excellents restaurants de Tromsø. J'ai serré Nina dans mes bras une dernière fois et lui ai donné un petit cadeau de chez moi : des sachets de lavande à mettre avec ses vêtements pour qu'ils sentent aussi bon que les fleurs de ma Provence. Je suis montée à bord de l'avion en direction d'Oslo le cœur lourd. J'étais tombée amoureuse de la Norvège du Nord.

« Reviens en été, quand il y aura le soleil de minuit » m'avait dit Nina tandis que je me dirigeais vers la salle d'embarquement.

En bref : contrairement à ce que ma prof de norvégien nous a dit en cours, les Norvégiens ne sont pas si homogènes que ça. Je n'ai visité que deux régions dans ce pays, Oslo et Tromsø, et j'ai déjà constaté une grande variété de codes sociaux, de cultures culinaires, de dialectes et même de jeux d'alcool. J'avais hâte de voyager plus et de découvrir toutes les variétés que le reste de la Norvège et ses habitants avaient à offrir.

Ne me quitte pas

De retour de Tromsø, je mourais d'envie de raconter mon voyage à Aske. Je voulais retourner à Brennsholmen avec lui. On pourrait louer des vélos pour aller jusqu'à Senja en été. Ou louer un bateau et voguer le long de la côte. On pourrait aussi se faire une virée en voiture dans le Finnmark et suivre les rennes dans la *vidda*, ou plateau. Il y avait tant de choses à découvrir dans ce pays, contrairement à mon impression initiale. Aske avait prévu de ramener quelques affaires de Copenhague à chacun de ses voyages et d'emménager enfin pour de bon à Oslo au printemps.

Le soir de son arrivée, je l'attendais à l'aéroport, m'imaginant le voir arriver avec plusieurs sacs lourds remplis des affaires qu'il devait ramener ici pour son déménagement. Il est apparu sans rien, en dehors d'un bagage à main de quatre kilos.

« T'étais pas censé commencer à déménager maintenant ? lui ai-je demandé.

— Si, je l'étais. Mais il faut qu'on parle » m'a-t-il répondu.

Tout le monde sait que ce « il faut qu'on parle » n'est jamais très bon signe dans une relation. Ça veut dire que quelqu'un est enceinte, et j'étais à peu près sûre que ce n'était pas son cas. Ou bien que votre tendre moitié vous quitte pour sa prof de yoga, ce qui était bien son cas.

Quand nous sommes arrivés à l'appartement, il a fait comme s'il n'y avait rien à dire et j'ai dû lui tirer les vers du nez. Parfois, les hommes manquent de courage, surtout quand ils se retrouvent face à une femme qui risque de craquer. Il a fini par tout résumer à un :

« Je veux pas déménager ici. Tous mes amis sont à Copenhague. Je ne peux pas me sentir chez moi à Oslo. C'est trop différent de ce que je connais. Trop différent de Norrebrø et trop loin de mes amis ».

Je suis restée sans voix.

Le lendemain, il a pris le premier vol pour Copenhague. Un aller simple. Il m'a appelée une semaine plus tard pour m'avouer à quel point il était soulagé de ne pas devoir déménager en Norvège. C'est là que j'ai vraiment réalisé. J'ai appelé ma mère et lui ai expliqué la situation. Elle m'a semblé étonnamment heureuse pour quelqu'un qui apprenait la triste histoire de sa fille qui venait de se faire plaquer par l'homme qu'elle aimait.

« Rentre à la maison. Laisse tomber tout ce périple scandinave. Tu vois bien que ça ne marche pas. Il y a une place de libre au bureau de poste en bas de la rue. Je suis sûre que tu as encore le temps de postuler et d'obtenir l'emploi. On serait voisines ! » m'a-t-elle dit d'un ton enjoué.

J'ai refusé l'offre de ma mère, mais elle avait raison. Qu'est-ce que je faisais en Norvège ? Ce n'est pas comme si la Norvège avait toujours été mon premier choix : non, c'était une solution pratique pour entretenir une relation qui n'existait même plus. Je n'avais jamais rêvé de venir ici et encore moins de vivre ici toute seule. Les hivers norvégiens étaient si longs. Mais j'avais signé un contrat avec mon employeur. J'aimais mon travail. Ça va être un voyage en solo, ai-je pensé. J'ai décidé de laisser une chance à la Norvège et de la quitter si ça devenait trop difficile. Je me suis donnée un an pour aimer ce pays.

II

PRINTEMPS

Comment survivre à l'hiver

Enfant, je me souviens que j'ouvrais la fenêtre de ma chambre chaque matin avant d'aller à l'école pour regarder le ciel et vérifier ainsi la météo. Il y avait toujours un jour vers le début du mois de mars où je remarquais que le soleil était un peu plus brillant et les arbres un peu plus verts. La Terre se réchauffait du jour au lendemain. Je respirais l'air et fermais les yeux : le premier jour du printemps. Enfin. Le dimanche suivant, mon père mettait du Madonna ou du Maria Callas (il a des goûts musicaux très éclectiques) à fond dans la maison pour réveiller ses quatre enfants. « Nettoyage de printemps ! On se réveille ! » hurlait-il, en frappant une casserole avec une cuillère en bois et en ouvrant nos stores. On le détestait quand il faisait ça : quel type de traitement inhumain est-ce d'être réveillés par Maria Callas à 10 h du matin un dimanche quand on a 13 ans ?

Le temps de nous lever, il avait préparé des pancakes pour nous soudoyer et nous persuader de participer au nettoyage avec lui et ma mère, et ensuite, on se lançait. Tout devait être récuré et vidé. On mettait de côté nos vêtements d'hiver, nos manches longues et nos chaussures fermées et on sortait nos sandales et nos débardeurs. Quand je dis « vêtements d'hiver », ça n'a rien à voir avec ce que portent les gens en Norvège. Pas un seul pull en laine ne se trouvait dans nos placards puisque les hivers à Marseille n'étaient jamais très froids : la température pouvait baisser jusqu'à cinq degrés, rarement zéro degré, mais les étés pouvaient être chauds et atteindre jusqu'à 40 °C.

Le temps se réchauffait toujours plus à partir de cette journée de printemps et l'été arrivait à grands pas, avec ses promesses de baignades quotidiennes dans la mer Méditerranée jusqu'au mois d'octobre.

On était déjà à la mi-mars en Norvège. J'ouvrais mes fenêtres tous les matins dans l'espoir de retrouver ce parfum de printemps que je humais à Marseille, mais je ne sentais que la fraîcheur de la neige. Un matin sur deux, je devais déblayer des montagnes de neige des escaliers qui menaient à mon appartement pour pouvoir me rendre au travail.

C'est vrai que je vivais près du tremplin olympique de saut à ski d'Holmenkollen, où les températures étaient plus basses de deux ou trois degrés par rapport au centre-ville. Mais quand même. Le printemps semblait nous avoir oubliés. Je regardais dehors et même quand il était censé faire jour, le ciel était si sombre. Les heures de clarté augmentaient chaque jour, mais ça faisait toujours trop peu de soleil à mon goût vu ce à quoi j'étais habituée. Je partais au travail le matin dans le noir et je rentrais à la maison dans le noir. Aucun signe d'Aske, qui était apparemment heureux de profiter de sa vie danoise sans moi. Ma mère m'appelait : ils mangeaient déjà dans le jardin et piquaient des têtes dans la mer. Est-ce que j'avais fait le bon choix en restant ici toute seule ?

J'ai envoyé un message à Ane pour essayer de me changer les idées.

« Viens chez moi, m'a-t-elle répondu. Je vais te remonter le moral ».

Elle vivait à Sagene, un quartier d'Oslo. Pour m'y rendre, je me suis promenée le long de la rivière Akerselva qui sépare Oslo en deux : le côté est et le côté ouest. C'était incroyable de découvrir à quel point Oslo était magnifique en longeant cette rivière, avec ses espaces verts et ses chutes d'eau (oui !).

Sa maison était une maison scandinave parfaitement minimaliste : tout le contraire de la mienne. Là où j'aurais peint un mur en jaune ou bleu, son logement était totalement blanc avec quelques touches de gris. Même l'orchidée près de la fenêtre était blanche et la seule touche de couleur était une marmite en fonte Le Creuset bleu foncé sur sa cuisinière. Elle m'a servi un de ces cafés norvégiens noyés dans de l'eau dans une tasse sur laquelle était peinte une petite fille en colère. J'ai reconnu ces tasses : la maison de Nina à Tromsø et celle de Kaia en possédaient aussi. Apparemment, c'était un article in-contournable à avoir dans chaque maison norvégienne. J'ai dé-couvert plus tard qu'elles étaient issues des histoires des Mou-mines, écrites et illustrées par Tove Jansson, une Finlandaise suédophone.

J'ai parlé à Ane de ma nostalgie du printemps, de ma rupture et de l'obscurité que j'avais du mal à supporter tous les jours. J'étais si fatiguée.

« Je crois que tu fais une dépression hivernale, mais ne t'inquiète pas. Ça se soigne » m'a-t-elle dit.

Ane voyait toujours le bon côté des choses. Elle était une férue de sport, avait un corps de rêve et sortait tous les week-ends boire avec des amis quand elle ne voyageait pas pour le travail. Elle avait toujours une nouvelle bombe féminine dans son lit et ne donnait pas l'impression de beaucoup s'engager dans sa vie amoureuse. Elle avait juste l'air de surfer sur la vie et de toujours en profiter.

« Tu prends du *Tran* ? » m'a-t-elle demandé. J'ai réfléchi un instant. Je n'avais aucune idée de ce dont elle était en train de me parler. Est-ce que c'était une sorte de somnifère qui me ferait hiberner jusqu'à ce que les premiers jours de l'été pointent leur nez, comme ça je n'aurais plus à supporter ces journées plongées dans l'obscurité ? Elle est allée vers son frigo et en a sorti une bouteille verte.

« De l'huile de foie de morue. Tu devrais en prendre une à deux cuillères par jour pour chaque mois qui se termine par *-re* pour éviter la dépression hivernale, m'a-t-elle expliqué. On est en mars, tu aurais dû commencer en septembre ». Elle en a versé un peu dans une cuillère et me l'a tendue pour que j'y goûte.

Oh punaise. À éviter quand on a un goût de café en bouche. Je me suis souvenue que ma grand-mère m'avait dit que ses parents les forçaient, elle et ses sœurs, à prendre de l'huile de foie de morue quand elles étaient petites. C'était dégoûtant.

« Oui, mais ils le font aussi en goût citron » a-t-elle ajouté en voyant ma grimace de dégoût. Beurk ! Imaginer ce goût de poisson mélangé à un arôme artificiel de citron semblait encore plus écœurant.

« Et en gélules bien sûr, pour les *pyser* » a-t-elle ajouté en riant. J'ai froncé les sourcils. « *Pyse* veut dire mauviette » a-t-elle précisé.

J'ai souri en me disant qu'il ne faisait aucun doute que je serais toujours une mauviette par rapport aux Norvégiens. Je m'y étais résignée le premier week-end que j'avais passé ici quand j'avais vu des gens skier un samedi matin.

« Il y a beaucoup d'autres façons de lutter contre la dépression hivernale. Tu dois sortir, être sociable, parler à tes amis, faire du sport. Tu peux aussi suivre l'exemple des Norvégiens et te bourrer la gueule tous les week-ends et avoir des coups d'un soir, surtout maintenant que tu es célibataire, a-t-elle ajouté en me faisant un clin d'œil. Ou tu peux aller en Espagne ou faire le plein de soleil dans des pays où il fait chaud pendant notre hiver. Il y a aussi une option moins chère : faire des UV dans un solarium ici. Allumer des bougies est important aussi. Pour rendre les choses *koselig* ».

J'avais entendu ce mot tant de fois au bureau et au cours de conversations. Qu'est-ce qu'il signifiait ?

En bref : les Norvégiens ne soignent pas la dépression hivernale à l'aide d'une ancienne potion transmise par les dieux nordiques. Les Norvégiens d'aujourd'hui utilisent une combinaison de sexe occasionnel, de soleil artificiel qui peut donner le cancer de la peau, d'intoxication par l'alcool et de vols charter vers les plages méditerranéennes. Et de l'huile au goût de poisson à prendre avec son café le matin.

J'avais tout gagné en échangeant la douceur de mes hivers provençaux contre ça.

L'ART DE TOUT RENDRE *KOSELIG*

Dès mon arrivée en Norvège, j'ai senti que le terme *koselig* était un concept très important pour les Norvégiens. Ils le disaient à longueur de temps en employant différentes nuances : « *kos deg!* », « *Det var så koselig* » ou « *Så koselig!* ». Le mot se prononce « kousheli ».

Qu'est-ce que ça pouvait bien vouloir dire et pourquoi c'était si important à leurs yeux de rendre les choses *koselig* ? À mesure que les températures baissaient et que les nuits s'allongeaient, la quête du *koselig* a franchi un nouveau palier.

Au départ, je ne saisissais vraiment pas le concept. J'ai donc demandé à Ane :

« C'est quoi *koselig* ?

— *Koselig,* c'est ça ! m'a-t-elle répondu, en me montrant une bougie allumée sur la table de la cuisine.

— Être *koselig* a un rapport avec les bougies ? » lui ai-je demandé.

Évidemment que non. C'était bien plus compliqué que ça. Et rendre les choses *koselig* en hiver, alors que le soleil et la chaleur de l'été s'en étaient allés, est devenu encore plus important. J'avais l'impression que rendre les choses *koselig* était un mécanisme de défense que les Norvégiens avaient créé pour se préparer à l'hiver et y survivre.

Être *koselig* est un concept essentiel que l'on se doit de comprendre et d'adopter quand on vit en Norvège tout au long de l'année. La plupart des francophones traduisent ce mot par « douillet », ou « cosy » pour utiliser un mot anglais, mais ce terme est loin de couvrir tout ce que *koselig* peut exprimer.

En Norvège, tout peut (et doit) être *koselig* : une maison, une conversation, un dîner, une personne. Ça décrit quelque chose/une atmosphère/un moment qui vous offre un sentiment de chaleur au plus profond de vous-même et vous montre comment toutes les choses devraient être : simples et réconfortantes.

J'ai demandé à plusieurs Norvégiens de me donner leur définition de *koselig* et c'est là que j'ai réalisé que ce n'était pas seulement difficile à traduire pour nous, mais aussi compliqué à expliquer pour eux.

« Donc, *koselig* est un synonyme de *hyggelig* ? » ai-je demandé à l'heure du déjeuner. Les Danois utilisaient beaucoup les mots *hyggelig* ou *hygge*.

Cette question a entraîné des discussions interminables. Pour ne rien arranger, les Danois ne disposent que d'un seul mot (*hyggelig*, qui semble être l'équivalent de *koselig*) alors que les Norvégiens en ont deux : *koselig* et *hyggelig*. En norvégien, *hyggelig* semble moins intime que *koselig*. On peut dire par exemple « *Det var hyggelig å treffe deg* » à un collègue de travail. (Ravi.e de vous avoir rencontré.e). Mais dire « *Det var koselig à treffe deg* » prend tout un autre sens, plus intime, et est donc inapproprié dans un cadre strictement professionnel.

Au bout d'un moment, j'ai identifié certaines caractéristiques du concept *koselig*. Si une personne partait de chez moi en me disant « *Det var kjempekoselig* » et me donnait un *klem*, une câlin ou «hug» norvégien, alors je savais que j'étais probablement en train de me faire un nouvel ami.

Pour ceux qui se demandent en quoi consiste un câlin (amical) norvégien, il s'agit non pas de se prendre dans les bras franchement, avec les deux bras et des contacts corporels de tous bords. En Norvège, il y a plus de restreinte, et il s'agit ici de saisir le haut du bras de l'autre personne, et d'appuyer votre joue contre la sienne. Aucun autre contact physique que cela, mais une grande preuve d'amitié et d'intimité pour un Norvègien. Cela dit, avant d'en arriver là il faut se faire des amis, et ici, c'est un vrai parcours du combattant, qui consiste à se faire inviter dans le chalet familial, à se soûler ensemble et bien d'autres choses.

Alors, comment rendre les choses *koselig* ? D'après mon expérience en Norvège, une soirée *koselig* doit avoir des bougies, de la bonne musique et aussi peu de silences gênants que possible. Elle ne doit pas aborder de sujets sensibles comme la politique (par contre, parler d'argent en Norvège n'est pas du tout tabou). Elle doit éviter les discussions animées comme on en aurait en France en toute occasion. Il faut qu'il y ait des couleurs chaudes autour de vous, un feu de cheminée, de la bonne nourriture sur la table, du vin et des gens que vous appréciez et avec qui vous vous sentez bien. Il faut passer un bon moment, en papotant tout au long de la soirée et de la nuit, accompagné d'une légère ivresse et de chaleur intérieure.

Dit comme ça, ça a l'air très simple d'imaginer ce qui rend une soirée *koselig*, surtout en plein hiver. Mais là où ça se corse, c'est qu'en Norvège, pratiquement tout doit être *koselig*. Et il n'y a aucun manuel pour nous enseigner comment être et rendre les choses *koselig* en toutes circonstances. Par exemple, qu'est-ce qu'une décoration *koselig* dans une maison ? À quoi ressemble une cuisine *koselig* ? Une tasse *koselig* ? Qu'est-ce qu'on peut faire de *koselig* le week-end ?

Et pour ne rien simplifier, j'ai réalisé qu'on devait aussi être *koselig* en été. Je pensais qu'il était question de trouver du réconfort et de la chaleur quand le soleil était absent des longs hivers scandinaves plongés dans l'obscurité, mais si tout devait aussi être *koselig* quand il faisait clair dehors et que c'était l'été…

Qu'est-ce qu'une journée *koselig* à la plage s'il n'y a pas de cheminée, ni de bougies ou de chaussettes en laine ? J'ai déclaré forfait.

Les Norvégiens le font très naturellement et ils savent tout de suite ce qui est *koselig* et ce qui ne l'est pas. Mais pour nous les étrangers, c'est une autre histoire. Est-ce que ça voudrait dire que faire des choses de manière *koselig* est un critère culturel et pas (du tout) universel ?

Avant de vivre ici, je n'avais jamais ressenti le besoin de faire des choses *koselig*. Dans n'importe quel pays d'Europe du Sud, comme en Espagne, en Italie ou en France, tout l'intérêt de la vie sociale est d'être dehors : à la plage, dans un jardin, dans la rue, à la terrasse d'un café. Il y a très peu de mois où il fait trop froid pour sortir. Il ne nous viendrait pas à l'idée de dépenser des sommes faramineuses pour rénover notre intérieur une année sur deux. La chaleur vient de l'extérieur, les fenêtres sont grandes ouvertes et on mange des salades de tomates fraîches et de basilic cueilli dans le jardin. Pas besoin de rendre les choses douillettes ou chaleureuses : là-bas, c'est la vie qui l'est.

En Norvège, c'est complètement différent. Les hivers peuvent être longs, tout comme les nuits (surtout en Norvège du Nord) et donc, personne ne sait jamais à quoi ressembleront le printemps et l'été. À Marseille, en été, on savait avec certitude que le lendemain serait tout aussi ensoleillé et chaud que le jour qui venait de s'écouler.

Je pouvais me réveiller et sauter dans mon maillot de bain sans même regarder par la fenêtre ou consulter les prévisions météo. Mes vêtements d'hiver étaient enfouis au fin fond de mon placard et n'en ressortiraient plus jusqu'au mois de novembre.

Mais en Norvège, on ne peut jamais être sûrs, même à la mi-juillet ou en août, qu'il fera aussi beau et chaud tous les jours. Alors, les Norvégiens ont appris à saisir l'instant présent. Le moment où, en été, le soleil est assez chaud pour aller s'allonger dans un parc ou se rendre sur une île pour s'y baigner, ou le moment où on peut porter une robe légère ou un short. Le moment où, en hiver, il y a assez de neige pour partir skier avec ses amis ou ses enfants ou son chien et pour savourer des gaufres en chemin dans une cabane.

Il faut saisir l'instant présent car demain, il peut pleuvoir ou on peut perdre 10 degrés, on peut ressortir notre veste d'automne du placard et dire adieu à l'été pour cette année (en plein juillet !). Pour toutes ces périodes d'incertitude, les Norvégiens ont besoin d'autres formes de chaleur auxquelles se raccrocher : de la tequila (ou du gin tonic, ou de l'*aquavit*) et du *koselig*. C'est une sorte d'été intérieur que les Norvégiens se créent pour avoir l'impression qu'il fait chaud toute l'année quelles que soient les circonstances.

Autre possibilité : on peut penser que les Norvégiens, qui ont été élevés dans une culture qui leur impose de ne pas trop exprimer leurs sentiments, ont inventé un seul et unique mot pour désigner tout à la fois l'amour, l'amitié, le réconfort, la confiance et surtout le bonheur. Tellement pratique !

En bref : j'imagine un test visant à vérifier si les immigrés ont réussi à s'intégrer en Norvège selon une échelle de *koselig* servant à évaluer leur aptitude à rendre la vie *koselig*.

Vous invitez des gens à dîner chez vous et vous n'allumez pas de bougies ? Vous perdez au moins deux points sur l'échelle de *koselig*. Et puis, le dimanche suivant, vous faites des gaufres (mais attention, pas avec la poudre des sachets où on rajoute un verre de lait, c'est vous qui avez préparé la pâte) que vous servez avec une confiture faite maison à base de fruits rouges que vous avez cueillis vous-même dans la forêt près de votre cabane ? Félicitations, vous venez tout juste de gagner trois points sur l'échelle de *koselig*. Vous revenez d'une journée de ski et de transpiration en Nordmarka avec votre partenaire et vous lui offrez un thé glacé et un beignet ? Moins trois points sur l'échelle de *koselig*. Puis, vous mettez le chauffage et laissez la cheminée vide parce que c'est bien plus simple d'appuyer sur un bouton que d'allumer un feu ? Là encore, moins trois points sur l'échelle de *koselig*. Vous étiez censé(e) lui offrir un chocolat chaud avec des bonhommes en pain d'épice ou *pepperkaker* qu'il restait de votre atelier de cuisine de Noël, mettre du bois dans la cheminée et vous affaler ensemble sur le canapé tout en regardant le feu prendre en silence, sans quitter vos sous-vêtements en laine trempés de sueur.

Personne n'a dit qu'être *koselig* était un exercice facile.

LE TACO NORVÉGIEN DU VENDREDI

J'ai appliqué les conseils qu'Ane m'avait donnés sur le fait d'avoir une vie sociale pour lutter contre la dépression hivernale et survivre à mon premier hiver norvégien. J'ai appelé Kaia, qui était celle qui se rapprochait le plus d'une amie à Oslo en dehors d'Ane.

« Viens dîner chez moi vendredi à 17 h. Je vais demander à Pål de cuisiner sa spécialité, un repas norvégien traditionnel incroyable ».

Ça avait l'air très tentant. Pål était le gars qu'elle fréquentait beaucoup ces derniers temps, sans qu'ils ne forment officiellement un couple. Un statut intermédiaire que j'avais du mal à saisir.

Faire la connaissance de gens autour d'un repas norvégien chaleureux et traditionnel était exactement ce dont j'avais besoin. Kaia vivait dans un *kollektiv*, ou appartement partagé, dans le quartier Gamlebyen au centre-ville. Je suis arrivée là à

17 h pétantes. J'avais en effet appris qu'il ne fallait jamais être en retard quand des Norvégiens vous invitaient.

J'avais été conviée à un dîner chez d'autres Norvégiens une seule fois avant ça : chez la famille d'Ane à Tromsø car ils m'hébergeaient. Chez Kaia, j'espérais goûter à de la nourriture norvégienne traditionnelle et faite maison. Peut-être que Pål venait d'une région que je n'avais pas encore visitée ? Peut-être qu'il cuisinerait ces têtes de mouton dont j'avais entendu parler, les *smalahove* ? Ou bien peut-être qu'ils avaient chassé eux-mêmes la viande de gibier ou pêché le poisson près de leur cabane familiale ? Peut-être que les fruits rouges qu'ils me serviraient venaient de la forêt voisine ? J'étais très impatiente de découvrir tout ça.

C'est Kaia qui m'a ouvert la porte en me donnant un *klem* et un grand gars de forte carrure du nom de Pål m'a serré la main. Je me suis débarrassée de mon manteau et j'ai humé l'air pour essayer de deviner le plat qu'ils mijotaient. Mais seul un parfum de vanille artificielle a titillé mes narines : il venait des bougies allumées dans tout le salon.

J'ai jeté un coup d'œil à la cuisine mais il n'y avait rien dehors ni dans le four. Apparemment, ils n'avaient pas encore commencé à cuisiner. Quel genre de plat traditionnel ne prend que dix minutes à préparer ? me suis-je demandé. Je me suis installée dans le canapé et j'ai commencé à discuter avec les personnes qui étaient déjà assises tout en mangeant poliment les chips disposées sur la table basse.

Trois d'entre elles étudiaient à l'école d'infirmière et vivaient en colocation avec Kaia, en louant une chambre et en partageant les espaces communs. Ante était un ami de Pål et vendait des machines à laver dans le grand magasin d'électroménager Elkjøp.

Il était très sympa et on avait beaucoup de choses à se raconter car il venait de Norvège du Nord, région que je venais juste de visiter. Il venait de Kautokeino au Finnmark, dans le Nord, et il m'a parlé d'un festival avec des rennes qui avait lieu chaque année à Pâques dans sa ville natale : les championnats du monde de courses de rennes. Je m'y serais bien invitée, mais ça aurait été déplacé vu qu'on se connaissait à peine. Il était plus direct que la plupart des Norvégiens que j'avais rencontrés et il riait beaucoup. En fait, il avait l'air à l'aise en milieu social sans devoir faire aucun effort. Il n'était même pas soûl !

Malgré ces bons moments, je ne pouvais pas m'empêcher de penser qu'il manquait la raison principale de ma venue : le repas. Au bout d'un moment, Pål a coupé deux tomates en dés, de la laitue et un concombre, puis a versé du maïs en boîte de conserve avant de râper du *Norvegia*. C'est un fromage norvégien qui se présente sous la forme d'un gros bloc et qui ressemble à du plastique dur et jaune clair (et qui en a aussi le goût). Mon cœur s'est serré quand il a ouvert un sachet de poudre Toro. Il a versé la poudre sur la viande hachée crue et l'a mise au micro-ondes.

« C'est là que la magie opère » a indiqué Pål tout excité.

Oh Fada.

J'étais en hyperventilation.

Il a ensuite ouvert un pot de sauce rouge et l'a mise dans un autre bol. Il a sorti une boîte de crème du frigo. Et c'est tout. La table était recouverte de petits bols contenant chacun un ingrédient : du maïs, de la viande hachée, du concombre, etc.

« Tada ! a fièrement lancé Pål. Voilà notre célèbre plat norvégien ! *Taco Fredag!* ».

Attends, est-ce qu'il venait de dire que les tacos sont un plat norvégien ? Je ne comprenais rien. Il a tout servi dans des tacos prêts à l'emploi, tout juste sortis de leur emballage en plastique.

Alors que tous les différents ingrédients reposaient froids sur la table, tout le monde a composé son propre taco dans la bonne humeur. Pendant que je mangeais mon tout premier taco, je me suis demandé à quel moment ce plat avait bien pu être introduit dans la culture culinaire norvégienne. Dans ma culture, quand on cuisine, surtout pour des invités, ça prend du temps et ça demande de bons produits, et surtout de l'amour. Malgré tous les efforts de Toro, cette sauce en sachet pour tacos n'avait pas du tout le goût de l'amour.

« Pourquoi est-ce que c'est un plat typiquement norvégien ? ai-je demandé.

— C'est une tradition en Norvège. *Taco Fredag!* m'a répondu Pål.

— Une tradition ? Ça a commencé quand ? » ai-je poursuivi, en me demandant après combien d'années de pratique on pouvait dire de quelque chose que c'était une tradition. J'étais quasiment sûre que le mot « tacos » n'était pas un héritage du vieux norrois.

Quelqu'un d'autre à table n'avait pas l'air très impressionné : Ante. Il mâchait poliment sa nourriture et a un peu ri quand j'ai posé toutes ces questions déconcertantes.

« Dans les années 90, peut-être » m'a indiqué Pål. Ah oui, une très longue tradition donc…

Quand on pense à la cuisine norvégienne traditionnelle, on pense par exemple au plat à base de chou, mouton et poivre qui doit cuire pendant des heures (*fårikål*), aux spécialités à base de poisson fermenté dans la terre pendant des mois (*rakfisk*) ou à base de tête de mouton servie sur un plateau (*smalahove*), ou encore aux très vieux fromages qui feraient passer l'odeur de n'importe quel fromage français pour de la rose (*gamalost*).

J'ai très vite compris que les côtelettes d'agneau (*pinekjøtt*) et la poitrine de porc (*ribbe*) ne se mangeaient qu'une à deux fois par an, et pas pendant le même repas, et que le fromage *Norvegia* est ce que les gens souhaitaient avoir dans leur *matpakke*, pas le *gamalost*. Le *matpakke* (qui est tout simplement une boîte avec des tartines dedans) est le déjeuner que les Norvégiens se préparent tous les jours pour aller à l'école et au travail car il y a peu de cantines. Il n'y en a, en fait, aucune dans les écoles et quelques-unes, rares, dans les bureaux.

J'ai essayé de composer deux tacos et de mettre la bonne quantité de crème, de viande et d'autres ingrédients qui étaient sur la table. À la fin du repas, tout le monde a sorti sa bière et on a commencé à boire. Kaia a mis des bonbons sur la table et nous avons passé la nuit à bavarder.

Quelle étrange tradition norvégienne, ai-je pensé sur le chemin du retour sous la neige nocturne.

Dans le métro, j'ai appelé Ramu. Il venait du Tamil Nadu, un État qui possède une très riche culture gastronomique. Je devais partager ce que je venais de vivre avec quelqu'un qui aurait compris mon désespoir.

« Devine où il a mis la poudre ? Sur la viande crue au micro-ondes !

— Nooooon arrête » a répondu Ramu. Je lui ai tout raconté. Enfin quelqu'un qui me comprenait.

En bref : les Norvégiens semblent avoir une définition très large et récente du mot « tradition ». Ça ne les dérange pas de vous inviter à dîner pour vous servir des ingrédients issus de différents sachets à passer au micro-ondes alors que leur pays a tant de plats exquis à offrir. La culture culinaire norvégienne reste un mystère pour moi.

Pour trouver un ami, buvez un coup

Mes collègues les plus proches, Ylva et Torbjørn, étaient toujours bien occupés avec leur vie et leurs amis. Torbjørn quittait le travail à 15 h 30 presque tous les jours pour aller chercher ses filles à la crèche. Ylva avait toujours un cours de vélo d'intérieur qui l'attendait, un café à boire avec une amie ou une répétition avec la chorale. Mes autres collègues, comme Gro, étaient plus âgés et prenaient chaque jour le même train pour rentrer chez eux.

Pas question de perdre ne serait-ce qu'une seule minute de leur journée de travail ou de leurs loisirs avec une étrangère qui s'ennuyait. Je voyais Kaia assez souvent, mais elle vivait aussi sa vie avec Pål et habitait pratiquement chez lui désormais.

J'étais en plein mode hiver : je dormais beaucoup et je ne quittais la maison que pour me rendre au travail. J'ai enfin aperçu une lumière au bout du tunnel quand j'ai reçu une invitation à la fête dont Ane me parlait depuis que j'étais arrivée en Norvège. À mesure que la fête approchait, mon humeur s'améliorait nettement. J'attendais qu'un Norvégien m'invite à une fête depuis longtemps, mais ça n'était jamais arrivé. Je ne suis pas née sur des skis, mais en société, je suis comme un poisson dans l'eau.

Ce samedi-là, malgré le froid qu'il faisait, j'ai essayé de rester très motivée pour pouvoir me rendre à la fête avec 100 % de mes capacités. J'ai facilement retrouvé l'appartement d'Ane. Après avoir sonné à l'interphone, quelqu'un m'a ouvert sans même me demander qui j'étais. Le bruit de la musique et des voix m'a guidée dans les escaliers.

Quand je suis arrivée, la porte était entrouverte et des dizaines de chaussures et de vestes étaient entassées dans l'entrée. Après avoir enlevé toute ma panoplie d'hiver, j'ai littéralement dû escalader les affaires pour accéder aux autres pièces. On aurait presque dit qu'il s'agissait d'un autre endroit que celui où j'avais pris un café quelques semaines auparavant. Des gens se tenaient debout partout, un verre à la main et un sourire aux lèvres.

Je n'avais pas prévu que j'aurais dû enlever mes chaussures et mes chaussettes avaient des trous au niveau des orteils.

J'ai regardé autour de moi. Les hommes portaient tous une moustache peu soignée et une chemise de bûcheron à carreaux, et les femmes avaient des pulls en laine tricotés avec des motifs scandinaves. On n'était clairement pas en plein défilé de mode parisien : mon orteil découvert passerait donc inaperçu.

La première personne dont j'ai clairement entendu le discours au milieu de tout ce brouhaha était un Norvégien.

« Oh non, je connais personne à cette fête. Je vais devoir me bourrer la gueule très vite » a-t-il dit à voix haute.

Quelle logique étrange. Je trouvais ça excitant de ne connaître personne. Quel est l'intérêt d'une fête si on ne peut pas y rencontrer de nouvelles têtes ?

J'avais apporté une bouteille de vin que j'avais posée sur la table pour que les gens puissent se servir. Puis, j'ai commencé à me verser des verres en piquant dans les autres bouteilles. Jusqu'à ce que quelqu'un me fixe du regard comme si je venais de tuer son ami.

« C'est ma bouteille, a dit le gars.

— Ok, et elle est bonne ? » lui ai-je répondu en souriant.

En France, chacun amène une bouteille d'alcool, ou un sachet de chips, ou un gâteau fait maison. À partir du moment où on arrive à une fête et où on pose ce qu'on a amené sur la table, on le partage. Et ce gâteau ou cette bouteille de vin n'est plus notre propriété privée. Ça devient un bien collectif. En observant autour de moi, j'ai réalisé que chaque personne restait près de la bouteille qu'elle avait amenée. Ça rime à quoi ? Ça veut dire qu'on doit boire exactement la même chose durant toute la soirée et que personne ne partage ?

Pour excuser mon étrange comportement, j'ai offert au gars un verre de mon vin. Il m'a ensuite expliqué en souriant :

« L'alcool coûte si cher en Norvège que c'est plus simple d'amener ce que tu vas boire à une fête. Personne n'a les moyens d'acheter des boissons pour tout le monde, donc les gens veulent être sûrs d'en avoir pour leur argent ».

Ce soir-là, j'ai même vu des gens ramener les bières qu'ils n'avaient pas bues chez eux après la fête. C'est l'une des choses les plus impolies que l'on puisse faire en France : il faut laisser ça à celui qui vous a invité.

Le gars a terminé sa petite explication en souriant, m'a dit qu'il allait prendre des chips dans la cuisine et n'est jamais revenu. Ensuite, j'ai parlé à une fille et à quelques autres personnes.

J'ai réalisé que tout le monde me posait exactement les mêmes questions, et dans le même ordre en plus.

Première question : « Qui tu connais à cette fête ? »

Deuxième question : « Tu fais quoi dans la vie ? »

Troisième question : « Tu viens d'où ? »

Ensuite, ils ajoutaient quelque chose du genre « *Ååhhh så spennende* » (c'est génial !) quand je répondais que je venais de France. Ils me demandaient d'où exactement et évaluaient la distance qui séparait Marseille de la ville qu'ils avaient visitée (généralement Nice ou Paris et souvent en voyage Interrail vers 18-20 ans).

Quand ils étaient à court de sujets de discussion, ils partaient prendre un verre et disparaissaient à jamais. Ou bien, ils allaient aux toilettes et s'asseyaient ensuite autre part pour discuter avec une personne plus intéressante. J'avais voyagé à travers le monde, je parlais trois langues et je m'étais facilement fait des amis en dehors de la Norvège. Je m'étais toujours vue comme une fille avec de la conversation. Comment se faisait-il que j'étais si ennuyeuse que ça aux yeux des Norvégiens ?

J'ai cherché Ane, mais vu que c'était sa fête, elle était toujours occupée à préparer des boissons ou à parler à tous ces gens qui ne cherchaient jamais à l'esquiver.

Ces conversations semblaient répondre à des codes que je ne comprenais pas et mes réponses à leurs questions n'étaient sans doute pas les bonnes. Peut-être que c'était parce qu'après quelques mots échangés en norvégien, je leur demandais si on pouvait passer à l'anglais ? Ou bien peut-être qu'ils pouvaient sentir la dépression hivernale qui planait au-dessus de moi ? Peut-être que les Norvégiens avaient une vie si passionnante que la mienne semblait terne en comparaison.

À un moment donné, j'ai même vu un mec mignon me regarder depuis l'autre bout de la pièce et j'ai pensé que quelqu'un me sortirait peut-être de mon fiasco social et flirterait avec moi, mais il m'a juste regardée et n'est jamais venu m'aborder. Manifestement pas intéressé. Au bout de quelques heures passées à boire poliment de la bière et à dire « *så spennende* » toutes les cinq minutes, les gens ont commencé à devenir de plus en plus soûls et… libérés. Ils parlaient plus fort, dansaient. Vers 23 h 45, ils ont tous décidé qu'il était temps d'aller en ville. Pourquoi si tard ? me suis-je demandé.

Nous sommes allés dans un bar/boîte de nuit du nom de Jæger, qui se traduit apparemment par « chasseur ». Je me souviens juste qu'il y avait beaucoup d'hommes soûls et grands et que j'avais peur qu'ils oublient ma présence et qu'ils me mettent leurs coudes dans la tête. Je suis trop petite pour les fêtes dans ce pays, ai-je pensé. Mais ils devenaient si sociables que ça ressemblait plus à une fête en France ou en Espagne désormais. Vers 2 heures du matin, je discutais avec des personnes qui venaient de la fête organisée chez Ane.

Une fille qui s'appelait Berit m'a dit qu'elle était chanteuse et m'a invitée au concert qu'elle donnait dans un musée le vendredi suivant. Mon Dieu, j'entrais dans un groupe d'amis ! J'avais été invitée à un concert par la chanteuse ! Ma vie en Norvège allait devenir palpitante.

Je pouvais voir le mec mignon s'approcher prudemment de moi, me regarder, puis détourner le regard. Qu'est-ce qui se passait là ? Peut-être qu'il était intéressé après tout. Ane allait me chercher à boire au bar, cherchant visiblement à me remonter le moral et à me sortir de ma dépression hivernale.

J'avais du mal à suivre son rythme car elle ramenait les boissons par deux : un verre de bière et un shot d'une boisson foncée, de la Jägermaister ou du Fisk. Le Fisk est une bouteille d'alcool sur laquelle est dessiné un pêcheur. Cette boisson est noire et a un goût de réglisse. J'étais de plus en plus pompette et je voyais que les gens devenaient toujours plus sympas et riaient aux éclats de façon bien plus naturelle.

Le gars qui était si froissé que j'aie pu boire dans sa bouteille de vin plus tôt était tout à coup bien moins réticent à l'idée de partager son verre d'alcool avec de parfaits étrangers. Quant au mec craquant, il ne se trouvait désormais plus qu'à un mètre de moi.

Soudain, vers 2 ou 3 heures du matin, une cloche a sonné dans le bar.

« Qu'est-ce qui se passe ? ai-je demandé à Ane.

— C'est le dernier verre, a-t-elle hurlé à pleins poumons.

— Quoi ? Et ils ferment après ça ? » ai-je demandé, étonnée. Il n'était pas un peu tôt pour fermer un bar un samedi soir dans une capitale européenne ?

À la seconde même où cette cloche a cessé de retentir, la cuisse du mec craquant touchait la mienne.

« *Hei, du*, m'a-t-il lancé en m'adressant un grand sourire.

— *Hei!* » lui ai-je répondu en lui rendant son sourire. Il s'appelait Nils. Il était très drôle et attiré par le fait que j'étais française. Il m'a posé tout un tas de questions sur ma vie en Norvège, un sujet auquel peu de gens s'étaient intéressés jusque-là. Une fois que chacun a eu sa dernière boisson sur la table, notre petit groupe a poussé son dernier *Skååååållll* et a tout bu.

Skål signifie « santé » mais aussi « crâne » en norvégien. J'avais entendu des histoires qui racontaient que cela venait des crânes dans lesquels les Vikings avaient autrefois l'habitude de boire de l'alcool, en Scandinavie. D'autres disent que c'est lié au fait qu'un *skål* désignait également un « bol » dans lequel on pouvait boire de l'alcool.

Je ne me souviens plus du moment exact où ça s'est produit, après avoir commencé à discuter, mais à un moment donné, le bar a rallumé ses lumières. J'ai regardé autour de moi. Mes yeux devaient se réhabituer à l'éclat de l'éclairage. On aurait dit qu'on était tous des créatures nocturnes sur le point de brûler si on s'exposait à la lumière perçante trop longtemps et le bar s'est vidé à la vitesse de l'éclair.

Tout le monde s'est soudain retrouvé dans la rue. Les gens discutaient et fumaient, par des températures qui me semblaient très basses pour rester plantés dehors en t-shirt.

Certains ont fini par prendre un taxi, d'autres se sont éloignés à pied tout seuls ou ont pris la direction d'une fête tentante en compagnie d'autres personnes. Je voyais un peu trouble et j'arrivais à peine à marcher droit. Je n'avais pas l'habitude de boire autant en une seule soirée.

Tandis que je consultais mon téléphone pour trouver l'horaire du prochain bus de nuit qui me ramènerait chez moi, Ane m'a attrapée par le bras. Elle riait et dansait dans la rue, visiblement ivre.

« Viens avec nous, Lorelouliouloulou, m'a-t-elle dit en éclatant de rire.

— Qu'est-ce qui est prévu ?! ai-je demandé à Ane.

— *Nattspiiiil*, a hurlé Ane.

C'était un endroit à Oslo ? me suis-je demandé. On aurait dit le nom d'un bar qui s'appelait « jeu nocturne » (*Natt* signifie « nuit » et *spill* « jeu »).

— Cool. Je suis jamais allée au Nattspill. C'est un autre bar qui reste ouvert après 3 heures du matin ?

Les cinq personnes du groupe ont éclaté de rire.

— Oui, allez, viens voir le bar. Le *nachspiel* est un bar très spécial » m'a dit Berit, en corrigeant ma prononciation.

Selon mon GPS, on était censés mettre 30 minutes à pied pour se rendre dans un quartier d'Oslo du nom de Birkelunden. C'était sans doute la durée estimée en temps normal, mais tout était beaucoup plus long. Il y en avait toujours un pour s'arrêter et crier sur quelqu'un ou rire ou demander une cigarette à un passant.

Nils marchait près de moi.

« Alors, tu n'es jamais allée à un *nachspiel* ? Les soirées norvégiennes commencent par un *vorspiel*, une pré-soirée, chez quelqu'un, comme ce qu'on a fait chez Ane plus tôt. Ensuite, on continue la fête au bar, comme au Jæger, et enfin, les Norvégiens finissent par un *nachspiel*, un after, m'a-t-il expliqué.

— Ok, mais pourquoi les gens se donnent la peine d'organiser trois fêtes en une soirée ? Pourquoi est-ce qu'ils ne commencent pas au bar et n'y restent pas ? lui ai-je demandé.

— Parce que l'alcool coûte cher. Donc, c'est plus abordable de boire de l'alcool à la maison qu'on a acheté hors taxes dans des aéroports ou en Suède. Ensuite, on essaie de dépenser le moins possible au bar et on boit encore à la maison » m'a-t-il expliqué.

Pourquoi ont-ils besoin de boire autant ? Est-ce que toute la vie sociale tournait autour de l'alcool en Norvège, plutôt qu'autour de la nourriture comme c'était le cas de la culture française ? J'étais sur le point de le lui demander quand j'ai été interrompue par Ane qui a hurlé : « Kéébbbaaabbbbb !

— Et pas de *nachspiel* sans kébab » a ajouté Nils. Après le taco du vendredi, maintenant le kébab norvégien du samedi.

Un nombre surprenant de personnes faisaient la queue pour s'acheter un kébab en plein milieu de la nuit. En plus de la queue, beaucoup de Norvégiens se jetaient sur leur kébab comme s'ils ne s'étaient pas nourris depuis trois jours.

Quelle vision d'horreur. De la mayonnaise marron coulait le long de leur menton pour atterrir sur leur manteau tandis qu'ils essayaient de discuter entre eux. Après ce qui m'a semblé être une éternité, chacun ayant obtenu son kébab, nous nous sommes remis à marcher vers Birkelunden. Notre balade a fait disparaître les effets de l'alcool dont je souffrais car la nuit était froide et de la neige mouillée a commencé à tomber.

Je m'éloignais toujours plus de mon domicile et je me suis soudain demandé comment j'allais faire pour rentrer chez moi, sans transports en commun entre le dernier bus de nuit vers 4 heures et le premier métro vers 6 heures.

Nous avons poursuivi notre promenade vers Birkelunden et

quand nous sommes arrivés devant la lourde porte d'entrée du bâtiment qui allait accueillir notre *nachspiel*, j'ai été très surprise de voir Nils sortir une clé pour ouvrir la porte. C'était chez lui ! En me retournant, j'ai constaté qu'on avait perdu Berit et un autre gars, qui s'étaient éclipsés sans un mot. Nous étions toujours cinq avec Ane, une fille blonde qui avait l'air de dormir debout et un grand gars dont les gencives se couvraient de tabac noir dès qu'il parlait.

L'appartement était petit. Nous nous sommes tous assis par terre dans la cuisine et avons écouté de la musique et bu des bières que Nils gardait au frigo. Il a aussi sorti une bouteille d'*aquavit* et en a versé un peu à chacun d'entre nous. Nils et moi avons continué à discuter et en se rapprochant l'un de l'autre, j'ai aperçu ses charmantes taches de rousseur. J'avais toujours voulu être rousse et voilà qu'il était là, avec ses yeux verts et ses cils de la couleur du soleil.

Étant désormais assez sûre de lui plaire, j'ai pensé que j'aurais besoin de rassembler mon courage pour me pencher et l'embrasser, ou le laisser se rapprocher de moi, alors je suis allée dans la salle de bains pour me rafraîchir le visage. Je me demandais où tout ça allait me mener. Peut-être qu'on allait s'embrasser et qu'il deviendrait mon premier petit ami norvégien.

Quand je suis revenue, le grand barbu s'était endormi sur le sol de la cuisine. Nils et l'autre fille s'embrassaient comme des adolescents en rut. Je n'étais restée dans la salle de bains que cinq minutes, peut-être dix. J'étais complètement perdue. Cet homme avait pourtant flirté avec moi 15 minutes plus tôt, non ? Qu'est-ce qui s'était passé ? J'ai pris mon manteau et je suis rentrée chez moi. Dehors, au milieu du froid et de la nuit, j'ai croisé les doigts pour que les *nachspiel* ne soient pas tous aussi pourris que celui-ci. Mais bon, cette soirée n'a pas été un désastre total, ai-je pensé sur le chemin du retour. J'ai dû prendre un taxi qui m'a coûté une semaine de courses. De toute évidence, je ne savais pas comment m'y prendre pour séduire un Norvégien, mais au moins, je m'étais fait de nouveaux amis. Pas trop mal pour une première soirée en ville.

J'ai appelé Kaia et quand on s'est revues, c'est comme si on avait été amies depuis toujours. Je lui ai tout raconté au sujet de Nils et des autres. J'avais hâte de lui présenter mon nouveau groupe.

Je lui ai demandé son avis sur ce qui s'était passé avec Nils. Je le connaissais à peine, donc je n'avais pas le cœur brisé, mais je dois admettre que mon ego en avait pris un coup et que ça me dépassait. J'étais vraiment persuadée qu'on avait flirté. Je ne comprenais pas comment il avait pu finir dans les bras d'une autre fille en si peu de temps. Est-ce que j'avais mal interprété les signes ?

« Tu lui plaisais sans doute et tu as sans doute bien interprété les signes : il flirtait probablement avec toi, m'a dit Kaia. Mais comment lui as-tu montré que tu étais intéressée ? m'a-t-elle demandé.

— Les trucs habituels. J'ai ri à ses blagues et je lui ai fait mes yeux de biche, ai-je répondu.

— Ok, en fait, c'est pas assez. En Norvège, les femmes n'ont pas froid aux yeux. Elles n'attendent pas qu'un homme se mette à leur faire du rentre-dedans. Elles vont chercher celui qui leur plaît. Et les hommes ne perdent pas de temps avec les femmes qui n'ont pas l'air si intéressées que ça. Ils ont trop peur d'être perçus comme des violeurs potentiels. Ils veulent percevoir le consentement de manière très très claire. Et l'intérêt. À ce niveau-là, les Norvégiens sont un peu paresseux. Ils ont le choix : il y a beaucoup de femmes qui s'intéressent à eux, alors ils ne doivent pas autant se casser la tête qu'au Brésil par exemple pour séduire une fille. Tu vois, les femmes ont envie qu'on leur fasse tourner la tête. Eh bien, c'est pareil pour les hommes, m'a-t-elle expliqué.

J'allais de surprise en surprise. Ça me donnait l'impression de ne pas être si spéciale que ça.

— Mais pourquoi il ne m'a pas attendue juste cinq minutes quand j'étais dans la salle de bains ? C'est trop demander à un homme ? lui ai-je demandé, en me sentant blessée au souvenir de cette soirée.

— Eh bien, réfléchis. Quand tu as disparu, il a eu le choix entre une fille aussi saoule que lui, qui lui montrait explicitement qu'elle était intéressée, et une Française exotique mais compliquée. Le choix était simple. Et aussi, n'oublie pas que beaucoup de Norvégiens, hommes ou femmes, préfèrent les gens saouls car nous avons une règle sociale qui fait que si on est saouls, on peut faire semblant qu'il ne s'est rien passé. Ça rend les choses plus simples pour tout le monde ».

Génial. J'ai envisagé mon avenir et j'y ai vu une longue existence solitaire en Norvège. Je devais désapprendre tout ce qu'on m'avait appris sur le rôle des femmes dans la séduction, quoi attendre des hommes et ce qu'ils attendaient de moi. Je devais apprendre à montrer lourdement mon intérêt pour un homme, car quelques battements de cils et des rires bien placés à des blagues n'allaient pas suffire.

Le concert auquel Berit m'avait invitée avait lieu le vendredi suivant. J'ai décidé d'y aller et j'ai proposé à Kaia de m'accompagner. Peut-être que j'étais nulle pour me trouver un petit copain norvégien, mais j'étais sûre de m'être fait des amis cette nuit-là. Nous nous sommes rendues au concert qui avait lieu sur la petite scène du café d'un musée. La plupart des gens présents à la soirée étaient assis là pendant que Berit chantait. Je suis allée à leur rencontre avec un grand sourire.

« *Hei!* leur ai-je lancé.

Ane était à l'étranger, mais je reconnaissais la plupart de ses amis de cette nuit-là.

« C'était sympa ce *nachspiel*, hein ? » ai-je dit au gars qui m'avait déballé sa vie amoureuse à la soirée. J'allais poursuivre cette conversation, ou plutôt ce monologue, quand il s'est dirigé vers le bar, en m'évitant de manière impolie. À moins qu'il ne m'ait pas reconnue.

Une fois que Berit a fini de chanter, je l'ai applaudie avec enthousiasme et je suis allée la voir.

« Super ton concert ! Merci de m'avoir invitée ! » lui ai-je dit gaiement.

Elle m'a regardée comme si je venais d'une autre planète. Ses yeux me disaient « Qui es-tu et qu'est-ce que tu fais ici ? ».

Oh non, j'avais encore mal interprété les signes. Ces gens n'étaient pas ceux qui avaient été si sympas avec moi il y a tout juste une semaine et qui m'avaient invitée ici ? Ce n'est pas comme si j'avais vu de la lumière depuis l'extérieur et que j'avais fait irruption dans ce café (qui était public d'ailleurs). Elle a faiblement souri en me disant « Oui, *skål* » et s'est éloignée sans rien ajouter d'autre. J'étais en train de perdre espoir quand j'ai aperçu Nils. Il m'a regardée brièvement, le visage vide d'expression, et est passé devant moi comme si j'étais transparente. Ok, les Nordiques, j'ai compris, je me barre d'ici.

Kaia et moi avons fini notre bière en un clin d'œil et avons quitté le café sans un au revoir de la part de mes « amis ». Je suis restée muette sur le chemin qui nous conduisait à la station de métro.

Elle a fini par me dire :

« C'est pas facile de se faire des amis à Oslo.

C'est le moins qu'on puisse dire.

« Tu sais, c'est pas comme ça au Trøndelag. C'est difficile pour moi aussi de me faire des amis ici et je suis norvégienne. Les gens des villes sont différents » a ajouté Kaia.

Peut-être qu'elle a raison ou peut-être que je ne suis juste pas assez intéressante pour les Norvégiens, ai-je pensé.

En bref : ne croire sous aucun prétexte que vous vous êtes fait des amis norvégiens à moins qu'ils ne vous parlent de détails très intimes de leur vie quand ils sont sobres. S'ils vous invitent à un événement quand ils ont bu, ne pas prendre ça au sérieux. Dire : « Oui, ce serait top » et ne pas y aller.

À mon cours de norvégien suivant, j'ai posé une question sur l'amitié à notre prof.

« Tu penses qu'un étranger peut se faire des amis norvégiens ? lui ai-je demandé.

— Tu vois, je te l'avais dit ! s'est exclamé Mario. C'est impossible. Ils n'ont pas besoin de nous dans leur vie ».

La prof n'avait pas vraiment l'air de vouloir répondre à ces questions puisqu'elles ne figuraient pas dans son manuel. Mais en voyant que tous les étudiants étaient motivés à parler de ce sujet en norvégien, elle s'est avouée vaincue et a lancé la discussion. On était tous libres de donner notre avis sur la facilité ou pas de se faire des amis norvégiens. J'ai remarqué que Ramu n'était pas là.

« J'entends le plus souvent les Norvégiens me dire 'Tu es sympa, mais j'ai déjà assez d'amis' a dit Gerda. Est-ce que ça veut dire qu'ils ne m'apprécient pas ? C'est leur façon polie de me le dire ? a-t-elle demandé à la prof.

La prof a expliqué : — Non, c'est parce que les Norvégiens ont souvent l'impression d'être pris dans la *tidsklemma*, le 'manque de temps'. Ils ont des tas d'activités après et parfois même avant le travail. Il se peut qu'ils n'arrivent même pas à voir leurs propres amis, alors ils ne savent pas comment vous caser dans leur emploi du temps » a-t-elle ajouté.

Quelle étrange conception de l'amitié, ai-je pensé. En France, on se fait de nouveaux amis tout le temps. Certains amis restent pour la vie, d'autres sont juste de passage car les gens changent. Peut-être que chaque Norvégien s'était fixé un quota d'amis, tout comme le gouvernement fixait un quota d'alcool pour ceux qui entraient dans le pays ?

« Tu t'es fait de nouveaux amis ces dernières années ? ai-je demandé à notre prof.

Elle a pris un instant pour y réfléchir.

— Non, pas depuis l'université » a-t-elle admis.

C'est bien ce que je pensais.

Apparemment, les Norvégiens se faisaient des amis pour la vie à la crèche, à l'école primaire et plus tard, au lycée. Et puis, ils rencontraient des amis au sein de différents cercles prédéfinis : au club d'échecs ou d'alpinisme ou à l'université. Ils organisaient des soirées et des dîners avec les mêmes amis sans accepter de nouvelles têtes dans leur cercle. J'avais 26 ans : si je voulais me faire une meilleure amie dans ce pays, en gros, j'arrivais dix ans trop tard.

J'ai essayé de rester positive.

« Peut-être qu'on doit faire de gros efforts pour qu'ils nous fassent entrer dans leur vie bien remplie ? ai-je suggéré.

« Peut-être qu'on doit se montrer très sympa pour qu'ils nous fassent un peu de place ? J'ai deux amies norvégiennes ».

Les autres étudiants n'en revenaient pas. Deux amies ! Bien sûr, je n'ai pas mentionné le fait qu'aucune des deux ne venait d'Oslo. Les quelques jours que j'avais passés en Norvège du Nord m'avaient donné l'impression que j'aurais eu beaucoup moins de mal à me faire des amis là-bas si j'avais emménagé en Norvège du Nord plutôt qu'à Oslo.

J'avais remarqué autre chose. Apparemment, les Norvégiens que je connaissais voulaient s'assurer que je resterais dans les parages pour être sûrs que le temps qu'ils « investissaient » dans notre relation en valait la peine, ce qui n'était pas le cas si j'étais là uniquement pour un an. Comme pour les appartements, les Norvégiens semblaient vouloir faire uniquement de bons investissements dans le domaine humain. J'ai rencontré des gens qui avaient des amis depuis la crèche avec qui ils ne s'entendaient plus si bien que ça, mais au nom du passé et de la cohésion du groupe, ils n'en disaient rien et continuaient à les voir. Ils préféraient garder de vieux amis « sûrs » avec lesquels ils n'avaient presque plus rien en commun plutôt que de se faire de nouveaux amis intéressants. Tout ça n'était pas très rassurant.

En bref : vu comme il est difficile de se faire des amis norvégiens, être sympa et drôle, ne pas se plaindre, étudier la langue, apprendre à faire des gâteaux ou des pizzas dont raffolent les Norvégiens pour qu'ils m'invitent chez eux et m'apprécient ne suffit pas ! Ne jamais refuser une invitation chez un Norvégien, car elles sont très rares et pourraient ne plus se produire de sitôt.

Au bout d'un moment, je me suis rendu compte que Ramu n'était pas en retard, mais absent. Une fois le cours terminé, je l'ai appelé.

« Pourquoi tu n'es pas venu ? Tu as loupé une discussion super intéressante sur l'amitié en Norvège ! lui ai-je lancé gaiement.

— Oh Lorelou, super. Mais c'est pas la grande forme par ici. Je suis à l'hôpital.

— Qu'est-ce qui s'est passé ? Tu vas bien ?

— Oui, ça peut aller. Mais c'est pas le cas de mon ami.

– Tu veux que je vienne à l'hôpital ? lui ai-je demandé.

– Oui, je t'envoie l'adresse. Mais je te préviens, on est très loin d'Oslo. Tu dois prendre un train ».

J'ai mis une heure et demie pour me rendre dans la ville d'Hamar. Ramu m'avait donné l'adresse d'un hôpital : l'hôpital Innlandet.

Je l'ai retrouvé dans une chambre partagée. Il était assis sur une chaise, le visage recouvert de points de suture, et son ami était allongé dans le lit à côté de lui. Ils avaient tous les deux l'air d'avoir vu la mort de près.

« Qu'est-ce qu'il s'est passé ? Vous avez eu un accident ? ai-je demandé.

— Tu te souviens de Kevin ? » m'a répondu Ramu.

J'ai observé le visage tuméfié de son ami. Même si je l'avais déjà rencontré, son visage était si déformé par les bleus, les points de suture et le sang que j'aurais eu du mal à m'en souvenir.

« On s'est rencontrés au cours d'improvisation et de poésie. Je t'avais dit que je m'y étais inscrit, non ? a-t-il ajouté.

Il a continué sans attendre ma réponse.

« On est allés dans cette ville, Elverum, à environ une demi-heure d'ici. Kevin avait été invité par le théâtre Innlandet. On a suivi cette masterclass sur l'art dramatique. Bref, après le cours, on est allés se prendre une bière et on s'est fait coincer par cinq gars dans une ruelle sombre. Ils s'en sont pris à Kevin et l'ont frappé au sol. J'ai essayé de le défendre mais quand j'ai vu qu'ils étaient plus nombreux que nous, j'ai couru chercher de l'aide. Quand je suis revenu, il était allongé au sol et saignait. Il n'a pas voulu aller à l'hôpital de la ville, alors on a vite conduit jusqu'à Hamar et ils ont accepté de nous examiner ici, m'a expliqué Ramu.

J'ai regardé son ami. Kevin avait l'air de porter la misère du monde sur ses épaules.

— Qu'est-ce qu'ils t'ont fait ? Tu es allé voir la police ? Tu dois porter plainte de manière officielle. Tu peux identifier tes agresseurs ? lui ai-je demandé.

Il a fixé le mur derrière moi du regard.

— Ils m'ont rué de coups de pied. J'ai essayé de me protéger la tête. Ils n'arrêtaient pas de crier *jævla neger* (sale Nègre) et 'On veut pas de gens comme toi ici'. Alors, j'ai fait semblant d'être mort pour qu'ils me laissent tranquille. Et ça a marché. Ils m'ont craché dessus et m'ont laissé au sol. C'est là que Ramu m'a trouvé et qu'il m'a aidé à me relever » m'a répondu Kevin avant d'éclater en sanglots.

Mon Dieu. Est-ce qu'on vivait bien dans le même pays ? Ça n'en avait pas l'air. J'ai soudain vu tout mon voyage défiler sous mes yeux. Comment les Norvégiens m'auraient-ils accueillie si j'avais été noire ou que j'avais porté un prénom musulman ? Chaque fois que je rencontrais quelqu'un, on me disait :

« Oooohh, tu viens de France ! J'adore la France ! Pourquoi tu viens ici en Norvège alors que ton pays est si beau ? ».

J'étais prête à parier que Kevin n'avait pas droit à ça bien souvent. Je lui ai pris la main.

« Écoute, tu dois porter plainte. La police t'aidera, lui ai-je répété.

— L'école m'a aidé à porter plainte. Ils sont même allés voir la presse locale. Mais la police ne semble rien vouloir faire. C'est une petite ville : tout le monde se connaît et ils ne veulent pas avoir de problèmes. Surtout pour quelqu'un comme moi, qui ne fait que passer, m'a-t-il dit. Mais qui sait, la NRK (la télévision et la radio publiques de Norvège) m'a appelé, alors peut-être que les informations nationales en parleront.

— Tu viens de Norvège du Nord ? lui ai-je demandé. J'avais reconnu son dialecte grâce à mes voyages dans le Nord.

— Oui, mes parents viennent du Kenya, mais je suis né et j'ai grandi à Tromsø. Les gens sont toujours surpris quand ils entendent un Noir parler un dialecte du Nord aussi prononcé, a-t-il répondu en riant.

« Ils prononcent les mots très doucement parce qu'ils croient que je ne parle pas norvégien et ils en restent bouche bée quand je commence à répondre, a-t-il ajouté dans un autre éclat de rire. Il se tenait le torse car ils lui avaient cassé deux côtes et c'était douloureux.

— Ce genre de choses ne devrait pas arriver. Ni en Norvège ni nulle part ailleurs. Si je peux faire quoi que ce soit pour t'aider, dis-le moi, lui ai-je dit, en me sentant totalement inutile.

Tu as souvent été confronté au racisme dans ta vie ? lui ai-je demandé.

— Je n'ai que 25 ans, m'a-t-il répondu. Mais oui, quelques fois. Par exemple, mes voisins à Holmen ne me disent jamais bonjour. Vestkant, l'ouest d'Oslo, est connu pour abriter les classes les plus aisées de Norvège, et ce n'est pas vraiment le paradis pour les Noirs, m'a-t-il dit. Une fois, ma carte n'a pas fonctionné à la porte d'entrée et la voisine a fait comme si elle ne m'avait jamais vu avant et a refusé de me laisser entrer. C'est des petites choses comme ça. C'est dur parfois, ils font semblant qu'on n'existe pas » a-t-il conclu.

En bref : tout n'est pas rose en Norvège. Comme partout ailleurs, il y a du racisme et de l'individualisme. Malgré le fait que l'égalité soit revendiquée comme une valeur importante en Norvège, le racisme sous-jacent est visible. Des mots venus d'une autre époque, l'époque coloniale, semblaient être utilisés par les Norvégiens comme si de rien n'était.

Ce pays était décidément bien plus complexe que ce qu'on nous apprenait dans les manuels de norvégien.

Est-ce que j'arriverais un jour à m'intégrer ? Mon année, celle que je m'étais donnée pour décider si j'allais rester vivre ici, n'était pas terminée. Peut-être que j'aurais aussi de bonnes surprises en chemin ?

L'ÉQUILIBRE VIE PROFESSIONNELLE-VIE PRIVÉE

La vie professionnelle en Norvège était vraiment différente de ce à quoi j'étais habituée. L'une des principales différences résidait dans le fait que les gens semblaient être comme en mission au travail. Mes collègues organisaient leurs journées de travail selon un emploi du temps bien précis.

Ils arrivaient le matin, parfois dès 7 h, et ne levaient les yeux de leur ordinateur que pour se servir une autre tasse de café. Ils ne restaient pas 15 à 30 minutes devant la machine à café comme dans beaucoup de bureaux français. Ils retournaient au travail et ne quittaient de nouveau leur bureau que vers 11 h pour aller déjeuner. Leur repas ne durait que 30 minutes tout au plus, durant lesquelles ils avaient le temps de manger leur *matpakke*, avec des morceaux de pain recouverts de différents *pålegg*, et de discuter avec leurs collègues.

La pause-déjeuner était le moment de la journée que je préférais. Pas pour la nourriture, mais pour la compagnie.

C'était le moment où mes collègues papotaient et lisaient le quiz quotidien du journal *Aftenposten*, dont je ne connaissais presque jamais les réponses, puisque je ne comprenais pas les questions. Les gens parlaient très librement de leur famille et de leurs loisirs. J'apprenais énormément de choses sur la façon dont vivaient les Norvégiens. Ces informations étaient importantes à mes yeux car je ne vivais ni vraiment à la norvégienne ni avec des Norvégiens. Ces déjeuners étaient une occasion en or pour moi de pratiquer la langue et d'avoir des conversations informelles avec mes collègues.

Après cette pause de 30 minutes, ils prenaient une autre tasse de café avant de retourner à leur bureau et de bosser presque non-stop jusqu'à la fin de leur journée de travail. Il y avait aussi les réunions occasionnelles, qui les obligeaient à quitter leur bureau, mais c'était tout.

Parfois, quand j'arrivais le matin, je disais bonjour à chacun de mes collègues et certains d'entre eux ne me répondaient pas. Au départ, j'ai trouvé que c'était très malpoli, mais j'ai ensuite réalisé que c'était juste parce qu'ils étaient absorbés par leur travail et qu'ils n'avaient pas envie de saluer chaque personne qui arrivait après eux chaque matin. D'accord, ça se comprend.

Une fois qu'ils avaient fait leurs heures, qu'ils avaient avancé dans leur travail comme prévu et que les réunions avaient eu lieu, ils rentraient chez eux retrouver leur famille. Les crèches et écoles semblaient fermer très tôt par rapport à la France. Par exemple, mes collègues qui avaient des enfants de moins de six ans devaient partir vers 15 h pour aller les récupérer à la crèche. Apparemment en Norvège, il n'y a pas d'écoles maternelles, uniquement des crèches qui acceptent les enfants dès l'âge d'un an, et à 6 ans, les enfants commencent l'école primaire.

« Si j'arrive en retard, même de 5 minutes, je dois payer une amende » m'a expliqué un jour Torbjørn.

L'école primaire terminant vers 14 h, soit les enfants rentraient chez eux et restaient seuls, soit ils participaient à des activités extrascolaires. Très différent de ce que j'avais connu dans mon enfance en France. J'allais à l'école de 8 h à 16 h, quelques fois jusqu'à 17 h 30 les lundis, mardis, jeudis et vendredis, et une demi-journée, de 8 h à 12 h, les mercredis et samedis.

Même les bébés pouvaient être récupérés vers 18 h par leurs parents car les journées de travail sont plus longues en France. Toutes ces différences en matière de logistique et d'emploi du temps signifiaient que mes collègues qui avaient des enfants de moins de douze ans quittaient souvent le travail tôt et envoyaient des mails le soir pour rattraper leurs heures.

J'ai noté beaucoup d'autres différences. Pendant les réunions, chacun était invité à donner son avis. Les supérieurs étaient plus des managers que des chefs, et étaient tout sauf autoritaires.

La confiance envers les dirigeants semblait être une valeur essentielle. Un manager trop autoritaire, ou qui prenait des décisions sans consulter ou engager son personnel, perdait la confiance de l'équipe. Ce qui revenait à lui faire perdre la confiance de la direction. Ce qui signifiait qu'il était un mauvais chef.

Un employé pouvait tout à fait montrer son désaccord à son supérieur. On pouvait presque tout dire à condition d'employer un ton amical. Pour une femme qui avait grandi au cœur d'un système de travail plus hiérarchique et patriarcal comme c'était mon cas, où les supérieurs pouvaient être autoritaires si ce n'est lunatiques, c'était une vraie bouffée d'air frais.

Sur mon lieu de travail, les jeunes femmes obtenaient des promotions et décrochaient des postes de direction. Elles étaient formées pour être de bonnes cheffes, et les managers masculins prenaient eux aussi des congés de paternité qui duraient des mois. Mon propre chef a bénéficié d'un congé de paternité de sept mois pour son troisième enfant. Pendant ce temps, il a été remplacé par un autre de mes collègues et il se trouve que ce dernier n'a travaillé que 70 pour cent du temps. Son enfant était souvent malade et on avait conseillé aux parents de ne le mettre à la crèche qu'à temps partiel. Toute cette histoire serait inconcevable en France.

Le fait que quelqu'un qui ne travaillait pas à temps plein avait obtenu ce poste était déjà surprenant en soi, mais ce qui l'était encore plus, c'est que sa compagne n'était pas celle qui avait dû réduire ses heures de travail alors qu'il venait tout juste de décrocher une promotion. Dernière surprise : mon chef n'a pas répondu à un seul mail pendant son congé paternité de sept mois. Quand il est revenu au travail, il a repris les choses là où notre collègue les avait laissées et tout est rentré dans l'ordre. Tout à coup, une carrière et une vie professionnelle que je n'avais jamais crues possibles s'ouvraient potentiellement à moi.

En Norvège, on est supposés faire passer la loyauté et le dur labeur au premier plan de notre travail. Mais il y a des choses bien plus importantes que ce dernier : la vie sociale, le sport, la famille et la santé physique et mentale. Comme aiment le dire les Norvégiens, ici on travaille pour vivre, on ne vit pas pour travailler. Quand les éléments plus importants de notre vie requièrent du temps et de l'énergie, le travail doit s'effacer. Ce qui signifie des journées plus courtes, des vacances, des congés maladie ou des jours enfant malade. Il est accepté de prendre une année sabbatique de temps en temps pour faire autre chose. J'ai par exemple une amie qui est partie vivre dans un chalet à la montagne pendant un an avec sa famille, et une autre qui est partie vivre dans un phare aux îles Lofoten pendant un an avec ses deux enfants et son mari. Un autre ami prend tous les 5-6 ans une année sabbatique pour écrire un livre. D'autres font des études en alternance et demandent des *permisjon* pour se réorienter et se spécialiser. Il faut s'arranger avec son employeur, et cela requiert d'avoir été en poste dans l'entreprise plusieurs années.

Les gens quittent le travail pour aller skier et les chefs encouragent leurs employés à prendre de « vraies » vacances et à ne pas contrôler leur boîte mail professionnelle. Le travail n'est pas vu comme un sacrifice : il fait simplement partie de la vie.

En France, il y a des manifestations et des grèves à chaque fois qu'un gouvernement souhaite repousser l'âge de la retraite au-delà de 60 ans. En Norvège, l'âge de la retraite est fixé à 67 ans et j'imagine qu'il sera encore repoussé d'ici à ce que je prenne la mienne. Si j'ai un équilibre vie professionnelle-vie privée à la norvégienne, ça ne me dérange pas de travailler jusqu'à 70 ans.

Je pourrais écrire tout un roman sur les différences qui existent entre la vie professionnelle en Norvège et dans d'autres pays où j'ai travaillé comme la France, le Canada ou l'Indonésie.

Le dernier élément que je vais mentionner au sujet de la culture du travail en Norvège est l'importance de la transparence et de la confiance. La confiance est essentielle. Celle entre collègues, celle que les employés placent dans leurs dirigeants. Celle que les citoyens ordinaires accordent à leur gouvernement, leurs autorités fiscales et toutes leurs institutions publiques. Celle que les chefs ont en leurs employés.

Par exemple, on s'attend à ce que tous les employés disent la vérité. Les Norvégiens comptent sur les gens pour qu'ils admettent avoir commis une erreur. En Norvège, faire des erreurs est socialement acceptable. Et ça concerne même les gens au pouvoir. Ce qui est inacceptable pour les Norvégiens, c'est de mentir à ce sujet et de le cacher.

Cela signifie que se tromper au travail est acceptable. Si cela se produit, la règle norvégienne veut que l'on contacte son chef et qu'on lui explique son erreur. Il faut aussi s'excuser et promettre qu'on fera tout son possible pour corriger l'erreur. Dissimuler le problème rendra votre erreur impardonnable car l'honnêteté et la transparence sont les piliers du bon fonctionnement de la société norvégienne.

L'arrogance est entièrement à proscrire. Comme j'aime le rappeler à ceux qui ont du mal à comprendre ce détail : quand avez-vous trouvé qu'une personne était intelligente pour la dernière fois ? Est-ce que c'était parce que cette personne vous a dit « Je suis intelligente » ou parce que vous l'avez constaté par vous-même ?

Le PDG d'une société norvégienne doit être tout aussi humble que la personne qui nettoie les sols. Ils ont tous les deux un travail à faire. Ils sont tous les deux importants pour la société. Leurs salaires ne sont même pas si différents que ça : en tout cas, pas autant que dans les entreprises françaises ou américaines. Selon le système norvégien, tout le monde est censé avoir un salaire décent et qui lui permette de vivre. Et tous les emplois doivent être respectés. Même le Roi ne peut pas se permettre d'être arrogant.

Après ces mois passés à travailler en Norvège, je dois admettre que certaines choses continuaient à m'agacer : les réunions sans fin et les compromis atteints au bout d'interminables discussions. Mais ce qu'il y avait de pire, c'était ceux qui ne disaient pas franchement ce qu'ils pensaient pour ne froisser personne, mais qui en parlaient ensuite pendant des mois.

Apprendre les codes restait très difficile, tout comme lire les messages entre les lignes. Mis à part ces petits détails, travailler en Norvège ressemblait à une utopie. J'adorais que mon chef me demande mon avis. « Alors, Lorelou, que penses-tu de la nouvelle stratégie de l'organisation ? ».

Le mieux dans tout ça, c'était d'être considérée et respectée pour mon travail, sans que personne ne me traite de haut parce que j'étais une jeune femme. Même si me trouver un homme dans ce pays avait l'air d'être une mission impossible, peut-être qu'un emploi pleinement satisfaisant me suffirait ?

Vers le début du mois d'avril, mes collègues ne tenaient plus en place. Ils riaient et discutaient bruyamment pendant les pauses-déjeuners et avaient des discussions plus animées que d'habitude. Chaque jour, le mot *posque* était régulièrement prononcé autour de moi. Ils l'associaient aux termes *hutta* ou ski (prononcer *chi*) à l'heure du déjeuner. J'ignorais totalement ce qu'ils mijotaient.

Je travaillais sur un dossier pour lequel j'avais besoin de consulter Torbjørn et Ylva. Toutes les décisions doivent être prises d'un commun accord en Norvège et cette tâche ne dérogeait pas à la règle. Je leur ai donc envoyé une invitation à une réunion censée se tenir le jeudi de cette semaine-là à 14 h et ils l'ont tous deux rejetée, alors qu'ils n'avaient rien d'autre de prévu dans leur planning. Torbjørn m'a suggéré une autre date pour la réunion : deux semaines plus tard. Ylva était plus « flexible » et m'a proposé une date 12 jours plus tard. Euh, j'avais loupé quelque chose ?

Je suis tombée sur Ylva à la machine à café : elle était en train de se verser une telle quantité de café qu'il aurait pu s'agir d'une dose hebdomadaire même pour une grande buveuse comme elle.

« Tout va bien ? lui ai-je demandé poliment. On ne peut pas essayer de caler cette réunion avant la fin de la semaine ? Je dois finir ce rapport, ai-je ajouté.

— Mais je pars demain, m'a-t-elle répondu. Je reviens dans deux semaines. Et je vais me déconnecter, donc je ne pourrai pas participer aux réunions. Je vais profiter de la dernière neige de la saison avec beauuucoup de soleil j'espère, a-t-elle ajouté, en regardant au loin.

On aurait dit qu'elle s'y croyait déjà.

« Pas de temps à perdre ! J'ai plein de trucs à finir avant demain, m'a-t-elle indiqué tout en se sauvant de la cuisine.

— Attends. Tu pars en vacances dès ce soir ? Mais tu as 11 jours de congé ? lui ai-je demandé.

— Oui ! Et on n'utilise même pas nos vacances, que notre *avspasering* ! m'a-t-elle répondu.

— Quoi ? *Avs*-quoi ? Et deux semaines ? D'où sortent ces deux semaines de congé ? ai-je demandé.

— *Avs-pa-se-ring*. Toutes les heures supplémentaires que tu as faites entrent dans un système qui s'appelle *fleksitid* (le temps flexible) et après, les heures accumulées deviennent du temps libre, le fameux *avspasering*. Tu peux les utiliser maintenant pour prendre des congés, m'a-t-elle expliqué. Si tu comptes les jours fériés et que tu utilises stratégiquement ton *avspasering*, tu obtiens environ 11 jours de congé. Pâques est l'idéal pour ça, non ? » a-t-elle ajouté en fonçant vers son bureau.

Si seulement quelqu'un m'avait parlé de ces vacances « gratuites » et de cet *avspass* truc. J'ai regardé le calendrier, et effectivement, il y avait quelques jours fériés à Pâques. J'en ai compté six : le Dimanche des Rameaux, le Jeudi saint, le Vendredi saint, la veillée de Pâques, le Dimanche de Pâques et le Lundi de Pâques.

En comptant les week-ends et quelques jours de congé, ça faisait bien 11 jours de vacances. J'ai découvert que la façon dont les Norvégiens calculaient leurs congés était toute une stratégie en soi. Quand on travaille en Norvège, on bénéficie automatiquement de cinq semaines de congés payés par an (au bout d'un an de travail cela dit), plus tous les jours fériés.

Ensuite, les Norvégiens analysent les jours de travail qui se trouvent entre les jours fériés. Ils appellent ça les *inneklemte dager* ou en bon français, les ponts ou les jours « coincés » entre les jours fériés pour reprendre l'expression norvégienne. Puis, ils calculent le nombre minimum d'heures d'*avspasering* ou de jours de congé dont ils auront besoin pour obtenir le maximum de vacances. Tous les ans en janvier, il y a des articles écrits à ce sujet, pour indiquer aux gens combien de ponts il y aura au cours de l'année et combien ça leur « coûtera » en jours de *avspasering*.

Inutile de dire que ma réflexion stratégique concernant les ponts et le meilleur usage de mon *avspasering* était inexistante. J'ai découvert tout ça le jour où le bureau a commencé à se vider. Ce vendredi-là, j'avais décidé de quand même aller au travail. Comme si j'avais quelque chose de mieux à faire de toute façon.

Je me suis retrouvée à allumer les lumières et la machine à café. J'ai trouvé ça plutôt rafraîchissant et j'ai pu abattre beaucoup de travail puisque pour une fois, je ne devais assister à aucune réunion. Vers 14 h, mon PDG Bjørn est passé récupérer quelque chose au bureau avant d'aller dans sa cabane pour skier. Il est venu me voir à mon poste de travail et m'a lancé :

« Lorelou, qu'est-ce que tu fiches ici ?

— Je travaille. Il est seulement 14 h. La journée de travail n'est pas finie, non ? lui ai-je répondu.

— Mais c'est *Påske* ! Sors, va voir tes amis, c'est une période où personne ne s'attend à ce que tu travailles en Norvège. Va faire ta vie ! » a-t-il rétorqué en riant.

Ok, mais les vacances de Pâques, c'est la semaine prochaine, avais-je envie de lui répondre. Jeudi prochain pour être exacte, dans presque une semaine. Vous, les Norvégiens, vous n'avez pas l'air de lire le calendrier comme moi, ai-je pensé.

Toujours est-il que je n'aurais jamais cru voir un jour de mes propres yeux un PDG conseiller à ses employés d'arrêter de travailler et de s'occuper de leur vie. J'ai jeté un coup d'œil à mon bureau vide qui, en temps normal, bourdonnait d'activité avec plus de 50 employés. Je me suis souvenue qu'il n'y avait pas si longtemps que ça, il y avait eu d'autres vacances, les fameuses vacances d'hiver pendant lesquelles tous mes collègues qui avaient des enfants s'étaient absentés du bureau. Pourquoi les Norvégiens travaillent-ils si peu que ça ?

Je sais que beaucoup de gens ont cette idée préconçue selon laquelle les Français ne travaillent pas beaucoup. Nous sommes censés faire grève la moitié du temps et passer tous les jours deux heures à la pause-déjeuner à manger des cuisses de grenouille et des escargots au restaurant. Mais en réalité, je n'ai jamais vu personne travailler aussi peu de temps que les Scandinaves. Mes amis qui travaillaient à Paris rêvaient de pouvoir quitter leur bureau avant 18 h. Je me rappelle qu'un collègue français de l'un des rares bureaux parisiens où j'avais travaillé m'avait lancé un jour « Profite de ton après-midi » sur un ton passif-agressif car je devais partir à 16 h 30.

Les parents français prennent des nounous dès que leurs enfants fêtent leurs deux mois car c'est tout ce que les mères peuvent obtenir comme congé maternité. Quand les enfants grandissent, ils prennent des baby-sitters qui vont les chercher à l'école à 16 h 30. Les baby-sitters donnent le bain aux enfants, les font manger et les mettent en pyjama pour qu'ils soient prêts quand leurs parents rentrent du travail. Ces derniers ont à peine le temps de leur faire un bisou pour leur souhaiter une bonne nuit avant qu'ils aillent se coucher.

En bref : certaines personnes peuvent être tentées de dire que les Norvégiens sont paresseux. Ils prennent des vacances dès qu'ils le peuvent, quittent le bureau tôt et calculent leurs longs week-ends un an à l'avance.

Mais en y réfléchissant bien, s'il est 14 h et que vous savez qu'il vous reste deux heures pour tout boucler au travail, vous devez être beaucoup plus efficace que s'il était 14 h et que vous saviez qu'il vous restait cinq à six heures devant vous.

Dans les bureaux français, un employé doit souvent rester jusqu'à ce que son chef s'en aille. En Norvège, c'est tout le contraire. Un chef norvégien préfère que vous profitiez de votre après-midi si vous pensez ne pas avoir trop de pain sur la planche. Et ensuite, quand les périodes chargées de l'année arrivent, il s'attend à ce que vous vous donniez à fond.

Est-ce si difficile que ça de reconnaître ses propres erreurs et de ne pas se montrer arrogant au travail ? Pour certains peut-être. Mais pour moi, c'est la vie professionnelle la plus relaxante dont je puisse rêver.

Deux jours plus tard à Oslo, mes collègues n'étaient pas les seuls à être partis. La ville toute entière s'était vidée.

Pâques était une fête religieuse. Certains d'entre eux étaient-ils à l'église en train de penser à Jésus et à sa Résurrection ? J'en doutais car avant de quitter la ville, ils ne chargeaient pas leur voiture de Bibles mais de skis et de vins en boîte.

Ne brûlez pas les chalets norvégiens

En discutant avec Ramu, j'ai appris que les gens avec qui j'avais skié étaient en train d'organiser une « expédition en cabane de Pâques typiquement norvégienne ». Le truc, c'est que cette expédition typiquement norvégienne se faisait sans aucun Norvégien. Ce n'est pas qu'ils n'avaient pas été invités mais ils n'étaient tout simplement pas disponibles car ils profitaient d'un véritable *hyttetur* de Pâques traditionnel. L'Australienne qui était restée coincée sur la colline avec le mauvais fart sous ses skis était celle qui organisait cette expédition dans une cabane au nord d'Oslo. On ne pouvait y accéder que par le train et il fallait ensuite marcher quelques kilomètres avant de l'atteindre.

Pas besoin d'amis norvégiens pour être invités dans leur cabane ou pour passer des fêtes de Pâques à la norvégienne. C'était un jeu d'enfant. Il suffisait de devenir membres de la DNT, l'association norvégienne de la randonnée, et de planifier notre voyage dans la nature. Il nous fallait une carte pour ne pas nous perdre. Un sac à dos par personne. De la nourriture. Des vêtements chauds. Ça ne devait pas être la mer à boire, non ?

J'étais contente d'être en compagnie d'étrangers car quand je faisais des sorties avec des Norvégiens, j'avais remarqué qu'ils forçaient tout le monde à suivre tout un tas de règles. Les gaufres norvégiennes ne peuvent être mangées qu'avec de la confiture et de la crème ou du *brunost*, ce fromage marron au goût de lait brûlé. Aucune autre option n'est envisageable. De la crème fouettée et du chocolat fondu ? Non. Du chutney à la mangue ? Non. Il faut aussi marcher non-stop sans pouvoir faire de pause pour admirer le paysage avant d'atteindre le sommet. Et bien sûr, il y a ces enfants de 5 ans qui skient plus vite que leur ombre et ces grands-parents de 70 ans qui marchent plus vite que nous qui avons 25 ans et qui me tapent sur le système. Une expédition entre étrangers serait moins stressante.

Nous nous étions donné rendez-vous à l'extérieur de la ville, près d'une gare dans les bois. Trois heures de marche seraient nécessaires pour atteindre la *hytte* ou cabane. Ramu, l'Australienne et le Kazakh du cours de ski étaient là. Il y avait aussi une famille britannique que nous n'avions jamais rencontrée auparavant.

Premièrement, nous étions manifestement mal préparés pour une telle randonnée, comparé aux Norvégiens qui gravissaient des montagnes avant le petit déjeuner dès leur plus jeune âge. Les Norvégiens ont l'habitude de marcher à un rythme soutenu sans s'arrêter ni se plaindre et de parcourir des dizaines de kilomètres par jour.

Moins de 15 minutes après notre départ, les jérémiades ont commencé.

« On est déjà arrivééés ? C'est la cabane ? »

(On est partis il y a 10 minutes et on doit se taper 11 km).

« Je suis fatiguéééé, pourquoi cette montagne est si escarpée ? »

(Parce que c'est une montagne).

D'autres n'étaient pas forcément fatigués mais voulaient profiter du paysage. Ça nous a donc pris bien plus de deux heures pour atteindre notre destination car on faisait souvent des haltes pour admirer la vue. Et manger du chocolat. Et faire des pauses pipi. Pourquoi les Norvégiens doivent-ils toujours être au pas de course ? Même en pleine nature, on a l'impression qu'ils respectent un planning serré pour se rendre à un point précis. Ou du moins, c'était le cas de tous ceux qu'on croisait sur le chemin qui conduisait à notre cabane.

Deuxièmement, les étrangers participant à cette expédition ne savaient pas dans quoi ils s'étaient fourrés. Je n'avais pas regardé les prévisions météo, et apparemment, je n'étais pas la seule. Au moins, j'avais emporté des vêtements en laine car Kaia m'avait fait acheter des sous-vêtements en laine (*ullundertøy*) pour ne pas avoir froid. Elle m'avait montré comment porter plusieurs couches de vêtements pour avoir chaud sans transpirer.

Il faut mettre pour cela une fine couche de laine en contact direct avec la peau sur tout le corps, à savoir des chaussettes en laine, une sorte de leggings, un T-shirt et un bonnet en laine. Ils ont même un accessoire qu'ils mettent sous l'écharpe, un *buff*. Oui, toujours en laine. Il est important de ne pas porter de tissus synthétiques ou en coton sur la peau car ils ne laissent pas respirer et ils donnent froid quand le tissu est mouillé. La seconde couche peut aussi être de la laine, comme un sweat-shirt, ou de la laine polaire ou une doudoune légère. Ensuite, on enveloppe le tout dans un tissu imperméable. Résultat : une tenue de printemps, aussi bien adaptée aux températures plus élevées que plus froides.

Toutes les personnes du groupe n'avaient pas reçu ce genre

de conseils : Ramu portait trois couches de t-shirts en coton, un pull-over et une doudoune épaisse. Il avait aussi de fines chaussettes en coton et des chaussures de course. Au bout d'une heure, le haut de son corps transpirait sous sa doudoune tandis que ses pieds étaient gelés. Il a commencé à frissonner alors qu'on était encore loin de la cabane. Beaucoup d'entre nous avions emporté des objets lourds et inutiles comme des bouteilles en verre et des bananes qui s'étaient ramollies au bout d'une heure de randonnée mais nous avions oublié les objets de première nécessité comme un bon couteau et une lampe frontale.

Quand nous avons fini par arriver à la cabane après plusieurs heures de marche, le Kazakh avait besoin d'aller aux toilettes. On l'a entendu crier depuis les petites toilettes extérieures. Il est revenu pétrifié à l'idée de devoir se soulager au-dessus des offrandes que d'autres personnes avaient faites à la nature.

« Je pensais que la Norvège était un pays développé » a-t-il dit.

Le couple britannique ignorait qu'il n'y avait pas d'eau courante dans la *hytte*.

Troisièmement, et c'était le plus inquiétant, nous étions insouciants et nous n'avons pas réalisé les dangers qui nous guettaient là-haut : le froid, la nuit et le feu. Quand nous nous sommes installés dans la *hytte*, nous avons allumé un petit feu. La Britannique a pensé qu'en le nourrissant, il ferait plus chaud dans le logement. En ramassant toutes les branches qu'elle pouvait trouver dehors, elle a effectivement alimenté le feu, mais il s'est soudain mis à dégager une épaisse fumée. Le feu est devenu incontrôlable et, pour la première fois, j'ai eu peur. Je nous voyais déjà tous dehors, dans la neige et le froid avec les enfants, en train de regarder la cabane brûler, puis en train d'expliquer à la brigade des sapeurs-pompiers que nous avions allumé un beau feu avec du bois humide que la Britannique avait déniché sous la neige. Cette dernière a voulu verser de l'eau sur le feu pour l'éteindre mais nous avons réussi à l'en empêcher juste à temps.

Nous avons laissé les fenêtres grandes ouvertes pendant quelques heures, en nous couvrant la bouche de morceaux de tissu, pour essayer de faire sortir la fumée tandis que l'alarme incendie hurlait. Nous avions du mal à respirer et à voir, mais nous avons réussi à reprendre la situation en main et nous avons fini par tous regagner la cabane. Cette dernière dégageait une forte odeur de fumée et la température à l'intérieur avoisinait désormais les zéro degré. J'étais persuadée que les Norvégiens ne passaient pas leurs vacances de Pâques comme ça. Plus tard, j'ai appris que des livres entiers avaient été écrits par des Norvégiens sur la façon d'allumer un feu.

En bref : la prochaine fois que je participe à une expédition en cabane avec des étrangers, penser à leur envoyer un document PDF comprenant toutes les règles à respecter en allumant un feu, y compris le fait de ne pas utiliser de bois humide et de faire une ouverture servant d'aération pour évacuer la fumée ailleurs qu'à l'intérieur de la cabane. Autre document utile : comment se comporter dans une cabane, avec une formation possible de deux jours qui vous apprendrait à faire pipi dans les bois, à reconnaître des baies comestibles si vous vous perdez et à porter plusieurs couches de vêtements pour ne pas avoir trop chaud ni trop froid. Ces informations figurent toutes sur le mode d'emploi que reçoivent les Norvégiens à leur naissance.

Le lendemain, avant de partir, nous avons tous inscrit notre nom dans le livre pour que la DNT nous facture la nuit que nous avions passée là. La Britannique refusait de le faire. Elle avait prévu de camper avec sa famille mais ils avaient trouvé ça bien mieux de dormir dans de vrais lits plutôt que dans une tente à l'extérieur.

« Personne ne saura qu'on est venus ici, a-t-elle dit.

J'ai commencé à me fâcher.

— Désolée, mais ça marche pas comme ça. Tout le système est basé sur la confiance. Si on se met tous à ne pas écrire notre nom, la DNT devra mettre une personne dans chaque cabane pour nous enregistrer et tout deviendra plus cher. C'est pas sympa de pouvoir profiter de toutes ces cabanes juste en étant membre de l'association ? Ce réseau est génial ! lui ai-je répondu.

— Il suffit de ne pas leur dire. Il y en a juste pour quelques centaines de couronnes. Personne ne va le remarquer, a-t-elle répliqué.

Ramu a pris ma défense.

— Ces gens espèrent vraiment que vous suiviez leur exemple. Vous voulez que des étrangers comme nous brisent leur grand cycle de confiance ? Non. Alors, faites pareil. Notez votre nom et payez la facture » lui a-t-il lancé.

Elle n'était toujours pas convaincue mais nous l'avons forcée à écrire son nom et celui des membres de sa famille. Incroyable. Non seulement elle avait failli mettre le feu à la cabane, mais en plus maintenant, elle ne voulait même pas payer sa nuit.

Après cette malheureuse expérience, j'ai réalisé que ce n'était pas les Norvégiens qui étaient ennuyeux, mais les règles (ne pas entrer dans la cabane avec ses chaussures, ne pas laisser de bougies allumées la nuit, et ainsi de suite). J'ai aussi compris que ces règles étaient là pour une bonne raison : sauver des vies. Le feu n'est pas une peur imaginaire, c'est un vrai danger. Tandis que je luttais contre la fumée en espérant que la cabane ne serait pas réduite en cendres, je m'étais dit que tout ça ne serait jamais arrivé si on avait eu un Norvégien auprès de nous.

En bref : l'un des meilleurs côtés de la culture norvégienne, c'est que les gens se font confiance. Comme quand on vous donne les clés d'une cabane dans les bois et qu'on s'attend à ce que vous la rendiez aussi propre que si c'était votre maison, à ce que vous ne la réduisiez pas en cendres et à ce que vous écriviez votre nom pour qu'on puisse vous envoyer la facture. Plus important encore : on compte sur vous pour dire la vérité.

Comment fêter Pâques en Norvège

Une fois de retour au bureau après cette longue pause, j'en ai profité pour questionner Gro sur les activités que les Norvégiens pratiquaient pendant les vacances de Pâques.

« En général, on va dans notre cabane, on skie et on mange plein d'œufs, m'a-t-elle répondu.

— Des œufs ? Tu veux dire en chocolat ? lui ai-je demandé. Ahh, voilà où ils étaient tous passés : en train de chasser les œufs de Pâques.

— Non, des œufs normaux, m'a-t-elle répondu.

— Quoi ? De vrais œufs ? Et vous mangez aussi de vrais lapins au lieu de ceux en chocolat ? » lui ai-je demandé.

Ces gens prennent toute cette histoire de Pâques bien trop au sérieux, ai-je pensé. J'ai fait quelques recherches. La NRK indique que les Norvégiens mangent autour de 35 millions d'œufs juste pendant les vacances de Pâques.

Donc, d'après ce que j'avais compris, dès que Noël touchait

à sa fin, les Norvégiens n'attendaient qu'une seule chose : les vacances de Pâques. L'attente était longue : il fallait patienter trois à quatre mois avant *Påske*, selon que la date tombait plus tôt ou plus tard dans l'année. Tous ces jours fériés permettaient à chacun de profiter d'une semaine entière (parfois un peu plus) de pures vacances.

Il est très important qu'il y ait de la neige en cette période, car il s'agit des dernières vacances de l'année où l'on peut skier. Du moins pour ceux qui vivent dans de grandes villes. Il s'avère que la plupart des Norvégiens se contrefichent des raisons religieuses derrière Pâques. Tout ce qu'ils veulent, c'est une pause. Avant la vraie pause : les vacances d'été.

Comment se prépare-t-on pour passer des vacances de Pâques parfaites à la norvégienne ? Comme beaucoup d'autres choses en Norvège, il ne s'agit pas seulement de ce qu'on mange ou de ce qu'on fait, mais de l'atmosphère toute entière. Bien sûr, il faut que ce soit *koselig* et donc qu'il y ait des repas de famille, des soirées près de la cheminée, des randonnées, des balades en ski dans les bois et beaucoup de soleil. À notre cours de norvégien, Ramu et moi avons même appris qu'il existait tout un tas de mots associés à Pâques en norvégien.

Les *Påskekrim* sont les romans policiers que les Norvégiens emportent avec eux pendant les *påskeferie* (vacances de Pâques). Ils achètent de la *påskeøl* (bière de Pâques) exprès pour ces vacances, à ne pas confondre avec la *sommerøl* (bière d'été). Ne me demandez pas ce qui change entre toutes ces bières : je n'en ai aucune idée. Les aliments à déguster à Pâques sont le *påskesjokolade* (chocolat de Pâques), les *påskeegg* bien sûr (œufs de Pâques) et leur *påskelam* traditionnel (agneau de Pâques). Leurs fruits de Pâques préférés sont les oranges, car selon Gro : « Les oranges sont le soleil de Pâques ». Il est donc logique que leur soda de Pâques préféré soit du Solo, la version norvégienne du Fanta, lui aussi au goût d'orange.

Il est primordial de se rendre en Suède pour acheter tous ces produits indispensables puisque les Norvégiens croient que tout y est toujours moins cher. Une fois que les fêtes de Pâques norvégiennes sont passées, il faut être *påskebrun*, c'est-à-dire arborer un bronzage qu'on obtient en skiant sous le soleil.

En bref : tout ce que j'ai découvert sur les fêtes de Pâques typiquement norvégiennes n'avait rien à voir avec ce que j'avais fait avec mes amis étrangers, quoi qu'ait pu en dire l'organisatrice.

Les Norvégiens savent avec précision comment doit se dérouler une fête de Pâques traditionnelle, comme s'ils faisaient tous exactement la même chose. Si c'est le cas, ils aiment vraiment plus entrer dans le moule que les Français ou les autres gens que j'ai rencontrés ailleurs.

De retour de leurs vacances de Pâques, ils comparaient le nombre de kilomètres qu'ils avaient parcourus en skiant, la quantité de soleil qu'ils avaient eue chez eux et à leur cabane. Ils mangeaient tous des œufs, des oranges et les mêmes barres chocolatées (Kvikklunsj, la version norvégienne du KitKat, même s'ils prétendent que c'est différent) et lisaient aussi les mêmes livres au même moment.

Quand mes collègues ont arrêté de parler de leurs merveilleux souvenirs de Pâques de l'année, ils ont commencé à discuter du grand événement suivant dans une année norvégienne : le 17 mai (jour de la Constitution).

Les nombreuses dates clés présentes dans une année norvégienne offraient beaucoup de sujets de conversation, en plus des discussions sur l'augmentation du prix de leur maison et la place à la crèche locale que leur enfant avait pu obtenir ou pas. Après Pâques, ils attendaient avec impatience le 17 mai, puis les vacances d'été, puis les vacances dites d'automne, celles de Noël, celles d'hiver, puis de nouveau Pâques, et ainsi de suite. C'est ce que j'appelle le cercle norvégien de la vie. Cette obsession pour la tradition me fascinait.

Quelque part entre Pâques et le jour de la Constitution, vers le début du mois de mai, le printemps est finalement arrivé. Le temps n'était pas au beau fixe comme dans ma ville natale, Marseille : là-bas, une fois que le printemps était là, on pouvait être sûrs qu'il ferait de plus en plus chaud.

En Norvège, le temps est imprévisible tout au long de l'année, mais le printemps norvégien est sous l'influence de Freyr, le dieu nordique de la royauté sacrée, de la prospérité, de la virilité, et surtout du soleil et du beau temps.

Au printemps, Freyr change très souvent d'humeur et soumet le temps à des variations extrêmes : il passe de la grêle à la pluie, puis au grand soleil le même jour.

Passer un printemps en Norvège, c'est comme vivre avec un maniaco-dépressif qui influence l'humeur du pays tout entier. On pourrait croire que les Norvégiens en sont conscients puisqu'ils sont nés et ont grandi ici, mais ils n'en ont pas l'air. Ils se baladaient en vêtements d'été et attrapaient la pneumonie que ma grand-mère m'avait prédite. À un moment donné en avril, le temps s'est réchauffé le temps d'une journée (traduction : la température dépassait 0 degré Celsius) et les Norvégiens ont littéralement commencé à se dévêtir, en sortant leurs débardeurs et leurs sandales. Hé les gars, il fait pas chaud, la température a juste un tout petit peu augmenté aujourd'hui. Pendant deux heures. Trois jours plus tard, la moitié d'entre eux étaient enrhumés. Tiens, comme c'est bizarre.

En fait, je remarquais à peine le début du printemps car, tout comme les Norvégiens montrent leurs sentiments à l'aide de signes subtils, le printemps norvégien se faisait très discret. Pour savoir que le printemps arrive, on peut aussi guetter le changement d'attitude chez les Norvégiens dans la vie de tous les jours. Et leur changement de vocabulaire. Par exemple, au lieu de rester chez eux pour rendre les choses *koselig* et de se rendre rapidement d'un point à un autre avec une destination bien précise en tête, j'ai vu des gens qui s'arrêtaient dans la rue ou qui étaient assis sur un banc, avec les yeux fermés et un sourire qui se dessinait parfois sur leurs lèvres, le visage dirigé vers un rayon de soleil. Au départ, je me suis demandé comment ces gens pouvaient être les mêmes que ceux qui regardaient de petites bougies durant tout l'hiver dans le confort de leur foyer. On m'a dit que c'était ce qu'on appelait le *solveggen*, un autre terme norvégien intraduisible. Essayez de dire « mur de soleil » à un francophone : ce sera du chinois pour lui.

Il y avait autre chose qui semblait annoncer l'arrivée du printemps, à savoir les panneaux que les bars mettaient dehors dans la rue : « Venez déguster les *utepils* de l'année ». Je n'ai pas tout de suite saisi. Parce que *ute* veut dire « dehors » et que *pils* signifie « bière », ou en d'autres termes, une « bière d'extérieur ». En suivant ce principe simple, une bière qu'on boit dehors par - 10 °C en janvier parce qu'on a envie de fumer (et qu'on doit donc sortir du bar) est une *utepils*, non ? Pas du tout. Une *utepils* implique autre chose : le soleil, le printemps, la promesse d'un été chaud et de nombreuses futures *utepils*. On emploie ce terme pour désigner une bière qu'on boit dehors quand il fait « assez chaud » pour la déguster en terrasse, lunettes de soleil sur le nez et doudoune sur les épaules.

J'ai appris un autre mot quand le printemps est arrivé : *våryr*. Je l'ai vu écrit sur la vitrine d'un magasin : « *Våryr* » ? J'avais demandé à Torbjørn ce que ça voulait dire, ce qui l'avait bien fait rire. « Pourquoi tu me demandes ça, Lorelou ? Tu es *våryr* » ? J'ai fini par comprendre le sens de ce mot quand Ramu m'a dit en revenant d'une boîte de nuit un samedi soir :

« Lorelou, c'est dingue. Tu dois venir en ville pour voir ce qui se passe dans les bars. Je suis ici depuis un an et je n'ai jamais vu les Norvégiens se lâcher autant. Ça s'embrassait dans tous les coins. Je crois même que quelqu'un a perdu sa culotte. Ils se mataient tous et rentraient chez eux ensemble, plus souvent et bien plus vite que cet hiver.

— Ah. J'imagine que c'est ce qu'ils appellent être *våryr* ou *vårkåt* en norvégien » lui ai-je répondu.

Les Norvégiens semblaient être très affectés par le temps. Ils étaient « excités par le printemps » (*vår* = printemps et *yr* ou *kåt* = excité) car il faisait jour dehors. Oui, assez curieusement, *yr* veut aussi bien dire « pluie fine et agaçante » qu'« excité » en norvégien.

Est-ce que le fait d'être *vårkåt* peut se justifier dans un pays tropical ? Au Mexique, en Thaïlande ou en Côte d'Ivoire, il n'y a pas vraiment de printemps. Et encore moins d'excitation printanière. Non. Le printemps est là parce qu'on est fous de joie que le soleil soit de retour. Ah, la promesse d'un été chaud... De plages et de bikinis. De bronzages norvégiens. On peut toujours rêver. Je ne sais pas exactement quand le printemps se termine et quand l'été débute officiellement en Norvège.

Vers le début du mois de mai, mon quartier d'Holmenkollen a commencé à être envahi par des adolescents en combinaisons rouges, bleues ou noires. C'était très surprenant car d'habitude, il y avait surtout des vieilles femmes portant de vraies fourrures et de faux nez. J'ai aperçu quelques jeunes, et puis je n'y ai plus pensé, jusqu'à ce que j'en voie de plus en plus.

À chaque fois que l'un d'entre eux apparaissait, des hordes d'enfants se précipitaient vers lui en hurlant. Le troisième élément étrange dans cette équation était les bus. D'immenses bus couverts de graffitis ont commencé à circuler dans Holmenkollen, chacun d'entre eux arborant différents dessins et noms. Certains dessins avaient des couleurs psychédéliques, comme ceux réalisés dans les années 70 sous LSD.

D'autres affichaient de très bonnes reproductions de

célèbres chanteurs décédés comme Elvis Presley, ou des personnages féminins de BD à très forte poitrine. D'autres encore montraient des slogans : Au Royaume Magique des Bourrés, Les MILF-shakes, Lendemain de Cuite, Salopes et Timbrés, Gros Nichons en Feu, et ainsi de suite. La plupart étaient liés au sexe ou à l'alcool, ou aux deux en même temps. Ces bus étaient très bruyants, comme s'ils renfermaient des boîtes de nuit (croyez-le ou non, c'était le cas).

Comment ces gamins pouvaient-ils conduire ces énormes bus ? Ils avaient tous l'air d'avoir 16 ans : pas assez âgés pour pouvoir conduire une voiture, alors ne parlons même pas d'un bus. Ils semblaient aussi être tout le temps saouls. En Norvège, la conduite en état d'ivresse entraîne une lourde amende qui est calculée d'après votre salaire : elle s'élève à un mois et demi de salaire si vous avez plus de 0,2 gramme d'alcool dans le sang. Au-dessus de 0,5 gramme, vous payez l'amende et on vous retire votre permis de conduire pendant un à cinq ans. Et vous passez même par la case prison.

Dans tous les cas, connaissant les règles strictes de la Norvège, il était impossible que ces jeunes soient ceux qui conduisaient. En fait, ces bus étaient conduits par des chauffeurs rémunérés. Ces adolescents en combinaisons rouges ou bleues sont ce que les Norvégiens appellent des *Russ* : des adolescents (d'environ 18 ou 19 ans) qui célèbrent le fait d'être sur le point d'obtenir leur diplôme au lycée.

Ce qui était inquiétant, c'est qu'ils étaient horriblement éméchés (proches du coma éthylique pour vous faire un dessin) et que tout ça se produisait juste avant les examens, et pas après.

Bref, cela a duré un bon moment. C'est ce qu'ils appellent le *russetid* ou le « temps des *Russ* ». Les disco-bus étaient remplis de ces gamins habillés de combinaisons qu'ils ne semblaient pas laver très souvent et qui distribuaient leurs cartes de visite personnalisées aux enfants qui avaient hâte de devenir *Russ* eux aussi. Parfois, à cause de paris et afin d'ajouter des nœuds à leur casquette, ils devaient relever des défis comme se déshabiller et courir dans leurs sous-vêtements pour montrer leurs fesses aux voitures qui passaient dans un rond-point. En tout cas, ils semblaient ne jamais dormir puisqu'ils faisaient de grosses fêtes à deux pas de chez moi et l'écho de leur musique résonnait dans toute la vallée.

J'ai profité de mon ignorance à ce sujet pour engager la conversation avec ma voisine Dagny.

« Quand est-ce que ces jeunes vont partir et nous laisser dormir ? lui ai-je demandé quand je l'ai vue ouvrir ses stores un matin.

Elle m'a répondu que le 17 mai serait notre salut.

« Pourvu que ce jour arrive vite » ai-je prié.

En bref : je ne comprends pas comment une société qui ne permet pas socialement aux parents de boire de l'alcool en présence de leurs enfants puisse laisser des adolescents s'empoisonner avec autant d'alcool.

Je sais bien que les *Russ* sont des adultes et qu'ils ont atteint la majorité, mais il y a clairement une faille dans la tentative de tenir les jeunes à l'écart de l'alcool. Peut-être que les parents norvégiens doivent essayer une autre stratégie ?

Le 17 mai, un jour à ne pas rater

Le jour tant attendu était enfin arrivé. Le plus beau jour de l'année pour un Norvégien : le 17 mai. Hourra !

Des drapeaux norvégiens ont poussé un peu partout et les magasins ont commencé à vendre tout ce qui portait du rouge, du bleu et du blanc, les couleurs du drapeau : bougies, serviettes, fleurs, bannières.

Les nouvelles tendances en matière de *bunad* et des chaussures noires avec des boucles en argent occupaient les vitrines du centre commercial Glasmagasinet depuis des semaines. Les *bunads* sont les costumes norvégiens traditionnels que portent les Norvégiens en fonction de la région dont ils sont originaires. Aux couleurs et motifs différents, ils sont ornés de tout un tas de bijoux en argent et de broderie.

J'avais lu beaucoup de choses sur la fête nationale de la Norvège dans les journaux étrangers, connue sous le nom de jour de la Constitution, mais je n'arrivais pas à mettre le doigt sur ce qui s'y passait, ni sur la raison pour laquelle les Norvégiens étaient si fous de joie à l'idée de cette journée.

En France, la fête nationale a lieu le 14 juillet, en commémoration de la prise de la Bastille (en 1789). On regarde des défilés militaires à la télé et on va voir des feux d'artifice le soir. Les drapeaux sont rares, mis à part sur les bâtiments publics. Et c'est tout. On ne planifie pas nos vacances en fonction de cette journée. Ce n'est qu'une journée d'été parmi tant d'autres, avec un mauvais programme télé.

Non seulement les Norvégiens adorent célébrer cette journée où qu'ils soient dans le monde (allez voir une ambassade norvégienne un 17 mai et vous comprendrez de quoi je parle) mais cet événement soulève aussi des débats passionnés. Chaque année, au moins un journal scandinave lance un débat sur l'utilisation du drapeau norvégien pendant la fête nationale de la Norvège.

Parce qu'ici, on ne se contente pas d'agiter quelques drapeaux. Ce sont littéralement des dizaines de milliers d'entre eux qui sont brandis, épinglés et dessinés sur les gâteaux ou les visages. Pour les étrangers comme moi, cette utilisation excessive des drapeaux semble très étrange au départ, si ce n'est choquante.

Dans de nombreux pays d'Europe occidentale, le drapeau national est usé avec parcimonie ou pour des occasions particulières. Il y a les supporters de foot qui le brandissent dans les stades pour soutenir leur équipe nationale, et puis les partis d'extrême droite qui l'exhibent dans les rues pour exprimer leurs positions nationalistes, parfois liées à la pureté ethnique et à la xénophobie.

Ce qui est compliqué avec la fête nationale de la Norvège, c'est qu'en voyant de grands blonds aux yeux bleus en costumes traditionnels agiter frénétiquement leur drapeau et faire défiler leurs enfants dans la rue sous les yeux du Roi et de la Reine, il est facile d'en déduire que cela reflète un profond nationalisme et rappelle la propagande nationale-socialiste.

Mais en réalité, c'est très différent, car la Norvège a une histoire et une culture bien à elle dont il faut tenir compte quand on observe les Norvégiens pendant leur fête nationale.

De nombreuses nations européennes ont été des puissances coloniales : la France, le Royaume-Uni, le Portugal, les Pays-Bas, l'Espagne, l'Italie, le Danemark (même si on l'oublie souvent) et dans une certaine mesure l'Allemagne. La Norvège, même si elle est bien européenne et occidentale, a longtemps été du côté des colonisés. Lorsqu'un pays européen est occupé, on parle rarement de colonisation, mais dans les faits, c'était le cas. En Norvège, on a appelé cette période « l'union » avec le Danemark, alors que c'était bel et bien une annexion, impliquant un contrôle des richesses du pays, ainsi qu'une perte d'identité. Cela a duré de 1380 à 1814. Ou 1905, selon la façon dont on le calcule.

La Norvège est un pays comptant plusieurs inconvénients évidents : du mauvais temps avec un long hiver glacial, une durée d'ensoleillement imprévisible et très peu de terres pouvant être cultivées, synonyme de faible sécurité alimentaire pour le peuple. La Norvège ne peut cultiver que 4 % de ses terres, entre autres à cause des montagnes.

La population était répartie sur un vaste territoire à la topographie épineuse à traverser et, là encore, les conditions climatiques difficiles rendaient toute voie de transport problématique en hiver. Malgré toutes ces embûches, la Norvège s'est développée politiquement et économiquement, et le 14e siècle est d'ailleurs vu comme un siècle d'or pour ce pays.

En 1349, la peste noire s'est introduite dans le pays par Bergen et les deux tiers de la population norvégienne ont péri en moins de deux ans. Ceux qui ont survécu ont été ceux qui vivaient si loin de la côte et de tout contact avec les marchants qu'ils avaient échappé à la contamination. Les élites politiques, les marchands et bien d'autres ont disparu, laissant un pays vidé, des fermes abandonnées et un commerce sur le déclin.

Dans l'ensemble, cela a affaibli la nation au niveau économique, social, démographique et politique.

Cela a duré 434 ans durant lesquels la Norvège a été sous le joug danois. La langue des occupants a été imposée (le norvégien est en fait du danois) et la Norvège a perdu une grande partie de son identité culturelle et nationale durant cette période. Les ressources économiques norvégiennes sont devenues la propriété des Danois, et le roi danois est devenu le roi de Norvège.

Un tournant majeur s'opère pour la Norvège lors des guerres napoléoniennes. L'alliance dano-norvégienne prend le parti de la France en 1807, ce qui a des effets désastreux sur l'économie norvégienne. La Suède envahit alors la Norvège, et en janvier 1814, la Norvège est officiellement cédée à la Suède par le Traité de Kiel.

Christian Frederik, héritier de la couronne du Danemark, n'est pas très content, et voyage en Norvège pour récupérer « son pays ». Il convoque des membres de l'élite norvégienne pour rétablir la monarchie dano-norvégienne. Les Norvégiens, en position de force, refusent, et l'invitent plutôt à convoquer une assemblée qui rédigera une constitution pour former un gouvernement. Cent douze hommes de l'élite intellectuelle et économique du pays sont invités à être membres de cette assemblée constituante, et terminent la rédaction de la constitution le 17 mai 1814. Il est alors décidé que le pouvoir sera séparé entre le roi et le parlement de Norvège et que Christian Frederik sera le « nouveau » roi de Norvège. Deux mois plus tard, l'armée suédoise envahit la Norvège sous les ordres du roi de Suède, un certain Carl Johan qui n'est autre qu'un citoyen français né à Pau sous le nom de Jean Bernadotte. Inutile de vous dire ma surprise quand j'ai appris que la plus grande avenue d'Oslo, Karl Johans gate, n'est autre qu'une rue en l'honneur d'un Français qui a gravi les échelons de la monarchie suédoise pour devenir le roi de Norvège ! Vous remarquerez que la plupart des Norvégiens ne sont pas au courant de ce fait historique.

Pour revenir à la longue histoire de la Norvège, sur le chemin de son indépendance, un armistice est signé avec la Suède après l'invasion, à Moss, et une union est proclamée. La Suède et la Norvège seront « à égalité », la constitution norvégienne est acceptée par le roi suédois, et le roi danois accepte d'abdiquer. L'égalité n'est pas totale, puisque la Norvège se retrouve à payer des taxes à la Suède sous la menace d'un coup d'État de Karl Johan. Le 17 mai devient un jour de ralliement chaque année. Les Norvégiens veulent raviver leur propre culture, et un mouvement de « nationalisme romantique » apparaît, d'où découlent entre autres ces fameuses *bunad*. La Norvège est en recherche culturelle, linguistique et même identitaire, après 5 siècles d'occupation.

Ce n'est qu'en 1905 que l'indépendance réelle de la Norvège est enfin proclamée, grâce à la dissolution de la fameuse « union », et au premier service consulaire norvégien, établissant ainsi une politique et présence d'affaires étrangères. La Norvège est indépendante deux ans avant le Panama, et au cours du même siècle que les indépendances coloniales.

Le 17 mai 1814, la Constitution de la Norvège est adoptée, et ce jour est donc célébré pratiquement comme un jour d'indépendance nationale. Je me suis souvent demandé pourquoi c'est le 17 mai et non le 7 juin (1905) qui est célébré comme le jour de l'indépendance dans les rues de Norvège. Le 7 juin a longtemps été le jour fêté par les Norvégiens, mais après la Seconde Guerre mondiale, le jour de la Libération est le 8 mai 1945, juste 9 jours avant le 17 mai. Le 17 mai, interdit pendant le joug nazi, est donc devenu une célébration de la nation norvégienne libre de l'union avec les Suédois, mais aussi des Nazis un siècle plus tard.

L'histoire de la Norvège est une histoire d'occupation, mais aussi d'exil. Entre 1825 et 1925, près d'un million de Norvégiens ont émigré en Amérique du Nord : environ la moitié de la population du pays à cette époque. Autrement dit, au cours de son histoire récente, le peuple norvégien a été pauvre et colonisé. Et il s'en est sorti. Il s'est libéré du Danemark, puis de la Suède. Il a de nouveau été occupé pendant la Seconde Guerre mondiale, a été bombardé par les Allemands et a regagné une nouvelle fois sa liberté.

Malgré le fait que la Norvège soit de nos jours l'un des pays les plus riches au monde grâce à la manne pétrolière, les Norvégiens ont conservé certains termes et caractéristiques issus de leur passé.

Par exemple, l'expression « *svin på skogen* » signifie qu'on cache quelque chose (littéralement qu'il y a des cochons dans la forêt). Cela fait allusion à l'époque où les autorités danoises venaient percevoir l'impôt qui était calculé d'après les richesses et les biens des fermiers. Ces derniers envoyaient alors certains de leurs animaux dans la forêt pour éviter de payer l'impôt sur la totalité de leur bétail.

Autre expression : « *å ha lua i hånden* » (littéralement « tenir son bonnet à la main », mais qui signifie « être humble » voire « se rabaisser »); elle décrit une attitude typiquement norvégienne, selon de nombreuses personnes de plus de 50 ans à qui j'ai parlé et qui ont grandi à la campagne ou dans le nord de la Norvège. Peut-être qu'elles ressentaient un complexe d'infériorité face aux élites étrangères qui les ont gouvernées et taxées pendant 5 siècles.

Je suis sûre que les jeunes générations nées à partir des années quatre-vingt, qui ont connu une vie différente en baignant dans une société bien plus riche, ne trouveraient plus que cette expression est typiquement norvégienne.

D'aucuns pourraient dire que de nombreux « enfants du pétrole » souffrent d'un complexe de supériorité qui est en totale contradiction avec la façon dont leurs parents et grands-parents percevaient leur place dans le monde. Tout ça pour dire que l'image d'une Norvège indépendante, fière, libre et riche est récente. L'image des grands blonds avec leurs drapeaux, explosant de joie en ce jour national, prend je l'espère tout son sens. Ce n'est pas du patriotisme mal placé, ni du national-socialisme. C'est une joie honnête et profonde d'avoir construit sa propre nation indépendante.

Personnellement, j'aime cette journée car la joie que l'on ressent dans les rues est si intense qu'elle prend un goût de pure liberté collective. Je conseille aux étrangers qui vivent ici de rester en Norvège à cette date ou même d'inviter des gens à venir leur rendre visite. Ce n'est pas un défilé militaire, mais une fête populaire. Ne faites pas de petite escapade dans votre pays d'origine le temps d'un week-end à ce moment-là car ce n'est pas un jour comme les autres en Norvège et ça en vaut vraiment la peine !

À quelle autre date pourriez-vous voir la famille royale vous saluer de la main depuis le balcon de son palais si ce n'est un 17 mai ? Le seul problème avec cette journée, c'est que si votre famille vous rend visite, elle pensera sans doute que ce pays est habité par des gens euphoriques qui adorent s'habiller comme s'ils étaient au 18e siècle. Mais si elle revient un mi-janvier, elle risque d'avoir un choc.

Fête importante pour de très nombreux Norvégiens, le 17 mai requiert de nombreux préparatifs. Pour mon premier 17 mai, Kaia m'a invitée chez elle et m'a demandé de venir la veille, le 16, car cette journée se prépare au minimum un jour à l'avance. Nous sommes d'abord allées faire des courses et elle a acheté une quantité impressionnante de beurre, de sucre, toutes sortes de fruits rouges, d'œufs, de charcuteries, de drapeaux norvégiens de toutes tailles, de fromages, de farines et de saumons fumés.

En sortant du supermarché habituel, nous sommes passées au Vinmonopolet, le magasin ayant le monopole de la vente d'alcool gérée par l'État norvégien. J'en avais déjà entendu parler avant mais je n'y étais jamais allée car j'avais du mal à acheter une bouteille de vin à 150 couronnes norvégiennes (15 euros) alors que je pouvais avoir la même pour 5 euros en France.

Kaia a rempli le chariot de nombreuses bouteilles de Cava et d'autres alcools pétillants. Le Cava est ce que les Norvégiens boivent en appelant ça du champagne. Dès que nous sommes rentrées à la maison, nous avons commencé à faire les gâteaux et du pain maison. Elle avait l'air d'être très bien organisée, alors je me suis laissée guider.

« On doit faire combien de gâteaux ? lui ai-je demandé.

Il y avait assez de paniers de fraises et de myrtilles pour faire un gâteau par personne.

— Ne t'inquiète pas, m'a-t-elle dit. On aura aussi besoin des fraises pour le champagne.

— Des fraises dans le champagne ? » ai-je demandé.

Mais qu'est-ce qu'elle était en train de me faire faire ?

On a préparé du *bløtkake*. Contrairement à ce que j'ai d'abord cru, le *bløtkake* ne se traduit pas par « gâteau au sang » même si en le prononçant, ça y ressemble drôlement (blodkake). *Bløt* signifiant « moelleux », le *bløtkake* est donc une génoise que les Norvégiens recouvrent de crème.

Pour cette occasion spéciale, des fruits des bois (myrtilles, framboises, fraises) sont disposés pour former le drapeau norvégien sur le dessus du gâteau. Dans une autre version, une fine couche de pâte d'amandes recouvrait tout le gâteau. Cette variante s'appelle le *marsipankake* et contient autant de génoise que de crème à l'intérieur.

Ce soir-là, Kaia a sorti une bouteille et une boîte remplie de petits bijoux en argent.

« Maintenant, je dois polir l'argent pour ma *bunad* et cirer mes chaussures » m'a-t-elle expliqué.

Ça a duré un bout de temps et nous avons fini par aller au lit tard.

Le lendemain, nous nous sommes levées tôt pour veiller à ce que sa maison soit propre et à ce que le reste de la nourriture soit prêt : wraps au saumon, œufs brouillés, salade de pommes de terre et beaucoup d'autres amuse-gueules. J'ai couru au magasin le plus proche qui était ouvert le matin car il nous manquait des œufs. Lorsque les invités sont arrivés, nous avions enfilé nos plus belles tenues : Kaia portait sa *bunad* ornée d'argent brillant et moi, j'étais dans ma plus jolie robe. Nous avons pris un petit déjeuner traditionnel du 17 mai avec plusieurs amis de Kaia et de Pål.

Après avoir mangé, nous avons regardé la télévision qui montrait des Norvégiens de tout le pays et du monde entier célébrer leur fête nationale. Il y avait des gens qui skiaient sur la plus haute montagne de Norvège. Ils répondaient aux questions du journaliste de la NRK au beau milieu d'une tempête de neige. Une tempête de neige un 17 mai… et aller skier là-bas de plein gré ! Incroyable.

Je ne connaissais personne dans le groupe, à l'exception de mes hôtes et d'Ante, que j'avais rencontré au dîner tacos que Kaia avait organisé. Je lui ai posé des questions sur la course de rennes qui se déroulait dans sa ville natale à Pâques et il m'a tout raconté en détail car il était rentré juste quelques semaines auparavant. Il m'a questionnée sur la France parce qu'il n'avait jamais quitté la Norvège, sauf pour passer la frontière avec la Suède. Il était aussi beau et drôle que la première fois qu'on s'était rencontrés, peut-être même plus. Ses cheveux n'étaient pas aussi blonds que les autres Norvégiens de ma connaissance. Il avait les yeux bleu clair et en amande. Et sa façon de rire était adorable.

On a continué à boire des verres de Cava avec des fraises dedans tout en nous rapprochant tout doucement de la ville. Les parcs d'Oslo étaient bondés de gens assis dans l'herbe dans leurs différentes *bunads* et de petits drapeaux norvégiens jonchaient le sol partout. Ante restait tout le temps près de moi et me jetait parfois des coups d'œil. Il essayait de faire la conversation.

Ce mec est intéressé, tu dois clairement montrer tes intentions !e répétais-je à moi-même. La conversation que j'avais eue avec Kaia était toute fraîche, tout comme cette ridicule histoire avec Nils. Je lui ai rendu son sourire en lui touchant le bras. C'était peut-être assez clair comme ça ?

Sur le boulevard Karl Johan, le Roi et la Reine nous ont salués de la main. Je n'avais jamais vu autant de monde dans les rues d'Oslo, ni de Norvégiens si ouvertement et unanimement heureux. Autour de nous, les enfants tenaient une saucisse d'une main et une glace de l'autre. D'autres vomissaient. Trop de saucisses ou trop de glace ? me suis-je demandé. Ou bien était-ce le champagne et les fraises ?

Kaia, Pål et leurs amis ont décidé de jouer à Kubb, un jeu d'origine suédoise avec des quilles qui se joue en extérieur, donc dans les parcs d'Oslo. Ils m'ont expliqué les règles du jeu : il fallait faire tomber les quilles en bois, mais entre le fait que j'étais légèrement pompette et que je devais comprendre des règles en norvégien, je n'ai rien saisi. Je me suis mise à courir, en pensant que c'était comme du baseball et je me suis tordu la cheville dans un trou. J'avais très mal et je ne pouvais pas marcher, alors je suis restée sur le côté pendant un moment, en regardant le jeu en silence, jusqu'à ce qu'Ante vienne s'asseoir près de moi.

« J'ai des béquilles à la maison depuis que je me suis cassé la jambe il y a quelques mois, m'a-t-il dit. Si tu viens chez moi, je peux te les passer et tu pourras marcher presque normalement après ça, a -t-il ajouté.

— Ok, mais comment je vais faire pour y aller ? Tu habites

loin d'ici ? lui ai-je demandé.

— Je viens du Nord. Je suis fort. Je te porterai » m'a-t-il répondu en me souriant.

J'ai mis une demi-seconde à me décider. Cet homme charmant me proposait de me porter jusqu'à son humble demeure. Peut-être même que son frigo renfermerait autre chose que ces crêpes froides à base de pommes de terre, les *lompe*, que j'avais mangées toute la journée avec ces saucisses norvégiennes salées et du ketchup ?

« Tu as de quoi manger là-bas ? lui ai-je demandé.

— Oui, et des trucs bien meilleurs que les tacos du vendredi, m'a-t-il chuchoté en espérant ne pas être entendu par Pål.

— Kaia, j'y vais. À bientôt ! ai-je lancé rapidement.

— Amuse-toi bien ! » m'a-t-elle répondu en me faisant un clin d'œil.

Ante m'a portée sur son dos jusqu'à son logement qui était situé dans une rue près de la station de métro Majorstuen et m'a déposée sur son canapé. Après avoir mis de la glace sur mon pied, nous avons décidé de passer la soirée chez lui. La faim nous tenaillant de nouveau, il m'a dit qu'il pouvait nous préparer un bon dîner fait maison à base de canard, de purée de patates douces et de vin rouge. Il ne m'avait pas embobinée plus tôt. Il avait prévu quelque chose de bien meilleur que les tacos.

Il a enfilé un tablier et m'a versé un verre de vin rouge en souriant. Enfin un homme qui savait comment gagner mon cœur !

« Et maintenant, au travail, a-t-il dit en aiguisant ses couteaux et en mettant un peu de musique.

— C'est sympa ! Comment s'appelle le groupe ? lui ai-je demandé.

— Valkyrien Allstars, ils font de la bonne musique » m'a-t-il répondu.

Ils jouaient d'un instrument que je n'avais jamais entendu auparavant : du *hardingfele*, la version norvégienne du violon. À moins qu'un violon ne soit la version non norvégienne du *hardingfele*. Dans tous les cas, l'univers de ce groupe était très intéressant, ce qui m'a fait réaliser que je n'avais jamais écouté de musique typiquement norvégienne.

« Il y a beaucoup de chanteurs ou de groupes qui chantent en norvégien ? ai-je demandé à Ante.

— Bien sûr, énormément. Tu connais Vamp ? Et Kaizer Orchestra ? C'est un groupe norvégien connu mais ils chantent surtout en anglais. Il y a aussi Dumdum Boys dans un autre genre. Tous les groupes de heavy metal. Tu savais que la Norvège possède l'un des plus forts pourcentages de groupes de heavy metal par habitant au monde, après la Finlande et la Suède ? » m'a-t-il indiqué.

Je me suis souvenue de débats dans les journaux danois indiquant que les Danois ont peur que leur langue ne disparaisse car elle est très difficile à apprendre et que l'anglais prend le dessus dans le monde.

Les Norvégiens n'ont pas l'air d'avoir peur que leur langue disparaisse. Le norvégien est une langue bien vivante, avec des pièces de théâtre jouées, des groupes donnant des concerts, des films tournés en norvégien et de nombreux livres écrits dans cette langue. Alors qu'ils ne sont pas bien plus nombreux que les Danois ! Autour de 5 millions d'habitants pour chaque pays.

Une fois que tout a été prêt, nous avons dégusté notre dîner qui était tout aussi délicieux que les effluves qui s'échappaient de la cuisine quand Ante était aux fourneaux. Ensuite, nous nous sommes assis sur son canapé et nous avons écouté d'autres musiques norvégiennes intéressantes : Ingebjørg Bratland et sa voix magnifique. Nous nous sommes rapprochés. J'essayais de flirter avec ce Norvégien mais j'avais du mal. Qu'est-ce qui me bloquait exactement ? Et puis, il a fini par se pencher vers moi et alors que nos lèvres étaient sur le point de se frôler, la voix douce et profonde d'Ingebjørg Bratland a laissé la place à un classique de Céline Dion tiré du film *Titanic*, couvert par une voix masculine qui chantait « Neeaaarr, faaarr, whereeveerr you aarreee » de manière atrocement fausse.

« Qu'est-ce que… a lâché Ante en se levant brusquement. Ken Tore, arrête cette musique horrible, a-t-il ajouté en lançant un oreiller vers son colocataire.

La musique m'a moins surprise que le nom. Ken Tore ? Prononcer Kène Toureu. Ça fait un peu breton écrit comme ça.

— Oui, les gens m'appellent KT » a-t-il dit, en tendant un bras pour me dire bonjour.

En Norvège, on se serre la main, et on ne se fait jamais la bise, même quand on se rencontre pour la première fois. Ici, c'est une poignée de main la première fois, puis on se contente généralement d'un vague geste de la main effectué de loin quand on se recroise. À moins que l'on ne devienne proches ou que l'on ne se soit pas vus depuis longtemps, auquel cas c'est une étreinte norvégienne ou *klem*.

« Ken Tore est un fan de Céline Dion, surtout en version karaoké » m'a indiqué Ante.

Ken Tore a continué sur sa lancée. Voir un adulte qui faisait près de 2 mètres, avec une barbe et de grosses boucles d'oreilles en métal, interpréter des chansons de Céline Dion était une scène à laquelle je n'étais pas habituée. Une femme est apparue.

« Ken Tore est un être sensible » a-t-elle dit en souriant.

Apparemment, Inga était sa petite amie et elle l'a embrassé avec amour. C'est ce que j'aime en Norvège : les hommes peuvent être sensibles sans que ça pose problème. Ils ont le droit d'aimer Céline Dion. J'ai même entendu que certains hommes rejoignaient des groupes féministes.

« Il commence à y avoir du monde ici » m'a dit Ante, en indiquant une porte derrière laquelle devait sans doute se trouver sa chambre. Il m'a aidée à y aller et nous nous sommes embrassés sur de la musique norvégienne. Au bout de quelques heures, la faim est revenue et je lui ai dit que je devais rentrer chez moi.

« S'il te plaît, reste » m'a-t-il chuchoté en me lançant un sourire malicieux.

Qu'est-ce que je devais faire ? Tout ce qu'on m'avait inculqué se heurtait aux normes de ce pays. Ne pas être une fille trop facile au risque de perdre tout l'intérêt de l'homme, alors qu'ici, les femmes et les hommes sont plus à égalité et font ce qu'ils veulent tant que tout le monde est consentant.

J'ai décidé de faire ce dont j'avais envie, et de passer la nuit chez lui. Je me suis souvenue de ce que Kaia m'avait dit : je devais envoyer des signes d'intérêt sans équivoque ou bien les Norvégiens trouveraient une fille plus intéressée et surtout plus claire. Le conseil de ma grand-mère m'a traversé l'esprit : « N'oublie pas de faire l'amour de temps en temps. C'est bon pour l'hygiène ».

En plus, Ante me plaisait vraiment. Le fait d'être prude appartenait au passé et à ma vie en France et en Indonésie.

Quand je me suis réveillée le lendemain matin, Ante était au téléphone. J'ai tenté de reconnaître le dialecte norvégien qu'il parlait. J'étais pratiquement sûre que ce n'était pas du suédois. Ni du danois.

Mais ça ne ressemblait pas non plus à du norvégien. Peut-être que c'était du finnois.

« C'était quoi comme langue ? lui ai-je demandé quand il a raccroché.

— Du same, m'a-t-il répondu en souriant.

— Je ne savais pas que tu étais sami !

— En fait, Ante est un prénom sami assez courant pour les garçons. Les Norvégiens savent tout de suite que je suis sami. Tu veux petit-déjeuner ? m'a-t-il demandé l'air de rien.

J'avais plein de questions. C'était comment d'être un Sami en Norvège ? La Norvège avait-elle opprimé de manière violente ses populations autochtones tout comme l'Australie et les États-Unis l'avaient fait ? Je savais que cette minorité autochtone du Nord de la Norvège avait sa propre langue et ses coutumes, bien distinctes de la culture norvégienne. Mais j'étais curieuse d'en savoir plus.

Malheureusement, la discussion semblait close. Je devrais attendre qu'une autre occasion se présente pour le lui demander ou bien faire des recherches par moi-même. Je travaillais sur les problèmes que devaient affronter les populations autochtones d'Asie et c'était intéressant de pouvoir échanger avec quelqu'un qui était au courant de ces difficultés en Norvège.

Après avoir pris le petit déjeuner, j'ai senti qu'il était temps de rentrer chez moi. De dormir dans mon lit, de me remettre de ma cuite. Ante n'avait pas l'air aussi affecté que moi, mais là encore, mon foie n'était pas celui d'un Norvégien, habitué à boire tout le week-end dès l'âge de 13 ans. Dans mon pays, les femmes entendent depuis l'enfance qu'« une bouteille de vin dans la main d'une femme, c'est vilain ». Surtout, quand j'habitais encore à Paris, je ne rentrais pas chez moi complètement ivre à 2 h du matin. Dans le métro, il y avait des mecs bizarres et il valait mieux être alerte.

Ma cheville allait mieux. J'ai emprunté les béquilles d'Ante et lui ai demandé de m'aider un peu pour me rendre à la station de métro.

En chemin, j'ai réfléchi au moyen de le revoir. Il aimait cuisiner, était gentil et drôle. Sa peau sentait le soleil. Il écoutait de la bonne musique et était très mignon. Au moment de nous quitter devant la station de métro, j'ai déposé un baiser sur ses lèvres mais il s'est détourné.

« C'est pas un peu tôt pour ça ? m'a-t-il demandé.

Attends, on vient de passer la nuit ensemble, non ? J'étais de nouveau perdue face à la réaction d'un Norvégien.

« On ne se connaît pas encore assez bien pour s'embrasser

en public. Les gens vont croire qu'on est ensemble, m'a-t-il expliqué.

Qu'est-ce qu'on en a à faire de ce que les gens pensent ? me suis-je dit.

On s'est échangé nos numéros et je suis rentrée chez moi.

« *Vi snakkes* » m'a-t-il dit, en me faisant au revoir de la main.

En bref : règle n° 865 en matière de rencontres amoureuses en Norvège : coucher avec quelqu'un ne veut rien dire. Ça ne marque absolument pas le début d'une relation, même quand le Norvégien vous porte et cuisine pour vous.

Ça me rappelle ce Français que j'avais rencontré à une soirée et qui m'avait raconté une histoire que j'avais trouvée très drôle à l'époque. Une Norvégienne l'avait abordé dans un bar en lui demandant « Chez moi ou chez toi » ? Il l'avait suivie pour passer la nuit avec elle et le lendemain, elle l'avait jeté dehors à 7 heures du matin car « Je fais du kayak à 8 h ». Maintenant que ça m'arrivait à moi, ce n'était plus drôle. Je me souviens que mon ami m'avait dit que, quelques jours plus tard, il était retombé sur cette fille dans la rue et qu'elle l'avait ignoré. Pas étonnant que la Norvège ait l'un des plus hauts taux d'aventures sans lendemain, si coucher avec quelqu'un est aussi simple que de ramener un partenaire chez soi et de le virer quelques heures plus tard en l'ignorant les jours suivants.

J'ai attendu plusieurs jours qu'il me rappelle, mais il ne l'a pas fait. Kaia a fini par me conseiller de l'appeler moi.

« L'égalité des sexes, ça veut dire que ce n'est pas toujours aux hommes de faire tout le travail, m'a-t-elle expliqué.

Du coup, je l'ai rappelé.

— Oui, ce serait cool qu'on se revoie ! m'a-t-il dit. Allons faire une randonnée » a-t-il ajouté.

J'avais pensé à autre chose pour un « premier » rendez-vous, comme un restaurant par exemple, mais d'accord. En Norvège, fais comme les Norvégiens.

À la fin de ce premier rendez-vous, je lui ai dit :

« Tu sais, j'aimerais te revoir.

— Bien sûr, m'a-t-il répondu, ce serait sympa ».

On s'est revus dans un bar en ville et on a bu un verre, puis deux, puis trois. À chaque fois, c'était mieux que la fois précédente, et à chaque fois, je finissais chez lui. Les petits déjeuners qu'il nous préparait le lendemain devenaient toujours plus grandioses, avec des gaufres et de la confiture faite maison, ou des petits déjeuners de chez lui avec des saucisses de renne venant de sa mère. Il était drôle et sociable. J'étais en train de tomber amoureuse de lui.

Et puis, doucement mais sûrement, même s'il répondait à tous mes messages, il n'a plus trouvé le temps de me voir. Il avait toujours de bonnes excuses :

« J'aimerais beaucoup, mais mon chat est malade/Je dois rentrer chez moi pour un mariage/Mon frère vient me rendre visite (avec un smiley) ».

J'ai dit à Kaia que je ne comprenais pas pourquoi il prenait la peine de répondre à tous mes messages s'il n'était pas intéressé.

« Pointe-toi chez lui avec une pizza et un jeu vidéo, il va adorer ça ! » m'a-t-elle conseillé.

C'est une blague ? C'est lui qui aurait dû se pointer chez moi avec des chocolats et des fleurs. Les rôles entre hommes et femmes étaient si inversés que ça dans ce pays ? Quand je lui a répondu qu'il n'y avait aucune chance que je le fasse, elle a ajouté :

« Ou alors, tu ne lui plais peut-être plus tant que ça. Peut-être qu'il voit d'autres filles en même temps ? Beaucoup de mecs fuient les conflits. Ils ne veulent pas te dire tout de suite qu'ils ne veulent plus te voir, alors ils te donnent des réponses vagues en espérant que tu finisses par saisir le message ».

Génial. Tout ce que j'avais envie d'entendre…

J'en avais assez de ce jeu, alors j'ai laissé les choses telles quelles, c'est-à-dire au point mort. Vu que c'était un ami de Pål, j'espérais retomber sur lui par hasard et on verrait bien ce qui se passerait à ce moment-là.

Un soir, je suis allée à un concert de Valkyrien Allstars et je l'ai vu en train de parler à une femme : il était tout près d'elle et la tenait par la taille. J'ai fait tout mon possible pour l'éviter et j'ai quitté le concert le cœur lourd. Notre relation était si insignifiante à ses yeux qu'il n'avait même pas daigné rompre avec moi.

Comment séduire un Norvégien

Je réussissais dans la plupart des domaines de ma vie norvégienne, si ce n'est tous. J'apprenais le norvégien à la vitesse de la lumière. Bon d'accord, peut-être pas à ce point, mais je comprenais la langue et je faisais des progrès incontestables. Je participais aux réunions de travail en norvégien et mes compétences conversationnelles s'amélioraient de façon spectaculaire grâce à Kaia, avec qui je ne parlais qu'en norvégien. Au travail, tout allait à merveille. Je m'entendais bien avec mes collègues et mon travail était encore plus intéressant que ce à quoi je m'étais attendue. J'étais même en train de m'habituer à la nourriture norvégienne puisque j'avais trouvé mes *pålegg* préférés. Et bien que ce soit compliqué, je réussissais aussi à nouer des amitiés. J'en avais peu mais elles devenaient chaque jour un peu plus fortes.

Le seul code que je n'arrivais pas à déchiffrer était celui des rencontres amoureuses. Qu'est-ce qui rendait la séduction si compliquée et différente que ça en Norvège ? La dynamique du flirt et des relations semblait être à des années-lumière de ce que j'avais connu dans tous les autres pays où j'avais vécu. J'avais des théories pour expliquer pourquoi ça ne marchait pas pour moi.

Peut-être que les Norvégiens ne s'intéressaient pas à moi parce que j'étais trop bavarde et extravertie. Peut-être que vu que les femmes de leur propre pays, de grandes blondes, étaient magnifiques, ils se fichaient d'une petite brune avec des courbes. Ou bien peut-être qu'ils étaient restés coincés si longtemps dans leurs fjords et leurs cabanes qu'ils ne savaient pas comment aborder les femmes. Ou alors, peut-être que le féminisme et l'égalité des sexes avaient atteint un tel stade ici que c'était aux femmes d'accoster les hommes, et pas le contraire, comme me l'avait dit Kaia.

Il y avait une question importante que je devais affronter : est-ce que le fait de vivre en Norvège signifiait que je resterais célibataire toute ma vie ? Et si c'était le prix à payer, est-ce que j'étais prête à y rester ?

« Arrête de penser à Ante et inscris-toi sur un site de rencontre en ligne » m'a un jour conseillé Kaia.

J'ai décidé de tout tester pour comprendre l'art de la séduction à la norvégienne, et aussi pour oublier Ante.

Mais avant la pratique, la théorie. J'ai observé qu'en général, la séduction à la norvégienne repose sur trois principes de base. Le premier d'entre eux est le contact visuel. Dans un lieu où il y a en général de l'alcool (à une fête, dans un bar, dans une *julebord* ou fête de Noël de travail), un homme ou une femme va vous regarder droit dans les yeux pendant plusieurs secondes. Vous pourriez penser, comme moi, que cette personne vous regarde bizarrement. Est-ce que vous avez du persil entre les dents ? Non. Elle essaie de vous séduire de son regard appuyé et hypnotisant.

Si elles sont intéressées, les femmes scandinaves regardent la personne à leur tour (apparemment) en lui faisant un clin d'œil (?) ou en lui souriant longuement. Et j'imagine que ça marque le début de quelque chose.

Je n'étais pas sûre de savoir ce qui se passait après ces regards échangés pendant de longues secondes. J'ai supposé que les hommes en font rarement plus dans le processus. C'est apparemment à la femme de se charger du reste (voir principe numéro 2 : inversion des rôles).

Le problème, c'est que quand un homme envoie des signes d'intérêt aussi discrets que ça, ils passent complètement inaperçus aux yeux d'une étrangère qui est habituée à se faire draguer lourdement. Imaginons que les hommes dans d'autres cultures doivent montrer leur intérêt en l'écrivant sur de grandes pancartes au milieu de la rue. En comparaison en Norvège, le signe est un petit Post-it caché dans la poche du gars. Pas étonnant qu'on ne puisse pas le lire.

Ce n'est qu'après avoir passé quelques années en Norvège que j'ai réalisé que les hommes flirtent de façon discrète pour trois raisons : le manque de courage (et la peur du rejet), la paresse (pourquoi se déplacer pour quelqu'un qui n'est pas si intéressé ?) et la peur d'en faire des tonnes et d'avoir l'air d'un violeur. Ils abordent bel et bien des inconnues mais seulement avec l'aide de l'alcool et s'ils ont reçu des signes qui montrent clairement qu'elles sont intéressées, ce qui réduit ainsi le risque d'être rejetés.

Conclusion numéro un donc : les hommes ne feront rien de plus que vous regarder plusieurs secondes d'affilée pour vous montrer qu'ils sont intéressés car ils sont timides et/ou effrayés et/ou très respectueux envers les femmes. Parfois, ils sont même trop timides pour faire ça. Si c'est le cas, passez directement au principe numéro trois : l'alcool.

Le deuxième principe de base est en toute logique lié à l'effet du premier principe. Puisque les hommes ne sont pas très courageux et qu'ils ont besoin de beaucoup d'encouragements et de soutien moral pour parler aux femmes, j'ai remarqué qu'il y a une inversion des rôles dans le scénario que les Latins considèrent comme habituel : l'homme court après la femme, celle-ci se laisse désirer mais l'homme essaie de la convaincre coûte que coûte en lui disant que son père a volé toutes les étoiles du ciel pour les mettre dans ses yeux, et que, non, cette robe ne la grossit pas. Patriarcal ? Peut-être. Plus romantique ? Sans aucun doute.

Les femmes scandinaves s'attellent à la tâche, alors que nous, nous nous asseyons tranquillement en battant des cils. Ici, les femmes se bougent, invitent les hommes à danser et flirtent ouvertement alors qu'on apprend aux femmes d'ailleurs à faire ça de manière subtile et discrète. Avec un peu d'élégance et de dignité, pas soûles avec un faux bronzage qui coule le long du visage comme j'en avais souvent été témoin au Royaume-Uni et au Danemark.

Tous les vendredis et samedis soirs à Copenhague, comme à Oslo, il y a une sorte de chasse à courre : les gens se reluquent les uns les autres des minutes et des heures durant à travers la pièce (fête, bar) jusqu'à ce que tous soient si imbibés d'alcool que l'un d'entre eux s'approche de l'autre et lui dise : « Chez moi ou chez toi » ? Ou bien, les femmes abordent simplement des gars dans les cafés en leur passant leur numéro et en leur lançant un : « Tu me plais, appelle-moi ».

Même si je voyais les avantages que cela donnait aux femmes de se comporter de la sorte, c'était si loin de moi qu'il ne me restait plus qu'à pleurer pour toutes les filles du Sud qui n'oseraient jamais faire de telles choses. J'ai parlé à quelques Français (hommes) qui ont confirmé mes observations. Presque tous m'ont raconté avoir été abordés dans des bars, voire même à la terrasse d'un café, souvent par des inconnues avec qui ils n'avaient même pas échangé un mot, soit pour aller passer la nuit chez elles soit juste avec un numéro de téléphone. « Tu me plais, appelle-moi ! ». De nombreux d'entre eux avaient accepté mais d'autres avaient refusé, par manque de connexion avec la fille. « Mais on n'est pas des machines, là ! » m'a dit un ami. Donc, ce rêve de beaucoup d'hommes d'être abordés dans la rue par des inconnues sans devoir faire d'efforts n'est pas toujours le rêve quand on le vit.

Apparemment, quand on leur dit non, les femmes scandinaves se fâchent un peu (bien sûr, j'avais obtenu ces informations de seconde main puisque je n'avais jamais vécu cette situation moi-même). Elles n'ont pas l'habitude de s'entendre dire « Non, merci. Ça ne m'intéresse pas de faire l'amour avec des étrangères avec qui je n'ai jamais parlé ». Certains hommes d'origine étrangère aiment aussi ce processus de séduction qui prend en général plus de 5 minutes.

Dans des sociétés plus machistes comme en France ou en Italie, si une femme flirte aussi ouvertement, cela revient à ouvrir la porte à tous les hommes de son quartier. Certains hommes (pas tous, bien sûr) draguent déjà lourdement quand ils n'y sont pas invités, alors imaginez ce que ça pourrait donner si vous cherchiez activement à attirer l'attention sur vous. Pour éviter d'être harcelées et d'être considérées comme des « filles faciles », beaucoup de femmes sourient un peu, ignorent un peu et laissent les hommes souffrir et tout tenter pour les séduire. Qu'est-ce qui arrive aux femmes qui ont grandi dans un tel milieu une fois en Norvège ? Vous avez l'habitude qu'un homme vous séduise pendant des semaines, en vous offrant des fleurs et des voyages et en réalisant vos rêves ? Eh bien, dommage pour vous : oubliez ça et répondez à ce clin d'œil.

Ma deuxième conclusion donc : les Norvégiennes n'ont pas froid aux yeux. Ce qui est positif en termes d'équilibre hommes-femmes, de combats féministes, et ainsi de suite, mais très mauvais pour les autres femmes qui n'ont pas grandi dans le Nord et qui tentent de s'adapter à ces codes étrangers sur l'égalité même sur le chemin de l'amour. Les Norvégiennes s'en foutent d'être des filles faciles : elles font ce qu'elles veulent et couchent avec qui elles veulent quand elles le veulent. Et un élément de langage drôle pour moi est que les hommes peuvent aussi être taxés de faciles. On comprend donc pourquoi la Norvège est l'un des pays au monde où il y a le plus d'aventures d'un soir.

Le troisième principe de base, qui est le plus important de tous, est le lien entre tous les principes, le fondement de la séduction norvégienne. Oui, je parle de l'alcool. La plupart des gens vont dire que les Français aussi boivent de l'alcool. Mais les Norvégiens et d'autres peuples du Nord comme les Britanniques, les Danois, les Suédois, les Finlandais et les Russes boivent vraiment beaucoup. Il ne s'agit donc pas de boire quelques verres, mais de s'enivrer et de se soûler au point de ne plus vous souvenir de ce qui s'est passé, de vous sentir si désinhibé que vous n'étiez plus vous-même et que vous avez trouvé ça génial. À ce moment-là, juste avant de tomber dans les pommes, de vomir ou d'entrer dans un coma éthylique (j'exagère à peine), vous vous montrez assez courageux pour tenter quelque chose avec cette personne assise près de vous au bar. Il est 3 heures du matin et tout le monde doit partir car le bar est en train de fermer. C'est là que les couples norvégiens se forment. Attention, comme expliqué plus haut, coucher ensemble ne veut rien dire au niveau de l'attachement ou de la fidélité. On peut oublier le nom de cette personne (si on l'a même entendu) de façon instantanée sans culpabilité.

Puis, vient le tour du tristement célèbre trio gagnant : *nachspiel*, rapports non protégés et cuite –avec parfois en bonus un petit vomi ou une MST. Ne pas oublier que les jeunes Norvégiens connaissent la prévalence de chlamydia la plus importante au monde, après les Danois quand même.

La plupart du temps, la belle aventure amoureuse s'arrête après cette nuit magique et si vite oubliée. Après un moment gênant le matin au réveil : qui est cette personne nue allongée à côté de moi ? C'est une vraie tête d'élan qui est accrochée au mur et qui me fixe ?

Dans certains cas, vous prenez votre petit déjeuner avec votre aventure d'un soir et vous finissez par vous rendre compte que vous partagez tant de choses (oh mon Dieu, c'est dingue, moi aussi je bois du café le matin !) et vous vous échangez vos numéros. La suite de cette histoire est totalement imprévisible.

Personne, pas même les Norvégiens, n'a l'air de savoir si cette autre personne est vraiment intéressée. Les couples se revoient, boivent de nouveau, couchent de nouveau ensemble, sans s'engager. Puis, dans les jours ou les semaines qui suivent, les deux « tourtereaux » peuvent s'échanger des messages avec plus de smileys qu'il n'est possible de le supporter. S'ils s'entendent bien, ils peuvent se mettre ensemble et décider, après de nombreux engagements compliqués, de former officiellement un couple. Ils peuvent avoir des enfants, mais se marient rarement. Quelques fois, les mois deviennent des années ! J'ai connu une fille qui avait joué ce jeu 7 ans avec un homme avant qu'il n'accepte enfin de s'accorder le titre tant convoité de petit ami. De nombreux Norvégiens, hommes comme femmes, et de toute préférence sexuelle, se donnent une autorisation tacite de voir ailleurs tant qu'ils ne sont pas engagés d'un commun accord. Il n'est donc pas anodin de voir la même personne pendant des mois pendant que cette personne en a d'autres sous le coude ou continue de rencontrer de nouvelles personnes. C'est dur.

En posant des questions aux Norvégiens eux-mêmes sur leur culture du flirt et de la séduction, ils sont d'accord sur une chose : le « dating » est un phénomène issu des films américains qui a été importé en Norvège mais avec lequel les Norvégiens ne sont pas très à l'aise. Mais à part ça, les Norvégiens aiment à dire qu'il n'y a pas de règle quand il en vient à la séduction et au flirt. C'est faux. Bien plus que des codes, il y a des scénarios qui se répètent chaque vendredi et samedi soir dans les bars et les fêtes des villes et villages norvégiens.

Toutes ces conclusions reposaient sur mes propres observations et je savais bien qu'elles pouvaient toutes se révéler fausses, compte tenu du fait que 1) Je ne parlais pas assez bien le norvégien pour pouvoir communiquer avec les sujets de mes études (les hommes) et 2) J'étais rarement soûle au point de ne plus savoir ce que je faisais, ce qui réduisait mes chances de ramener un Norvégien chez moi d'environ un million. 3) J'étais très bizarre, dans le sens que même un homme très séduisant et intéressant perdait de nombreux points sur mon échelle de l'attirance une fois qu'il était ivre mort, qu'il ne tenait plus debout et qu'il me disait d'une haleine chargée de *snus* : « *Duu eerr søøtt duuu fransk dammeee* » (« Tu es trop mignonne petite Française »).

Je préférais alors toujours rentrer chez moi, lire une BD et me réveiller en toute liberté et solitude dans mon lit plutôt que de devoir subir le regard d'un élan empaillé dans la chambre d'une autre personne. Curieusement, les quelques hommes que j'avais rencontrés dans des bars et auprès desquels je m'étais réveillée le lendemain avaient fini par ne plus me répondre et fait semblant de ne pas me reconnaître quand on s'était croisés par hasard quelques semaines plus tard. Mon ego n'étant pas assez solide pour supporter les règles des aventures d'un soir, j'ai donc testé les sites de rencontre en ligne.

Je suis passée à la pratique. J'ai créé un profil sur Tinder en pensant naïvement que les applications de rencontre en ligne répondaient aux mêmes règles que la séduction dans la vraie vie. Il s'agissait simplement de voir s'il y avait de l'attirance (HA !)

et d'être honnête (HAHA !). La séduction en Norvège est déjà un véritable casse-tête pour les étrangers. Et sur les sites et applications de rencontre, il faut rajouter encore plein de règles sociales tacites. Je dirais même que le flirt sur une plateforme numérique répond à des règles encore plus obscures que les flirts habituels dans les bars, et tout ça dans une langue que je ne comprenais pas. Dans un bar, vous pouvez vous en sortir en parlant anglais. Pas sur Tinder où la plupart des conversations se font en norvégien. Alors bien sûr, au début, tout ce qu'il y a à faire, c'est balayer vers la droite ou la gauche, mais très vite, les choses se corsent.

La première chose à savoir sur les sites de rencontre norvégiens (Tinder, Happn, et autres Match et Sukker), c'est que vous devez absolument avoir certaines passions si vous voulez que des hommes/femmes s'intéressent à vous. Vous devez être un adepte du *friluftsliv*. C'est-à-dire de « la vie en plein air/ pleine nature », un concept norvégien difficile à traduire, qui signifie en gros que vous devez aimer les activités d'extérieur. Pour illustrer votre passion pour les grands espaces, vous devez absolument poster une ou plusieurs photos de vous au milieu d'un paysage sauvage à couper le souffle. Ces photos peuvent vous montrer en train de nager dans un fjord majestueux ou de vous tenir au sommet d'une montagne, ce qui montre que vous avez dû emprunter un sentier assez raide et étroit pour y parvenir. Dans l'idéal, il faut faire ces choses-là sans qu'il y ait trop de monde autour de vous. Vous devez montrer que vous êtes assez intrépide pour vous rendre où peu de gens se sont aventurés.

Deuxième centre d'intérêt important : vous devez être sportif. Vous pensiez qu'aimer faire de jolies petites balades dans la forêt sympa derrière chez vous suffirait ? Non non non. Vous devez aimer les activités extrêmes comme aller à la salle de sport tous les jours. Ne mettez pas de photos de vous en train de transpirer en plein cours de vélo d'intérieur mais mettez-en de vous en train de faire du rafting sur un fleuve déchaîné en Thaïlande ou en train de remonter une route à vélo dans le Sud de la France avec un magnifique panorama de la Méditerranée (un joli bronzage est indispensable). En balayant vers la gauche et la droite d'après les photos de profil de tous ces hommes, j'ai réalisé que je n'étais absolument pas prête à décrocher un rancard avec un Norvégien. J'avais aussi besoin de photos de moi en train de pêcher, d'abattre un animal ou de monter à cheval, et je n'en avais aucune.

Dernier élément indispensable : ne pas trop se démarquer. Le degré de conformisme des profils brouillait ma vision. J'avais l'impression de voir les mêmes photos d'hommes qui essayaient tous de se ressembler, avec les mêmes vêtements de la même marque, et les mêmes mots pour se décrire. S'ils frimaient, ils le faisaient discrètement, en se montrant justement dans la nature dans des pays lointains et chers à atteindre (des îles des Caraïbes par exemple). Je me demandais si ce conformisme représentait leur personnalité ennuyeuse (collective du coup) ou s'ils ne voulaient juste pas se montrer trop différents de peur de rater des touches. J'ai appris plus tard que la pression sociale est énorme en Norvège pour se conformer aux normes du reste de la société, et qu'une loi sociale appelée la loi de Jante explique pourquoi se vanter se fait en toute subtilité.

La volonté de suivre la norme est terriblement ancrée en Norvège et cela se reflète sur les sites de rencontre. Au final, vous vous retrouvez à devoir lire ce genre de phrase si souvent que ça vous pique les yeux : « J'aime rester chez moi, mais je sors parfois avec des amis. J'aime aussi aller dans des cafés ». Oh waouh, juste comme les 500 000 autres habitants de cette ville.

Près de 99 pour cent des profils masculins que je voyais indiquaient qu'ils aimaient « *gå på tur* », « *gå på ski* » et « *på hyttetur* » (faire des randonnées, du ski et des expéditions en cabane, en choisissant de partir à l'aventure pendant une semaine dans un trou perdu sans eau chaude ni électricité).

Sur l'un de ces profils, un gars avait fait l'effort d'écrire avec des mots et pas seulement des smileys, en précisant que la fille qu'il recherchait devait être « du genre » à faire pipi derrière un buisson sans se plaindre. Depuis quand c'est un critère pour trouver l'âme sœur ? J'ai l'impression que toutes les Norvégiennes ont été élevées pour faire pipi dans le noir derrière une *hytte* par - 20 °C sous le regard de rennes et d'ours polaires, alors je ne suis pas sûre que ce soit un critère difficile à remplir (pour des filles étrangères, ça peut être un peu différent). Oh, et elle doit aussi être du genre à mettre des talons hauts et à être canon et sexy pour impressionner ses amis. Oh, et aussi sûre d'elle et douce. Et avoir une super carrière.

Comment je pouvais m'en sortir avec dignité ? Je n'avais pas de cabane, je ne savais pas skier, je n'avais jamais mis les pieds dans une salle de sport avant d'emménager en Norvège et je n'avais aucune photo de moi assise au sommet d'une montagne ou en train de ramer dans les îles Lofoten. En plus de ça, je ne parlais pas norvégien et je n'avais pas d'amis dans ce pays. Ça ne donnait pas une image confiante, ni sexy, ni même légèrement attirante de moi. Conclusion : je n'avais rien à offrir sur le marché norvégien de l'amour.

Enfin, c'est ce que je pensais ! Mais j'avais tort. Le simple fait d'être une femme ouvre quand même tout un tas de portes dans l'univers des rencontres en ligne de nombreux pays du monde, y compris en Norvège. J'ai bel et bien attiré l'attention, surtout d'hommes âgés et chauves qui vivaient au Finnmark. Ils n'avaient pas l'air d'avoir rencontré ni même parlé à une femme depuis très très longtemps. Le bon côté des choses, c'est qu'ils sont prêts à vous écrire chaque jour et qu'ils font un métier qui peut se révéler utile, comme plombier ou électricien.

On pourrait croire qu'il aurait été plus simple d'entrer en

contact avec des Norvégiens jeunes, branchés et habitant en ville, mais certains précisaient bien qu'ils étaient à la recherche d'une compagne pour la vie, ou plutôt devrais-je dire d'une femme qui figurerait sur les photos de leur vie de famille parfaite qu'ils s'étaient imaginée dans leur tête.

« Alors, tu veux avoir des enfants bientôt ? m'a demandé Per-Christian à notre deuxième rendez-vous. Parce que, tu sais, j'ai 35 ans, et je dois fonder une famille et tout le reste. Alors, si tu n'es pas partante, je ne veux pas perdre mon temps ».

Euh, je peux te donner ma réponse après le dessert ou est-ce que je t'aurai déjà fait perdre trop de temps à ce moment-là ? ai-je été tentée de lui demander. Je crois que je préférais le gars qui m'avait proposé un rendez-vous avec sa photo de chien en tutu rose. Au moins, j'allais rigoler.

En les rencontrant après avoir accroché en ligne, d'autres me donnaient l'impression de me faire passer un entretien d'embauche. On aurait dit qu'ils avaient une liste qui vous faisait gagner ou perdre des points à chaque fois que vous ouvriez la bouche. On me demandait si je comptais rester en Norvège pour toujours (sinon pas la peine d'investir plus de temps avec moi), si je possédais mon propre appartement, si oui dans quel quartier. Si j'avais un bon boulot et d'ailleurs est-ce que j'étais assez mince ? Attention ! Si vous n'êtes pas douce, sportive et sûre de vous, il se peut que vous n'arriviez pas au second round. Si vous ne savez pas faire pipi derrière les buissons tout en restant digne, vous êtes HORS-JEU !

J'ai rencontré des hommes barbants, surprenants (pas dans le bon sens) et d'autres qui étaient trop intéressés par eux-mêmes. Je savais que je m'ennuyais si je regardais ma montre en pensant « Ça fait que dix minutes ? Je croyais qu'une bonne heure était déjà passée ». D'autres ne manquaient pas de « m'instruire » sur l'égalité des sexes en Norvège. Ils me disaient : « Tu sais pourquoi je te fais payer la moitié de l'addition, n'est-ce pas » ? Pitié, la ferme.

Tout cela confirmait ma pensée initiale : que de vivre en Norvège et de profiter des belles choses que ce pays avait à offrir voulait dire que je devais sacrifier ma vie amoureuse et rester éternellement célibataire. « *Uff da* ».

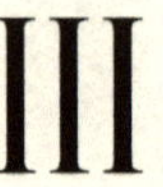

ÉTÉ

Sous le soleil de minuit

Avec l'été, un aspect très exotique de la vie norvégienne est arrivé : le soleil de minuit. Pendant le mois de juin, je n'ai pas pu m'empêcher de regarder le soleil toute la nuit. Il fait mine de se cacher à Oslo, et les couleurs d'un coucher de soleil apparaissent, pour laisser place aux couleurs d'un lever du soleil. Oslo étant plutôt au « sud » (comprenez au sud du cercle arctique, contrairement à Bodø, Tromsø ou Vadsø), la nuit arrivait même pendant le jour le plus court de l'année, à savoir le 21 juin. Le solstice d'été est aussi connu sous le nom de *Sankt Hans,* et les Norvégiens attendent ce jour avec impatience. Ils érigent de hautes tours en bois de charpente pendant des semaines pour y mettre ensuite le feu, comme le fameux modèle d'Ålesund qui a battu le record du monde du plus grand feu de joie dédié au solstice d'été, avec une incroyable tour de 47 mètres de haut qui est brûlée cette nuit-là.

Les gens boivent et font la fête toute la nuit pour célébrer le soleil. Après ça, la lumière du jour se fait chaque jour plus rare et les jours raccourcissent toujours plus chaque jour, jusqu'au 21 décembre où « le soleil tourne » comme disent les Norvégiens.

Au travail, tout le monde avait prévu ses vacances d'été plusieurs mois à l'avance. Quant à moi, je ne savais pas vraiment ce que j'allais faire. Mes parents voulaient que je rentre en France, mais il n'y avait rien de nouveau ni d'exotique là-bas. Par contre, j'étais dans un pays que je connaissais très peu étant donné que j'avais passé une grande partie de mes six mois ici à Oslo qui, à en croire mon court séjour à Tromsø, n'était probablement pas représentatif de la Norvège.

Cet été-là, j'ai donc décidé de partir à la découverte de la Norvège. À vélo.

Mon employeur voulait que je prenne au moins trois semaines de vacances en juillet : c'est ce que les Norvégiens appelaient les *fellesferie*, à savoir les « vacances communes », qui couvrent les vacances scolaires de la dernière semaine de juin à la mi-août. La plupart des employés de Norvège prennent leurs vacances à ce moment-là car c'est aussi le mois où les crèches ferment.

J'avais prévu de me rendre à un festival de musique organisé par les communautés samies, qui s'appelle le festival Riddu Riđđu. Il avait lieu à la mi-juillet dans un petit village à la frontière entre les comtés de Troms et de Finnmark, mais à part ça, j'étais libre de faire ce qui me chantait et d'aller où j'en avais envie.

J'ai décidé de rester en Norvège et d'explorer ce pays. Pour découvrir deux régions norvégiennes diamétralement opposées d'un point de vue géographique, j'ai programmé une visite des îles Lofoten et de la Norvège du Sud, appelée Sørlandet.

La ville de Kristiansand est quasiment à 2 000 km de Tromsø. C'est la raison pour laquelle les Norvégiens aiment dire que si l'on fait pivoter la pointe sud de la Norvège, son autre extrémité atteint Rome.

L'organisation de mon voyage me prenait du temps. Je me suis acheté un vélo robuste et une tente imperméable. En attendant, j'ai profité d'un magnifique temps estival et de tout ce qu'Oslo avait à m'offrir les week-ends et après le travail.

Kaia et Pål m'invitaient souvent à pique-niquer avec eux dans les nombreux parcs d'Oslo. On aurait pu écrire une thèse en anthropologie sur les Norvégiens rien qu'en s'asseyant dans ces parcs. Certains d'entre eux arrivaient tôt car ils connaissaient l'endroit exact du parc où le soleil disparaîtrait en dernier.

La plupart des Norvégiens étaient à moitié nus, certaines femmes bronzaient au soleil en sous-vêtements et la principale activité consistait à allumer des mini-grils dans les parcs et sur les plages. On aurait dit que le pays tout entier ne pensait plus qu'à faire griller des saucisses dégueulasses juste parce que le soleil brillait.

Je n'ai rien contre les grillades, mais ces mini-grils que tout le monde utilisait à Oslo étaient jetables et ne pouvaient servir qu'une fois. Curieusement, ils ne coûtaient presque rien. On les allume à l'aide d'un papier imprégné de carburant sur le dessus, puis le charbon brûle dans une boîte en aluminium. Les poubelles des parcs d'Oslo servaient de cimetières aux *engangsgrill* (grils à usage unique). Jusqu'à 3 000 d'entre eux étaient apparemment jetés là chaque week-end. Ils étaient très bon marché par rapport au prix fort que payait la nature.

Je n'arrivais pas à comprendre comment ces Norvégiens si respectueux de l'environnement qui adoraient leurs forêts et chérissaient leurs fjords pouvaient fermer les yeux sur ces actes irréfléchis vis-à-vis de la nature. Et surtout évitables puisqu'ils pouvaient se contenter d'acheter un gril portatif ou trouver un autre moyen de faire chauffer ces saucisses qui étaient précuites de toute façon. Tout ce gâchis pour réchauffer des saucisses.

Vers la mi-juin, il faisait si chaud que Kaia et moi avons eu
envie de nous baigner. Un samedi, nous avons pris un bateau
au départ d'Aker Brygge dans le centre, en direction de l'une
des îles du fjord : Hovedøya. C'était incroyable. Nous étions
au cœur d'une capitale européenne, à proximité du centre par
bateau. Nous avons discuté de nos projets pour l'été.

« Je veux parcourir les îles Lofoten à vélo, lui ai-je dit. Et
le fils de Dagny vit au Telemark, alors je vais prendre le train
jusqu'à Porsgrunn et ensuite, je traverserai la Norvège du Sud
à vélo jusqu'à Kristiansand.

— Toute seule ? m'a-t-elle demandé.

— Oui, pourquoi pas ? lui ai-je répondu. J'ai envie de découvrir la Norvège ».

J'avais déjà voyagé seule, en Indonésie et aux Philippines, et
ça avait toujours été le meilleur moyen de rencontrer des gens.

« Tu sais quoi, je serai au Trøndelag avec ma famille cet été.
Pourquoi tu ne viendrais pas nous rendre visite, et on pourrait
faire une expédition en cabane dans notre *hytte* familiale ? m'a
proposé Kaia.

— Oh, ce serait génial, lui ai-je répondu. Mais ça doit se
faire à la fin de juillet ou au début d'août parce que je dois aussi
donner une conférence au festival Riddu Riđđu pour le travail,
ai-je ajouté.

— Pas de soucis, je suis là-bas tout l'été. Tu me diras ».

Pål nous avait rejointes. Il se montrait plus sceptique par
rapport à la Norvège du Sud. Mais après tout, il venait d'Hars-
tad, dans le Nord.

« Pourquoi tu veux passer tes vacances en Norvège du Sud ?
Je préférerais aller à l'étranger plutôt que là-bas. Tu sais que les
gens y sont coincés ? On ne peut même pas jurer. Tu le savais ?
S'ils entendent une simple expression comme « *Satan i helvete* » (« que le diable aille en enfer » : les gros mots norvégiens
sont souvent liés à la religion), les gens rougissent et peuvent te

mettre en prison, m'a-t-il expliqué, horrifié.

— En prison ? Tu es sûr que tu n'exagères pas un peu là ? lui ai-je demandé avec scepticisme.

— Je suis une personne saine d'esprit, et je ne m'aventure jamais au sud de Sandefjord, m'a-t-il dit. Et toute seule, à vélo ? Sérieux, il pleut toujours là-bas. Tu te plantes en beauté. Tu devrais passer tes vacances au nord » a-t-il conclu.

Certains de mes collègues de travail étaient plutôt inquiets par le fait que je prévoyais de passer mon été en Norvège.

« Sérieusement, tu restes en Norvège tout l'été ? Tu ne veux pas avoir de vrai été ? Tu es censée aller au Sud de l'Europe en été, pas au Nord ! s'est exclamée Ylva.

Mais je n'étais pas norvégienne : j'avais vécu au sud du cercle arctique toute ma vie. Le soleil de minuit, observer des phoques, des macareux sauvages et des orques en pleine nature, tout ça m'enchantait. J'ai essayé de transmettre cette idée à Ylva, sans grand succès.

— J'ai passé beaucoup d'étés en Provence, je sais à quoi ça ressemble. Par contre, les îles Lofoten restent un mystère pour moi. Ça sera super ! lui ai-je répondu.

— Tu veux dire super froid ? a répliqué Ylva. Tu vois, nous les Norvégiens, on va à *Syden* pour toutes les vacances où on n'est pas censés skier. Tu vas le regretter. J'espère que tu as un billet pour le Sud de la France, juste au cas où » a-t-elle ajouté.

Où se trouvait ce *Syden* ? J'en avais déjà entendu parler. Est-ce que c'était un pays ? La France ? L'Espagne ? Les Norvégiens semblaient employer ce terme pour désigner plusieurs endroits différents.

Il s'avère que *Syden* veut dire « le Sud » et que cela désigne une vaste zone comprenant tous les pays se trouvant à moins de 12 heures d'Oslo où il fait plus de 18 °C en hiver et où l'alcool coûte moins cher qu'en Norvège avec des vols charter directs qui vous emmènent sur une plage. Autant dire que ça représente énormément d'endroits.

En bref : les Norvégiens sont si bizarres. Ils ne font que rêver du retour de l'été toute l'année et quand il pointe enfin le bout de son nez, ils quittent le pays. Quel gâchis quand on sait combien la Norvège peut être magnifique en été.

Je me fichais de leurs conflits internes entre les différentes régions norvégiennes ou de leur peur de se faire arroser pendant leurs vacances d'été. J'allais parcourir la Norvège du Sud et du Nord à vélo quoi qu'il arrive.

Le safari arctique

Je me suis acheté un magnifique vélo rouge pour mon premier été norvégien. Le plan consistait à le charger dans l'avion d'Oslo à Bodø, à prendre un ferry de Bodø à l'île de Røst et à pédaler quelques jours à travers cette dernière.

Ensuite, je comptais prendre un autre ferry pour me rendre à Moskenes et remonter les îles à vélo. J'avais noté les adresses de quelques auberges de jeunesse et de cabanes de pêcheur en location, qu'on appelait localement des *rorbu*, ainsi que l'adresse de la sœur de Nina, la tante d'Ane, qui vivait dans un petit village situé sur mon itinéraire.

J'ai acheté un aller simple d'Oslo à Bodø. J'avais prévu de rentrer à Oslo quand les prévisions météo de Norvège du Nord se gâteraient. Avec un peu de chance, le plus tard possible.

Des vacances norvégiennes sans stress loin de l'agitation urbaine, empreintes de nature sauvage, de *matpakke* et de délicieux repas à base de pêche du jour. J'avais hâte d'y être.

Røst est un petit archipel au sud de Værøy. Cette île fait aussi partie du district traditionnel des îles Lofoten mais est bien moins touristique. C'était l'endroit idéal pour démarrer ces vacances reposantes.

Le vol Oslo-Bodø était presque vide en juillet (les Norvégiens étaient à la plage en train d'attraper le cancer de la peau). L'aéroport de Bodø étant stratégiquement situé en centre-ville, j'ai remonté mon vélo et ai migré vers le débarcadère de ferries de l'autre côté de la ville. J'ai ensuite profité du trajet en ferry jusqu'à Røst avec une très belle vue sur une famille danoise avec de l'embonpoint qui a vomi tous ses hot dogs.

Tous les touristes, y compris moi, admiraient le soleil de minuit : voir le soleil décrire des cercles toute la nuit au-dessus de votre tête est plutôt sympa.

Une fois arrivés au port de Røst, j'ai réalisé à quel point cet endroit était isolé. Je n'osais même pas imaginer à quoi pouvait ressembler une tempête d'hiver à cet endroit. Le terrain avait l'air d'être assez plat et dangereusement exposé en cas de vents violents. J'étais reconnaissante de ne pas avoir été assez folle pour venir ici en hiver.

Après que le ferry a déployé son énorme ouverture pour faire débarquer les quelques « passagers pour Røst », j'ai enfourché mon vélo et commencé à chercher le Kårøy Rorbucamping, ou camping de pêcheurs sur Kårøy (île de Kår). Il proposait un concept unique de « camping d'intérieur » et il se trouve que c'était aussi le logement le moins cher en ville. Enfin… appeler ça une « ville » est peut-être un peu exagéré.

J'ignorais où se trouvait ce terrain de camping d'intérieur, mais je n'étais pas trop inquiète puisque je me déplaçais à vélo et que cet endroit était petit. Cela dit, je n'arrivais pas à le trouver. J'ai commencé à demander autour de moi et tout le monde m'indiquait la mer.

Puis, j'ai fini par apercevoir une petite femme me faire de grands signes depuis une autre île en criant « Louulloouu-loouu ». C'était la propriétaire du terrain de camping d'intérieur et elle avait l'intention de m'y conduire… en bateau.

Ce camping se trouvait sur une petite île à côté de Røst qui s'appelle Kårøy. À chaque fois que quelqu'un voulait quitter l'auberge de jeunesse, il devait ramer en barque entre les deux îles. Et voilà, un peu d'exercice gratuit pour mon dos. Quand le vent ne soufflait pas en votre faveur, cela pouvait prendre des plombes comme je l'ai découvert plus tard. Je n'avais pas imaginé qu'en allant sur une île si éloignée de tout, appelée Røst, j'allais dormir sur encore une autre île où il ne se trouvait rien d'autre que deux maisons et de nombreux bateaux amarrés.

La petite femme a même dû venir me sauver une fois car je ramais depuis au moins 20 bonnes minutes contre le vent sans me rapprocher d'un millimètre de l'auberge de jeunesse. Bon, ça fait partie de l'aventure, non ? Ce n'est pas comme si j'avais eu autre chose à faire que de ramer pour regagner mon logement pendant les vacances.

Je suis arrivée sur la petite île de Kårøy et j'ai découvert que l'auberge tout entière était recouverte de mouettes, le modèle grand et bruyant. Posées sur leur nid, elles occupaient tous les coins de l'auberge (toit, fenêtres, tables), hurlant dans une grande chorale de chants de mouette.

« Elles finissent par se fatiguer et s'endormir ? ai-je demandé à la vieille dame.

Elle a éclaté de rire et m'a répondu :

— Oh que non ! Il fait tout le temps jour, alors elles ne dorment jamais ».

Oh non. J'étais venue ici pour la paix et la tranquillité et je me retrouve à devoir dormir avec des centaines de mouettes qui hurlent au-dessus de ma tête. Après y avoir réfléchi, j'ai réalisé que c'était un peu bizarre : les mouettes ne peuvent pas rester éveillées quatre mois d'affilée juste parce que la nuit ne tombe jamais. C'est vrai qu'elles ont l'air stupides, mais quand même…

Après m'être demandé ce qui avait bien pu me prendre de vouloir venir ici, j'ai pris les choses comme elles venaient (ainsi que des boules Quiès) et j'ai passé toutes mes journées à parcourir l'île à vélo, à envoyer quelques cartes postales et à discuter avec la vieille dame qui gérait le camping d'intérieur.

Elle m'a invitée chez elle après que son mari m'a vue ramer lors de mes allers-retours entre Kårøy et Røst. Ce dernier m'a dit, plein de respect, que ça faisait des années qu'il n'avait pas vu quelqu'un ramer aussi bien. Waouh, un sacré compliment venant de la part d'un vieux pêcheur norvégien. J'étais si heureuse que toutes ces heures de voile dans la baie de Marseille étant enfant finissent par payer. J'avais beau ressembler à un manchot quand je m'essayais au ski de fond, grandir en bord de mer m'avait au moins appris à ramer avec dignité !

Il n'y avait pas des milliers de choses à faire sur Røst et c'est la raison pour laquelle c'était un endroit idéal pour y passer ses vacances. Pendant mon séjour là-bas, j'ai appris que c'était un lieu « internationalement reconnu » pour l'observation des oiseaux. J'ai donc saisi l'occasion pour participer à un safari ornithologique. Un pêcheur nous a embarqués, moi et quelques autres touristes, à bord du bateau qu'il utilisait pour son travail et nous a servis de guide.

J'ai vu beaucoup de choses incroyables, comme le macareux. C'est un oiseau avec un corps de manchot miniature et un bec jaune et rouge de perroquet, que le pêcheur manœuvrant le bateau a décrit comme « un petit animal très savoureux qu'on n'a plus le droit de manger ».

J'ai dû patienter pendant des heures dans le silence avant de pouvoir voir d'autres oiseaux voler et manger. J'ai aussi aperçu des phoques, allongés paresseusement sur les rochers.

En plus de faire du vélo, d'observer les oiseaux et de ramer, j'ai aussi passé du temps à essayer de communiquer avec les habitants de Røst. Pas si simple que ça car ils n'étaient pas bavards. Les touristes se faisaient aussi rares et j'étais toute seule depuis des jours dans cette immense maison-camping d'intérieur. Cela dit, le paysage qu'offrait cet endroit était à couper le souffle avec ses montagnes qui émergeaient de la mer et ses réserves naturelles où il fallait garder le silence pour ne pas troubler les oiseaux. De petits restaurants étaient éparpillés aux quatre coins des îles et servaient des repas exceptionnels à base de poisson frais, de bacon et de purée de carottes.

Je dois avouer que j'ai presque eu du mal à partir. Je dis « presque » parce qu'à un certain moment, j'ai eu besoin d'avoir des interactions humaines avec plus de deux personnes par jour, et d'autres conversations que la force du vent aujourd'hui.

J'ai donc attendu le jour de la semaine où le ferry m'amènerait à Moskenes afin de découvrir le reste des îles Lofoten à vélo, avec la ferme intention de voir des plages arctiques de sable blanc et des drakkars vikings.

Les îles Lofoten à vélo

Le ferry au départ de Røst est arrivé à 2 heures du matin à Moskenes. J'avais lu que c'était une commune et je m'attendais à un petit centre urbain, mais c'était un endroit qui semblait être perdu au beau milieu de nulle part. Je devais rejoindre mon auberge de jeunesse qui se trouvait à Å. J'ai regardé autour de moi et demandé mon chemin à un homme. Heureusement, grâce au soleil de minuit, il faisait plein jour.

« Bonjour ! Quelle direction je dois prendre pour aller à Å ? lui ai-je demandé en anglais.

— Å ? Jamais entendu parler de cet endroit, m'a répondu le gars avec un fort accent français.

J'avais voyagé à des milliers de kilomètres de chez moi et la première personne sur laquelle je tombais sur cette île perdue était un Français. J'ai poursuivi dans la langue de Molière.

— Vous êtes sûr ? Je croyais que Å n'était qu'à quelques kilomètres d'ici, ai-je ajouté.

— Oooh, vous voulez dire A. Vous ne le prononcez pas bien, c'est pour ça que je n'avais pas compris. A est sur cette route, mais il n'y a aucun endroit qui s'appelle Å par ici » m'a-t-il corrigée.

J'avais envie de m'attarder pour lui expliquer ce que j'avais appris en cours de norvégien. Que le rond en chef sur le A signifie que la lettre se prononce Å (Oh) et pas A (Ah) en norvégien, mais passons.

Le soleil de minuit m'a permis de parcourir les cinq kilomètres qui me séparaient de Å très facilement. C'était une expérience tellement unique de faire du vélo plongée dans ce cadre, longeant les montagnes et la mer, en plein jour même s'il était 3 heures du matin.

Au fur et à mesure que je me rapprochais d'Å, le spectacle qui se déroulait sous mes yeux était d'une féerie totale. Depuis la route, j'ai aperçu un groupement de maisons rouges posées sur des pilotis en bois sur les rochers. En arrière-plan, on pouvait voir de grandes structures triangulaires en bois. La zone tout entière était enveloppée d'une brume bleue et rose annonçant le lever du soleil.

Å était bien plus belle au milieu de la nuit car le reste du temps, elle grouillait de monde. Des minibus transportant des touristes entraient et sortaient du « village traditionnel de pêcheurs » dès 7 heures du matin. Je repérais la citoyenneté des touristes par leur guide, et évitais ceux se baladant avec le Guide du Routard. Je n'avais aucunement envie de commencer une conversation par « Mais ils sont bizarres ces Norvégiens, tu te rends compte… ».

Je n'y suis donc pas restée trop longtemps et j'ai poursuivi mon itinéraire à vélo vers le nord pour atteindre ma prochaine halte : la maison de la tante d'Ane (la sœur de Nina de Tromsø) qui habitait à Ramberg et qui allait m'héberger.

Je n'étais pas comme certains Norvégiens qui étaient accros au sport, ce qui veut dire que je ne possédais pas une forme olympique pour pédaler 80 kilomètres par jour à travers des routes vallonnées comme celles des îles Lofoten.

Tandis que je me dirigeais vers Ramberg en ayant un aperçu des quatre saisons en une heure, un monologue tournait dans ma tête : j'ai faim, je suis fatiguée, il y a un vent de fou qui souffle contre moi, je me fais arroser et ensuite le soleil sort, ça me fait frissonner et après, j'ai trop chaud. Pourquoi j'ai décidé de faire ça à vélo plutôt que d'être au chaud et au sec dans une de ces voitures qui carburent devant moi ?

La réponse me frappait comme une évidence toutes les cinq minutes quand j'admirais la vue. C'était comme si j'avais besoin d'un appareil photo pour prendre des clichés toutes les cinq secondes. Tout m'hypnotisait : le ciel, les ponts, la vue des villages, les nuages. Les mots me manquaient pour décrire la beauté et la pureté de ce paysage. J'ai ressenti le besoin d'y revenir au printemps, vers le mois de mars, quand les pêcheurs suspendent les morues à l'extérieur pour les faire sécher.

« L'air a un parfum d'argent » m'a dit un habitant du coin qui m'a aidée à changer un pneu.

Quand je suis arrivée à Ramberg, c'était encore plus sensationnel. Le panorama était à couper le souffle. La plage de sable blanc, la mer d'un bleu limpide et les montagnes sous mes yeux ont chassé toutes mes idées noires. J'ai su que tous les efforts que j'avais dû endurer pour arriver là en valaient la peine. Quand la sœur de Nina a posé une assiette de spaghettis à la bolognaise sous mon nez une fois chez elle, j'en ai presque pleuré. Je mangeais du pâté de Svolvær et du *knekkebrød* depuis une semaine. J'étais si reconnaissante de pouvoir savourer un repas chaud.

Je n'étais pas censée rester trop longtemps, mais Annukka et Knut étaient si chaleureux que j'ai eu du mal à les quitter.

J'ai eu aussi droit à un cours intensif de norvégien car ils ne s'adressaient à moi qu'en norvégien, jamais en anglais. Inutile de préciser que mon niveau était trop faible pour me retrouver catapultée chez une famille norvégienne du Nord pour discuter politique et faire des blagues. J'ai surtout réussi à avoir des « conversations » car Knut s'est démené pour m'apprendre certains gros mots et me montrer comment boire le cognac.

Plus je buvais, plus j'avais l'impression de parler beaucoup mieux le norvégien. Ou peut-être que ça me rendait plus sûre de moi ? Qui sait. Il m'a tout d'abord appris à jurer en nommant le diable et l'enfer.

« Non, non, ne dis pas : 'Je ne suis pas d'accord avec toi' mais '*Dra til helvete!*' me disait Knut. (« Va au diable/en enfer ! »)

« Non, non, ne dis pas : 'Qu'est-ce que tu fous là ?' mais '*Søk-ki helvete! Førrbainande jævelskap! Helvete satan!*'

(Ces gros mots et expressions peuvent être difficiles à traduire mais impliquent l'enfer et le diable).

Alors, je répétais : — '*Souki heulveute, fourbainneude jeuveulsquapé*'.

— Non, ça ne va pas, tu as l'air trop française. Répète après moi. Essaie avec la bonne intonation de Norvège du Nord : '*Helvete satan! Hæsskuk*' ! (« Enfer, Satan ! Bite de cheval »). Au fait, *Hæsskuk* n'est pas une insulte en Norvège du Nord, tu le sais, n'est-ce pas ? On peut le dire sans problème à un policier. Un tribunal a même statué sur ça après qu'un homme a traité un policier de *hæsskuk* et qu'il a été décidé que si un Norvégien du Nord le dit, on considère que c'est du vocabulaire habituel » m'a expliqué Knut tout en fumant une cigarette. Il aimait beaucoup fumer.

Quand est-ce que j'aurais bien pu placer le mot *hæsskuk* de toute façon ? Au supermarché ? Quand un caissier me demanderait si je voulais un sac pour mes courses, j'aurais pu lui dire « *Gjerne, herr hæsskuk* » (Bien sûr, Monsieur bite de cheval).

Non, c'était vulgaire, même avec ce « Monsieur ». Ou peut-être que j'aurais pu l'utiliser au bureau ?

Avec ça, j'aurais prouvé à mon chef et à mes collègues norvégiens que je maîtrisais mieux leur langue. Pour faire la conversation de tous les jours, au lieu de m'exclamer « *ikke sant* » tous les trois mots comme eux, j'aurais dit « *Det regnet så mye i går jævla hæsskuk* » (Il a beaucoup plu hier, maudite bite de cheval). Non, il valait mieux éviter. Je devais d'abord me faire de nombreux amis avant de pouvoir me faire des ennemis.

On s'est entraînés comme ça tous les jours. Au bout du troisième jour, je m'en sortais plutôt bien et il était si fier de moi qu'il a ouvert le placard après le dîner pour en sortir une bouteille de son meilleur cognac.

« Sens-moi ça ! m'a-t-il dit. Tu le mérites après tout ce travail. Et maintenant, je vais t'apprendre autre chose. Si tu es dans l'Østlandet (province du Sud-Est de la Norvège) avec tous ces puritains et que tu ne peux pas trop dire de gros mots pour ne pas les faire flipper, une version plus édulcorée serait de dire '*Dæven han smell bacon*'. Mon fils dit ça tout le temps quand il ne veut offenser personne dans le Sud. On mentionne le diable, mais avec du bacon, donc ça passe ».

Je suis restée chez eux plus longtemps que prévu. Mon plan initial était de rester juste un peu ici et de remonter les îles Lofoten, mais il y avait tant de choses à voir ici, et Knut et Annukka étaient si sympathiques. Chaque matin, je me disais qu'il était temps de partir pour ne pas abuser de la gentillesse de mes hôtes. Mais chaque jour, j'avais plus de mal à partir. J'allais faire des excursions à vélo d'une journée vers des sites voisins comme le très charmant village de Nusfjord avec ses poissons qui séchaient au vent et ses bateaux de pêche de carte postale.

Je mangeais des glaces assise sur le ponton, les rayons du soleil caressant mon visage. Pour me rendre à vélo à cet endroit, je passais devant une sorte de lac, d'où je pouvais contempler des montagnes aux sommets recouverts de neige immaculée et des fleurs roses. On se serait presque crus en Suisse. En plus de ça, j'ai été très chanceuse car je n'ai eu que du beau temps pendant plus de deux semaines. Je me suis prise en photo en bikini pour l'envoyer à mes collègues.

« Alors, il fait jamais beau en Norvège du Nord, hein ? » ai-je commenté sous la photo, en sachant qu'il pleuvait des cordes à Oslo à ce moment-là.

Il y avait toujours quelque chose à faire, quelque chose à voir, quelque chose à prendre en photo et des moments paisibles à savourer au cœur de cette nature sensationnelle. Mes hôtes étaient incroyablement divertissants et même si j'étais loin de chez moi, je ne m'ennuyais pas un seul instant.

Quand j'étais en leur compagnie le soir, je leur faisais des gâteaux. Et eux m'enseignaient des gros mots en norvégien du Nord. Certains jours, il faisait si beau qu'on s'asseyait dehors sur leur terrasse qui donnait sur la plage de sable blanc de Ramberg et on faisait griller du poisson frais.

Comment un endroit peut-il être si magnifique et si paisible ? Je l'ignore. Pourquoi les Norvégiens partent en vacances à Las Palmas au lieu de venir ici ? Quel gâchis ! Quand on peut profiter des plages de Norvège du Nord, qui sont parmi les plus belles que j'aie pu voir de ma vie, pourquoi vouloir se rendre dans un autre pays ? J'ai découvert que c'était lié à la température de l'eau et au fait qu'à Las Palmas, cette dernière descendait rarement au-dessous de zéro degré en juillet.

Un jour, je suis partie en randonnée derrière Ramberg et j'ai atteint assez rapidement un sommet qui offrait un panorama des plus extraordinaires.

Avec ces montagnes qui sortaient de façon spectaculaire de la mer et cette plage de sable blanc, n'importe qui aurait cru voir une île des Caraïbes (la seule différence, c'est que l'eau était glacée). Le cadre était sauvage et offrait de grands espaces. En admirant la vue depuis la cime de la montagne située derrière chez Annukka et Knut, je me suis dit que ça devait être ça la quiétude.

Je n'avais aucune envie de quitter cet endroit. Je voulais juste me fondre dans cette nature magnifique. J'ai mangé quelques myrtilles et dormi sur l'herbe. Que demander de plus ? Il n'y avait même pas d'autres randonneurs pour me déranger. En d'autres termes, c'était le paradis.

Près d'une semaine après être arrivée chez Knut et Annukka, je me suis dit que si je ne partais pas, je finirais par passer toutes mes vacances chez eux. Non pas que l'idée me déplaise. Mais j'ai décidé de suivre un dicton qu'on emploie dans mon quartier à Marseille : « Les invités, c'est comme les poissons. Après trois jours, ils sentent mauvais ».

Il valait mieux partir tant qu'ils m'appréciaient encore, pas après qu'ils se soient lassés de m'avoir dans leurs pattes. J'ai de nouveau enfourché mon vélo rouge équipé de deux sacoches sur les côtés et je suis partie, en leur promettant qu'on se reverrait.

Mon étape suivante était Stamsund, un petit village relié au monde par le ferry norvégien Hurtigruten qui longe toute la côte de Bergen jusqu'à Kirkenes en passant par le fameux cap Nord. La célèbre route côtière norvégienne fait escale à Stamsund et indique sa présence par un profond signal sonore.

En chemin, je me suis arrêtée sur une plage et j'ai décidé d'y camper. C'est le bruissement des vagues qui m'a réveillée. Ce qui est génial quand on fait des randonnées à vélo, c'est qu'on a le temps de profiter du voyage d'une autre manière.

En repartant le lendemain, j'étais affamée et il ne me restait plus de pâté de Svolvær. J'avais besoin d'un repas chaud. Il y avait très peu de supermarchés dans les îles Lofoten. J'ai donc sauté de joie en apercevant au loin un Coop sur la route devant moi. Mais une fois arrivée au magasin, je suis tombée sur un écriteau accroché à la porte : «*Ut å drekk. Sees i morra* ». (Sortis boire un coup, à demain). C'est une blague. Il était 15 h !

À Stamsund, j'ai dormi dans des cabanes de pêcheur qui avaient été transformées en une auberge de jeunesse. Les lits en dortoir étaient bon marché pour les prix norvégiens : le lit le moins cher de l'archipel coûtait autour de 25 euros la nuit.

« Le propriétaire est un Norvégien grincheux » m'a avertie Claire, une Française qui parcourait le trajet reliant le cap Nord à la Bretagne à vélo avec pour seul bagage quatre kilos d'affaires qu'elle trimbalait avec elle.

Elle dormait dans des granges et demandait l'hospitalité aux gens chaque nuit quand elle était fatiguée de pédaler. Elle ne mangeait que quand elle en avait le temps, principalement du pain, et m'a confié qu'elle rêvait de manger chaque animal qu'elle croisait sur la route, surtout les moutons.

Comparé à son voyage à vélo, le mien était du luxe. Je mangeais bien, je dormais dans de vrais lits ou du moins dans ma tente. Je ne pédalais pas tous les jours avec mes bagages car je faisais des haltes de plusieurs jours à certains endroits pour découvrir la région avant de repartir à l'aventure.

Le vieux Norvégien grincheux s'est avéré être très jovial quand je lui ai parlé en norvégien. Il en avait juste marre des étrangers. Comment le lui reprocher ? Les quelques touristes allemands assis sur le ponton se comportaient en propriétaires du lieu car ils avaient passé trois étés dans son *rorbu*.

Sans les touristes, il devrait mettre la clé sous la porte. C'était la seule auberge de jeunesse qu'il y avait dans les parages et les lits les moins chers de toutes les îles Lofoten.

Il s'appelait Jan et il marmonnait sans cesse, avait souvent l'air d'être en colère mais ne criait pas. Avec moi, il était doux comme un agneau et m'avait même invitée chez lui pour manger un poisson qu'il avait pêché le jour même. Il m'a avoué qu'il aimait beaucoup le fait que je parle un peu le norvégien. Ça montrait que je faisais des efforts.

Une fois chez lui, j'ai fait la connaissance de sa femme, Herbjørg, qui m'a offert une tasse de café.

« Tu as du cran d'avoir fait tout ce chemin depuis le Sud de la France jusqu'à cette région de la Norvège. Ça fait loin, m'a-t-elle complimentée.

— Pas vraiment. Je ne suis pas arrivée jusqu'ici à vélo. J'ai pris un vol pour Bodø, lui ai-je répondu en souriant.

Nous avons discuté un moment et je lui ai dit que j'aimais écrire et que la Norvège du Nord était très intéressante.

— Tu trouves que la Norvège du Nord est intéressante ? Pourquoi ça ? m'a-t-elle demandé.

— Avant de venir en Norvège, je pensais que c'était une société très homogène. Je me rends compte maintenant que j'avais tort. Je découvre les différences culturelles qui existent au sein de cette société. Il y a vraiment des différences entre les habitants d'Oslo et les Norvégiens du Nord, lui ai-je répondu.

« Et ce, malgré une faible population de tout juste 5 millions d'habitants. Je trouve aussi que les Norvégiens du Nord sont beaucoup plus proches de ma propre culture. Je m'identifie plus facilement à eux. Ils ne se vexent pas quand je me fâche ou que je jure ou quand je parle avec passion de quelque chose, ai-je ajouté.

Herbjørg m'a expliqué en détail les différences entre la Norvège du Nord et les régions du Sud du pays.

— Il n'y a pas que la culture qui est différente, mais aussi l'histoire. Je vais te raconter ce qui s'est passé pendant la guerre, m'a-t-elle dit.

« Peut-être que ça te permettra de voir les habitants et l'histoire de ce pays sous un autre angle. Beaucoup de gens pensent que nous sommes riches grâce au pétrole et on finit par oublier d'où on vient et ce qui nous est arrivé il y a tout juste quelques décennies. Je me souviens, j'étais une enfant à l'époque. Les Allemands sont arrivés : ils voulaient le Nord à cause des mines de nickel. Je viens d'une commune du nom de Nordreisa dans le Nord Troms, tandis que Jan vient d'ici."

« Dans le comté de Troms, les gens se cachaient sous les bateaux, dans de petites huttes. On avait peur que les nazis nous découvrent. Le Roi était parti se réfugier en Angleterre, en nous laissant seuls. J'étais une enfant et tout ce dont je me souviens, c'est que j'avais faim. Tellement faim. Et que je lisais la peur dans les yeux de mes parents ».

Elle a fait une pause et a pris une gorgée de son café.

Les années avaient transformé son visage en une sorte de papier froissé qu'on aurait touché et lu de nombreuses fois, et ses rides ondulaient à chaque fois qu'elle souriait ou qu'elle buvait son café. Elle a continué :

« Ils nous ont occupés et quand ils sont repartis, tout le Finnmark et le Nord Troms avaient été réduits en cendres. Il n'en restait plus rien. Ils ont bombardé ce qu'ils pouvaient en sachant qu'ils avaient perdu. Nous n'avions plus de maison, mais nous étions libres. On nous a envoyés dans le Sud de la Norvège pendant que nos maisons étaient reconstruites."

« Quand ceux qui avaient connu des conditions beaucoup moins difficiles pendant la guerre nous ont vus arriver, tout ce qu'ils ont vu en nous, c'étaient des familles affamées, sales et effrayées. Notre langue leur semblait étrange. Nous étions moins instruits qu'eux. Certains d'entre nous étaient samis. Ma famille et moi avons vécu là deux ans après la guerre. C'était si dur. Nous n'avions pas peur comme pendant la guerre, mais nous ressentions de la honte dans le Sud. Ce n'était pas agréable. Quand le gouvernement a terminé de reconstruire nos villes, nous sommes retournés dans le Nord. Elle s'est arrêtée là, trop fatiguée pour continuer. Jan a poursuivi.

— On a donc gardé cette image des gens du Sud qui ne nous ont pas bien accueillis et qui nous ont pris de haut. Et eux, ils se sont souvenus des pauvres gens du Nord affamés qui parlaient un dialecte bizarre » m'a dit Jan dans un soupir.

Ah, tout devenait clair désormais, y compris ce que la dame m'avait raconté sur le vol à destination de Tromsø.

« C'est pour ça que les Norvégiens du Nord n'ont pas été les bienvenus à Oslo jusqu'aux années 70 » a conclu Jan.

J'ai vu qu'ils étaient fatigués, alors je les ai remerciés et je m'en suis allée. Je suis retournée au dortoir où je leur avais loué un lit.

Le vélo m'avait épuisée et je voulais juste dormir, mais mon dortoir était rempli d'un groupe d'Italiennes qui n'arrêtaient pas de bavarder.

« Vous pourriez aller vous coucher s'il vous plaît ? leur ai-je demandé.

— Impossible. Il fait jour dehors ! On a décidé de rester debout jusqu'à ce que notre bus parte demain matin à 6 h » m'a répondu l'une d'entre elles dans un fort accent italien. Misère. J'ai quitté le dortoir pour aller contempler la mer. C'était plus reposant que d'écouter ces pipelettes toute la nuit.

C'est sur le ponton que j'ai fait la connaissance d'un homme du nom de Tor, qui pêchait en silence. Nous avons échangé dix mots en tout et avons passé la nuit assis l'un à côté de l'autre à échanger quelques regards. À un moment, il m'a confié sa canne à pêche pour aller chercher du *snus* et un second pull-over en laine. Il m'inspirait confiance. Cette nuit passée aux côtés d'un homme qui n'en faisait pas des tonnes était reposante. Lorsque j'ai vu les Italiennes se diriger vers le bus, je suis partie me coucher, heureuse et sereine.

Le lendemain, je n'ai pas revu Tor. J'ai fait du vélo dans les environs et plus tard ce soir-là, je suis retournée chez Herbjørg, où plus de café et d'histoires m'attendaient.

« Tout ça, c'était avant le pétrole, tu sais", a poursuivi Herbjørg comme si nous n'avions jamais interrompu la conversation de la veille.

« À cette époque, nous étions si pauvres. Plus d'un million de Norvégiens ont quitté le pays du milieu des années 1850 au début des années 1900. La plupart d'entre eux se sont installés dans le Minnesota et le Dakota, entre le Canada et les États-Unis. Mon grand-père me disait : 'Si tu peux quitter ce pays, fais-le. Il n'y a rien de bon ici, que le froid, la mort et la famine'. Quand nous étions enfants, tout ce qu'on mangeait, c'était du poisson et des pommes de terre. J'en avais tellement marre de manger ça, mais en même temps, c'est la nourriture que j'ai eu l'habitude de manger toute ma vie. Il n'y avait pas autant de viande que maintenant. Ça coûtait très cher à l'époque. Maintenant, le *ribbe* (poitrine de porc) de Noël est si bon marché que les gens en donnent à leurs chiens. Nous, on n'en mangeait que le dimanche ou pour les grandes occasions ».

J'étais fascinée par ces histoires. Par le fait que la Norvège était perçue comme un pays dont la société était homogène, alors que ce n'était pas le cas. Qu'elle avait été occupée, pauvre et isolée pour devenir ensuite l'une des nations les plus riches au monde presque du jour au lendemain. C'était si inattendu.

J'ai parlé de ma famille à Herbjørg. Mon père aussi venait d'une famille pauvre. Il est né dans les années 1950 au Québec, qui était à cette époque très conservateur et pieux. Les prêtres faisaient le tour des maisons pour pousser les couples à faire plus d'enfants. Accroître la population canadienne francophone était la seule manière qu'ils avaient trouvée pour faire face à la supériorité économique des Canadiens anglophones. Les familles avaient beaucoup d'enfants : sa mère avait 10 frères et sœurs.

Cette nuit-là, je suis retournée sur le ponton et j'y ai trouvé Tor avec un sac.

« Je pars ce soir. Je retourne à Oslo. Voilà mon numéro. Appelle-moi » m'a-t-il dit, avant de s'éloigner en me souriant.

Oh mon Dieu. Est-ce que ce Norvégien me draguait ? Est-ce que je lui plaisais ?

Je suis restée plus longtemps que prévu à Stamsund. Il y avait quelque chose de très spécial avec cet endroit, cette maison, ce couple, le Hurtigruten qui passait et repartait.

J'ai parcouru la région à vélo, je suis allée pêcher, j'ai dormi sur les roches chaudes des « plages » voisines. Un jour, je me suis réveillée et j'ai réalisé que mon train partait pour Oslo le soir même, alors j'ai donné un *klem* à Herbjørg et à Jan et j'ai pris un ferry pour Bodø.

En bref : je recommande vivement de découvrir les îles Lofoten à vélo. Cela comporte beaucoup d'avantages : vous profiterez vraiment du paysage au lieu de passer devant à toute vitesse en voiture. Vous vous imprégnerez des temps (oui, il y en a plusieurs) : du soleil, de la pluie, du vent, des nuages, des magnifiques rayons de soleil qui plongent dans la mer d'un bleu profond, etc. Vous rencontrerez aussi plein de gens (par exemple, ceux qui vous aideront à réparer votre vélo au beau milieu de nulle part parce que, comme une idiote, vous avez amené tous les outils avec vous mais ignorez comment changer un pneu).

Vous voyez, c'est tout un tas de nouvelles aventures qui vous attend !

Dans la « ceinture de la Bible »

L'heure était venue de découvrir la Norvège du Sud. Cette fois-ci, j'ai pris un train de Bodø à Oslo. Bodø était l'arrêt le plus au nord desservi par un train de voyageurs en Norvège. Je me suis reposée quelques jours à Oslo et j'ai pris un autre train de la capitale à Porsgrunn, une commune du comté de Telemark, où j'avais rendez-vous avec le fils de Dagny : Roar.

J'allais rester une nuit chez lui et ensuite, je partirais à vélo direction Kristiansand.

J'ai passé la soirée à Porsgrunn avec Roar, qui était l'illustrateur de *Varden*, le plus grand journal du comté de Telemark.

Il avait aussi travaillé auprès de plusieurs institutions gouvernementales comme la NAV (agence norvégienne réunissant la Sécurité sociale et le Pôle emploi) et les services de protection de l'enfance (Barnevernet). Il était maintenant à la tête des « Bus blancs » ou Hvitebusser, une organisation bien connue qui fait visiter les camps de concentration nazis aux lycéens norvégiens pour assurer le travail de mémoire.

Roar était un grand homme blond d'une cinquantaine d'années. Ses enfants étaient invités pour le dîner, alors je me suis mise aux fourneaux pour les remercier de leur accueil. Cette nuit-là, j'ai appris beaucoup de choses, notamment sur les Vikings. Roar m'a parlé d'un chef viking du nom d'Harald Hårfarge qui avait été roi au IXe siècle. Il m'a expliqué combien les missionnaires avaient eu du mal à christianiser les Vikings.

« Tu peux imaginer la réaction d'un peuple habitué aux raids, pillages, viols et guerres quand les chrétiens leur ont dit de tendre la joue gauche si on les giflait à droite, m'a dit Roar tandis que nous dînions avec ses enfants.

— Je n'y avais jamais pensé", lui ai-je répondu.

« Je me demande comment les Norvégiens, dont les ancêtres étaient les Vikings, peuvent être aujourd'hui si pacifiques et si respectueux envers les femmes. Ça ne peut pas venir du christianisme étant donné que les chrétiens ne sont pas particulièrement réputés pour donner une voix aux femmes, ai-je ajouté.

— Les racines de l'égalité des sexes sont très anciennes, en réalité. Les femmes étaient très respectées à l'époque des Vikings. À part les esclaves. Mais les femmes libres avaient le droit de divorcer et certaines d'entre elles se battaient et participaient aux raids aux côtés des hommes", a-t-il répondu.

« Le christianisme nous a été imposé par la force. Mais ensuite, il a vraiment pris son essor, surtout dans le Sud du pays que certains appellent la ceinture de la Bible. Le Nord a toujours été moins religieux et conservateur et c'est le dernier endroit qu'ils ont réussi à convertir » a-t-il conclu.

Génial, la ceinture de la Bible, c'était là où j'allais. Je m'imaginais déjà de grands panneaux comme dans le Sud des États-Unis : « Va à l'église ou le diable se chargera de toi » ou encore « I kissed a girl and I liked it, and then I went to hell » en référence à la chanson de Katy Perry (J'ai embrassé une fille, j'ai aimé – et je suis allée en enfer).

Jusqu'à quel point cet endroit pouvait-il être conservateur ? J'avais voyagé seule en Indonésie et aux Philippines et tout s'était très bien passé. Ça ne pouvait pas être si compliqué.

Le lendemain, Roar m'a déposée à la périphérie de la ville pour que je puisse commencer à pédaler vers la côte. Il m'a donné plein de conseils, y compris celui de m'arrêter sur l'île de Jomfruland si j'en avais l'occasion et à Kragerø, une ville côtière. Il faisait beau et chaud et il m'a aidée à attacher mes sacoches au vélo.

« Tu es sûre que ça va aller ? m'a-t-il demandé, quelque peu inquiet de me voir partir seule avec mon vélo et mes bagages.

— Bien sûr, tout ira bien ! Que peut-il m'arriver ? C'est la Norvège, non ? » lui ai-je répondu, en lui faisant au revoir de la main.

Trois heures après avoir entamé mon trajet à vélo dans la joie, le ciel s'est mis à devenir gris, avant de s'assombrir totalement. Il a commencé à pleuvoir. Pas de problème, me suis-je dit, c'est juste un peu de pluie. Ça va vite passer.

Puis, il a commencé à grêler. Et ensuite, il s'est mis à pleuvoir à verse. Il faisait froid. Quand j'ai compris que ça allait durer, je me suis abritée sous un arbre et j'ai cherché mon pantalon et ma veste imperméables. Ayant mal rangé mes affaires, je n'ai pas réussi à les trouver. Le temps que je les déniche et que je les enfile, la pluie avait cessé et tous mes vêtements étaient trempés.

J'ai suivi le conseil de Roar et j'ai évité d'emprunter la route nationale (en Norvège, la plupart des routes nationales sont bordées de pistes cyclables). J'ai pris la vieille route, qui s'appelait Villaveien, puis Fossingveien pour atteindre Kragerø. Je suis passée devant un petit village du nom de Helle : j'ai pensé qu'il illustrait bien le début de mon voyage (ndlt : « hell » veut dire « enfer » en anglais).

À partir de là, j'ai pédalé de toutes mes forces car j'étais sur le point de rater le bateau pour Jomfruland, une île dont le nom signifie soit « La terre des vierges » soit « La terre vierge ». Je n'étais pas sûre.

Le voyage en bateau depuis Kragerø m'a fait oublier tous mes ennuis. Glisser entre toutes ces petites îles, dont certaines faisaient flotter un petit drapeau norvégien au vent, rendait le cadre très pittoresque. Quant à la mer, elle était d'un bleu foncé envoûtant.

J'ai surpris la conversation téléphonique d'une femme près de moi qui disait à son amie : « On a pris le mauvais bateau. On se dirige vers Jomfruland, pas Skåtøy. Tu penses qu'on peut prendre un bateau-taxi de là » ?

Un bateau-taxi… Jamais entendu parler de ça avant.

Quand nous sommes arrivés à Jomfruland, j'ai pensé aller camper de l'autre côté de l'île, où il y avait des rochers et des plages, mais la dame du camping m'a dit que c'était illégal.

« C'est une réserve naturelle. Les amendes sont très salées pour ceux qui campent là-bas » a-t-elle ajouté.

J'ai donc installé ma tente sur l'aire de camping. Quel est l'intérêt de se rendre sur une île vierge si on doit dormir si près des autres tentes qu'on en entend ses voisins ronfler ?

J'ai exploré l'île à vélo : je me sentais si légère sans tous mes bagages. Tandis que je pédalais paisiblement, je suis passée devant une énorme vache qui profitait de la vue et qui m'a fait sursauter. Cette île aurait dû s'appeler « La terre des vaches » et pas « La terre des vierges » étant donné qu'elle abritait bien plus de vaches que de vierges.

La côte de l'île que je longeais abritait des petites maisons colorées et romantiques qui regardaient l'horizon, le coucher de soleil et la mer. Le cadre parfait. Mais bizarrement, elles avaient toutes l'air d'être vides. Pourquoi leurs propriétaires n'étaient pas en train de profiter de leurs vacances d'été ici ? Est-ce qu'ils étaient aussi à *Syden* comme mes collègues d'Oslo ?

Les plages rocheuses de l'autre côté de l'île étaient, elles aussi, très belles : si dégagées et aux couleurs inhabituelles, comme un tableau parsemé de taches grises, surmonté d'une mer verte écumeuse et d'un ciel bleu. Dès que le soleil s'est couché, il a commencé à faire froid, sans compter le vent qui était impitoyable. En revenant au terrain de camping, je m'attendais à voir, comme en France, un grand feu autour duquel les gens auraient bavardé toute la soirée en faisant des blagues et en chantant. Mais non. Tout le monde était avec ses amis et sa famille et évitait de parler aux étrangers comme moi.

Je voulais prendre une douche avant de me coucher tôt. J'avais déjà payé le droit de monter ma tente sur ce terrain de camping, mais une fois aux douches, j'ai découvert qu'il fallait aussi payer pour avoir de l'eau chaude. En petite monnaie. Rassembler de la monnaie pour régler la douche m'a pris plus de temps que les cinq minutes d'eau chaude qui ont emporté avec elles la sueur et la pluie que j'avais accumulées ce jour-là. Tous les habitants du camping gardaient jalousement leurs pièces de 20 couronnes pour prendre des douches, et le seul kiosque de l'île était en train de fermer. Après avoir réussi à rassembler les quelques pièces nécessaires, j'ai pris une douche courte mais bien méritée, et je me suis endormie au son des voisins de camping qui ronflaient. Quelle poisse de devoir les supporter alors que j'aurais pu dormir sur une plage.

Le lendemain, le bruit de tentes qu'on démontait m'a réveillée. En jetant un coup d'œil à l'extérieur, j'ai vu que tout le monde avait fini de ranger ses affaires. Mais qu'est-ce qui se passe ? Pourquoi est-ce qu'ils partent tous en même temps ? me suis-je demandé.

À Rome, fais comme les Romains. Si tous les gens du coin partent en même temps, il doit y avoir une bonne raison à ça, ai-je pensé. J'ai donc décidé de suivre leur exemple. J'ai d'abord dû lutter avec ma tente pour la remettre dans son sac et me ravitailler en eau pour mon voyage. Je suis allée chercher de l'eau et quand je suis revenue, un gars était en train d'examiner ma tente.

« Tu peux rentrer là-dedans ? Jamais vu une tente aussi petite de ma vie, m'a-t-il dit en riant et en pointant du doigt ma petite tente individuelle, qui était assez légère pour être transportée à vélo.

— Oui, il se trouve que je suis petite. Ça a quelques avantages » lui ai-je répondu en souriant. Je voulais ajouter que je dois tout caser sur mon porte-bagages. Je ne voyage pas en 4x4 moi, alors le poids de ma tente compte !

Nous avons tous pris le bateau pour regagner la Norvège continentale, après avoir passé une nuit sans aucune interaction sociale avec la population locale, à l'exception de cet homme qui s'était moqué de ma tente. J'ai mangé une gaufre norvégienne en forme de petits cœurs collés ensemble pendant le trajet pour faire le plein d'énergie car une dure journée de vélo m'attendait.

En consultant le site *yr.no*, j'ai compris pourquoi tout le monde avait voulu quitter Jomfruland : de fortes pluies y étaient attendues pour les six prochains jours. Le beau temps devait revenir le jour où j'avais prévu d'arrêter mon périple à vélo. J'ai décidé de partir immédiatement et de continuer de pédaler vers l'ouest pour atteindre ma prochaine halte : Risør. Quel que soit le temps.

Dans un pays avec une météo normale et prévisible, j'avais imaginé qu'il ferait beau et chaud au cours de mon voyage dans le Sud de la Norvège. Cela se basait sur quelques faits : c'était l'été, il avait fait si beau et si chaud dans les îles Lofoten, situées au nord du cercle arctique, et en règle générale, plus on se rapproche de l'équateur, plus il fait chaud.

Mais une météo prévisible est un concept risible aux yeux des Norvégiens. Ça n'existe pas. Freyr se fiche royalement des règles qui s'appliquent dans l'hémisphère nord qui font qu'il fait plus chaud au sud qu'au nord. En Norvège, comme j'allais le découvrir, une violente tempête pouvait s'abattre sur l'extrême sud du pays alors que le cap Nord était baigné de soleil et de chaleur.

Contrairement à mon départ de Porsgrunn, cette fois-ci, j'étais prête à affronter le mauvais temps, ou l'*uvær* comme ils l'appellent en Norvège, ce qui se traduit littéralement par « intemps », à savoir mauvais temps.

J'avais enfilé mes vêtements de pluie dès mon départ à vélo de Kragerø. La pluie fouettait violemment mon visage tandis que j'alternais les montées et les descentes, et s'infiltrait à travers les petites fentes de mes vêtements. Et en plus de ça, la tenue que j'avais achetée était de mauvaise qualité. Elle était imperméable mais pas respirante.

Au bout de deux heures, j'étais aussi mouillée à l'intérieur qu'à l'extérieur de mes vêtements, car je transpirais comme un cochon là-dedans. Le plastique m'avait menée à ma perte. Mais au moins, je ne devais pas supporter le bruit des voitures sur la route nationale car j'étais toujours sur la vieille route, qui s'appelait Riksvei cette fois-ci.

Je devais manger, mais il pleuvait énormément et il n'y avait pas de restaurant ni même d'abris en vue. Je me suis donc réfugiée sous un arbre dont les feuilles ont ruisselé sur moi tandis que je mangeais un morceau de *knekkebrød* et une banane.

Mais pourquoi je suis venue ici ? J'aurais dû écouter Pål et rester dans le Nord, me suis-je dit. J'ai de nouveau regardé les prévisions météo sur *yr.no* et j'ai vu qu'il faisait beau à Tromsø. Évidemment.

J'ai repris la route. À un moment donné, je m'en voulais tellement d'être aussi trempée et de me sentir si mal que j'ai commencé à répéter les jurons que j'avais appris en Norvège du Nord : « *helvete i satan* » et « *forbanna selskap* », et tout ce que

Knut m'avait enseigné d'autre. Curieusement, je me suis sentie mieux après ça.

Soudain, comme s'il était tombé du ciel, j'ai aperçu un panneau « Bateau pour Risør sur la gauche ». D'après mon GPS, Risør était encore à plusieurs kilomètres de là mais il s'agissait sans doute d'un raccourci par la mer.

J'ai tourné à gauche et je suis arrivée dans un petit endroit qui pouvait en effet accueillir un bateau. Aucun horaire n'était affiché. Il n'y avait qu'une petite maison, alors j'ai sonné. Trois fois. Jusqu'à ce que quelqu'un vienne ouvrir.

« Bonjour, je voudrais prendre le bateau. À quelle heure il arrive aujourd'hui ? ai-je demandé au vieil homme à la porte.

— On est dimanche aujourd'hui » m'a répondu l'homme d'un certain âge, en me claquant la porte au nez.

Sans aucune explication, aucun au revoir, ni aucune formule de politesse qu'on utilise normalement dans les conversations.

J'ai de nouveau sonné. C'était sans doute malpoli de ma part, mais à ce stade, je m'en contrefichais. J'ai affiché mon plus beau sourire quand il a rouvert la porte, des gouttes de pluie dégoulinant de mes cheveux sur mon visage.

« Je sais qu'on est dimanche. Mais il n'y a pas d'horaires. Y a-t-il un bateau qui arrive aujourd'hui ?

— Il n'y a pas de service le dimanche. Mais la chance est peut-être avec toi, il y a eu un mariage et il se peut qu'il arrive au final » m'a-t-il répondu. D'accord, c'était déjà mieux.

Il aurait pu m'inviter à m'abriter sous son auvent, vu les cordes qui tombaient sur mon vélo et moi. Mais il ne l'a pas fait et s'est contenté de fermer sa porte très rapidement après m'avoir donné cette information. Je suis restée sous la pluie, sous une gouttière de dix centimètres qui me protégeait à peine. Tu parles de l'hospitalité chrétienne.

Le petit bateau est arrivé, chargé de gens élégamment vêtus pour l'occasion. Une fois qu'ils ont tous débarqué, j'ai demandé au conducteur de la voix la plus douce que j'avais en réserve si je pouvais retourner à Risør avec lui.

« Attends sur le côté. Je vais voir ce que je peux faire, m'a répondu l'homme.

Il est ressorti après un moment.

« Monte, je vais t'y conduire, mais il n'y a presque pas d'abri sur le bateau. Tu devras choisir entre te protéger toi ou ton vélo » a-t-il ajouté.

C'était le cadet de mes soucis. Je me rapprochais d'un lieu où je pourrais me mettre au sec, à savoir n'importe quel bâtiment de Risør. J'ai décidé de protéger mes seuls vêtements secs de la pluie : ceux qui étaient dans mes sacoches.

Quand j'ai ouvert ces dernières, j'ai eu envie de pendre le gars du magasin de sport d'Oslo qui m'avait vendu ces « sacoches vélo imperméables ». J'étais hors de moi. Mes sacoches n'étaient pas du tout imperméables. Et tous mes vêtements censés être secs étaient complètement trempés. Qu'est-ce que j'allais bien pouvoir me mettre pour aller au lit si tout ce qui se trouvait là-dedans était mouillé ?

Dans mon guide touristique, Risør était décrite comme suit : « Serpentant au pied de falaises et de collines qui surplombent une mer capricieuse, la ville laiteuse de Risør est l'une des localités les plus charmantes de Norvège du Sud. »

En entrant dans le port en bateau, j'ai scruté la ville. « Mer capricieuse », ça, je pouvais le comprendre. « L'une des localités les plus charmantes de Norvège du Sud », là, j'avais plus de mal. D'un autre côté, le brouillard masquait la blancheur de la ville. De toute façon, j'avais vu des endroits bien plus beaux que ça dans le Nord. Peut-être que j'avais besoin de lunettes ? Ou que ce n'était charmant que quand le soleil était au rendez-vous ?

Enfin arrivée au port de Risør, j'ai trouvé la force de remonter une longue route à vélo menant au terrain de camping Moen Camping où j'avais réservé un petit chalet. Ça dépassait largement mon budget mais je ne pouvais pas supporter l'idée de dormir dans ma petite tente dans des vêtements mouillés pendant la tempête que le site *yr.no* avait prévue pour le soir même.

« D'habitude, nous avons du très beau temps ici. Les gens vont nager là-bas » m'a dit la réceptionniste du camping, en m'indiquant le front de mer.

D'où j'étais, je pouvais voir les vents violents de la tempête soulever tout ce qui se trouvait sur leur passage.

« D'accord. Est-ce que je pourrais avoir un petit sèche-cheveux pour faire sécher mes vêtements ? » ai-je demandé.

Elle n'en avait pas, tout comme les autres personnes que j'ai croisées. Quand je leur ai demandé un sèche-cheveux, on aurait dit que je leur avais demandé de vendre leur âme. Ils n'avaient jamais aidé d'étrangers en détresse ? Les seuls qui m'ont secourue étaient des touristes suisses. Nous avons discuté et ri de mes vêtements mouillés, qui mettaient beaucoup de temps à sécher.

Cette nuit-là, j'ai dormi comme un bébé dans un lit sec, et le lendemain, j'ai de nouveau enfourché mon vélo. Pour un autre jour de pluie. Mais cette fois-ci, j'avais mis tous mes vêtements tout juste séchés dans des sacs en plastique. J'ai pris la direction d'Arendal.

Au bout de 30 kilomètres environ, je suis passée par une autre ville côtière : Tvedestrand. Un rayon de soleil illuminait la beauté de cette petite commune et j'avais bon espoir que le beau temps revienne pour mon périple à vélo. J'ai fait une halte pour manger une pizza près du port et j'en ai profité pour contempler les cygnes et les maisons blanches.

La ville était remplie d'habitants d'Oslo qui portaient des polos à rayures blanches et bleues et des chaussures « bateau » en cuir. Ils mangeaient des glaces et parlaient comme mes voisins d'Holmenkollen. C'était sans doute eux aussi qui conduisaient des scooters des mers et faisaient un boucan d'enfer dans le port. Apparemment, c'était là que les gens les plus riches d'Oslo venaient passer leurs vacances d'été.

Il me restait encore quelques kilomètres avant d'atteindre Arendal, alors j'ai repris la route après avoir dégusté ma pizza bien méritée. L'amie d'une collègue vivait à Tromøya, une île en face d'Arendal, et je devais y arriver d'une manière ou d'une autre.

Je prenais toujours les petites routes, les numéros 411 et 410, et le paysage était plat la plupart du temps. Ce n'est qu'en arrivant à Arendal que j'ai réalisé que je n'avais pas l'adresse exacte de Kristina, qui allait m'héberger. J'ai pensé à chercher son adresse en ligne, mais la batterie de mon portable a choisi ce moment pour rendre l'âme. J'avais trop consulté les prévisions météo sur *yr.no* et trop utilisé mon GPS pour trouver l'itinéraire le plus rapide pour atteindre mes destinations.

Je n'ai jamais vraiment compris pourquoi le site des prévisions météo s'appelait *yr.no* (pluie fine et agaçante) plutôt que *solaskinner.no* (le soleil brille). En tout cas, je devais l'appeler pour lui dire que je me trouvais dans les parages et trouver comment me rendre chez elle sur la carte. Cela s'est révélé être une mission impossible car à chaque fois que je me dirigeais vers des gens dans la rue pour leur demander de l'aide, ils me fuyaient. Pas par coïncidence. En me voyant, ils faisaient demi-tour. L'un d'entre eux s'est même rué dans sa voiture quand il m'a aperçue marcher vers lui avec une carte et mon téléphone à la main. Je me suis regardée : je portais un casque de vélo et de grosses sacoches sur ma bicyclette. Mes cheveux dégoulinaient d'eau de pluie et j'avais faim.

Je pouvais voir à travers leurs yeux le regard qu'ils portaient sur moi. C'était comme si je mendiais dans la rue, seule et sale. Comme si j'avais la peste ou un truc du genre. Je ne m'étais jamais sentie aussi rejetée de ma vie que sur le parking de ce supermarché local à proximité du pont qui reliait Tromøya à Arendal.

Un grand homme portant aussi un polo à rayures blanches et bleues a fini par avoir pitié de moi et m'a prêté son portable. Après avoir obtenu l'adresse de Kristina, j'ai rendu le téléphone à son propriétaire. Il a cherché la route pour moi sur Google Maps.

« C'est tout près d'où on va. On va te déposer ! » m'a-t-il dit.

Je ne savais pas comment le remercier. Il a posé mon vélo à l'arrière de sa voiture et m'a conduite chez Kristina. Pendant le trajet, nous avons discuté : il était d'Ålesund. Sans blague ! J'étais pratiquement sûre qu'aucun habitant d'Arendal ne m'aurait prêté son portable, et encore moins déposée quelque part en voiture. Non, ça aurait été beaucoup trop risqué. Ils auraient dû me parler et même me faire confiance.

J'ai appris ce jour-là qu'Arendal était la première ville norvégienne à avoir rendu la mendicité illégale. D'une certaine manière, ça ne me surprenait pas. Est-ce que demander de l'aide était aussi perçu comme un crime dans cette région ?

Je suis arrivée chez Kristina remplie de reconnaissance pour son hospitalité.

« Merci infiniment ! Je suis si heureuse de rencontrer enfin quelqu'un de gentil et d'accueillant venant de Norvège du Sud. Je commençais à penser que les gens d'ici n'étaient vraiment pas sympas, lui ai-je dit.

Elle s'est mise à rire.

— Je sais que mon prénom sonne norvégien et que je suis blonde, mais je suis belge flamande » m'a-t-elle répondu.

Elle a passé la soirée, avec son mari catalan, à m'expliquer à quel point c'était dur de vivre à Arendal.

« C'est très compliqué de se faire des amis, même si on est ici depuis 10 ans. Et les soins de santé sexuelle et reproductive laissent à désirer ici. C'est le poids de la religion. Certaines de mes amies ont dû lutter pour pouvoir avorter en Norvège du Sud malgré le fait que ce soit légal dans tout le pays jusqu'à un certain délai. C'est toujours tabou ici, m'a expliqué Kristina.

— Ah oui, quand même ! Mais vous vous êtes fait des amis après toutes ces années, non ? leur ai-je demandé.

— Oui, dans un sens. Mais la glace est dure à briser. Même avec des enfants, on pourrait croire que c'est plus simple d'être invités chez les autres et d'être acceptés, mais ça n'est pas le cas, a ajouté son mari.

— Et dire que je me plaignais de la froideur des habitants d'Oslo ! ai-je plaisanté, ce qui les a fait rire.

— Si tu trouves qu'ils sont froids, ne viens jamais vivre au Sørlandet » m'a conseillé Kristina.

Pas de risque, je n'avais pas l'intention d'emménager ici. Les panneaux routiers, qui lançaient « Bienvenue dans la ceinture de la Bible » avec l'image d'un père blanc accompagné de son fils, n'étaient pas spécialement accueillants à mes yeux. Ni les études affirmant que le Sørlandet (qui s'étendait jusqu'aux alentours de Stavanger) possédait le plus faible niveau d'égalité des sexes du pays. Et le taux de vote le plus important pour le parti d'extrême droite, qui n'appréciait pas tant que ça les immigrés . Quel était l'intérêt de quitter la France si c'était pour atterrir dans un endroit qui était plus conservateur que ma propre société ? Non merci.

Je suis restée deux jours, pendant lesquels j'ai exploré Tromøya et sa magnifique côte, malgré la pluie et le ciel gris. Kristina m'a avoué : « Il n'y a que trois raisons qui poussent les gens à venir au Sørlandet : juin, juillet et août ». Elle avait oublié d'ajouter « une bonne année ».

J'ai consulté de nouveau les prévisions météo pour les jours à venir : toujours plus de pluie. Je ne pouvais plus le supporter. Surtout si les gens continuaient à être si peu accueillants. Je pouvais supporter le mauvais temps à Tromsø car c'était plus simple de parler aux gens. Mais avec cette méfiance qui émanait des habitants ici, ça n'aurait pas été marrant de poursuivre mon voyage jusqu'à Kristiansand. Au final, Pål avait raison. J'avais hâte de retourner dans le Nord après cette désastreuse aventure en Norvège du Sud.

En bref : près de 2 000 kilomètres séparent le nord du sud de la Norvège et c'est à peu près le fossé qui sépare la culture des Norvégiens du Nord de celle des Norvégiens du Sud.

Si les différences culturelles, religieuses et sociales étaient si marquées que ça dans les deux seuls endroits où je m'étais rendue en Norvège, quelles autres surprises me réservaient les futurs fjords et villes que je visiterais ? J'étais impatiente de le découvrir.

Chez les Samis de Riddu Riđđu

Je suis rentrée en train d'Arendal à Oslo avec mon vélo à bord. Puis, j'ai pris quelques jours pour me préparer à mon voyage en Norvège du Nord, en pays sami. L'étape suivante de ce premier été norvégien était le festival Riddu Riđđu, avec un premier arrêt à Tromsø. J'y allais pour les vacances mais aussi pour le travail. Je devais accompagner des représentants de communautés autochtones d'Indonésie.

J'étais si heureuse de retourner à Tromsø en été et de revoir Nina. Mais les retrouvailles devraient attendre la fin du festival car les organisateurs de l'événement sont venus nous chercher directement à l'aéroport. Les Indonésiens m'attendaient, frigorifiés. J'ai envoyé un message à Nina pour la prévenir. « *Vi sees snart. Kos deg!* » m'a-t-elle répondu.

Le festival a lieu chaque mois de juillet à Manndalen, dans le comté de Troms. C'est avant tout un festival de musique qui invite des musiciens autochtones venant des quatre coins du monde à se produire sur scène. Mais le festival comprend aussi des conférences et des débats sur les enjeux politiques et linguistiques samis. Ayant travaillé sur les droits des peuples autochtones depuis des années, je connaissais bien ces enjeux, entre autres la discrimination que subissent les personnes autochtones, le vol de leurs terres et ressources naturelles ou la négation de leur droit à pratiquer leur langue. J'avais parlé à de nombreuses personnes, qu'il s'agisse d'Aborigènes d'Australie, de Premières Nations du Canada, d'Inuits du Groenland, de Dayaks ou de Papous d'Indonésie. Leurs histoires se ressemblent de façon troublante, issues de schémas d'oppression des minorités utilisés par les puissances coloniales et perpétués par la suite.

Le combat des peuples autochtones est tristement semblable dans le monde entier. Ces gens se battent pour le droit de conserver leur culture, leur langue et leurs terres ancestrales après avoir subi des siècles d'oppression. Des scandales récents le montrent, comme ces fosses communes découvertes au Canada en 2021 dans les pensions d'enfants autochtones. Les enfants autochtones étaient enlevés à leurs parents, et mouraient souvent par manque de soins dans ces pensionnats. Ces derniers sont restés ouverts jusqu'en 1990. De nombreux peuples d'Amazonie, d'Asie du Sud-Est et d'Afrique centrale perdent encore leurs terres et leurs moyens de subsistance pour laisser place à la déforestation pour les plantations d'huile de palme ou la pâture pour l'industrie de la viande bovine. C'est sur ce sujet que je travaillais.

J'étais très curieuse de savoir ce qu'il en était des Samis, qui ont leur propre parlement, et qui sont connus dans les milieux autochtones pour avoir le meilleur traitement contrairement aux autres.

Je devais participer à l'organisation d'une conférence sur l'accaparement des terres et la déforestation et leurs conséquences sur les peuples autochtones d'Indonésie, et traduire pour les partenaires invités de Bornéo. Mon employeur m'avait autorisée à rester pour profiter du festival en tant que simple invitée une fois mon travail terminé.

Dans le minibus qui nous emmenait à Manndalen, il y avait des personnes très différentes. Les partenaires dayaks indonésiens dormaient à l'arrière, épuisés par ce long voyage. Les autres personnes étaient samies. L'une d'entre elles venait de Majavatn et élevait des rennes, une autre était une chanteuse norvégienne qui vivait en Suède et le conducteur mesurait l'activité sismique pour une entreprise qui creusait des tunnels. Ou un truc du genre.

Ils parlaient tous norvégien et je me suis sentie un peu mise à l'écart quand ils ont commencé à faire le tour de leurs connaissances communes dans les différents villages. Tu connais Ola Andreasson ? C'est le cousin de ma tante. Et tu connais Sigrunn ? C'était la voisine de mon père quand il vivait à Alta.

Ça a continué un bon moment et tandis qu'ils essayaient de découvrir les liens qui les unissaient tous, j'ai eu tout le loisir de regarder par la vitre. J'avais beau être capable de bavarder, j'aurais eu du mal à me glisser dans cette conversation. Tout le monde se fichait de savoir où ma grand-mère avait grandi et quelle cousine elle était puisqu'il n'y avait aucune chance que l'un des passagers de cette voiture la connaisse.

Tout avait l'air si différent par rapport à ma dernière visite de Tromsø en hiver. Les fleuves regorgeaient tellement d'eau que des cascades s'écoulaient depuis chaque montagne qui nous entourait. Il y avait de la neige qui fondait sur ces montagnes, même en juillet. C'était pour ça que l'air était si froid ? J'ai jeté un coup d'œil à la température par-dessus l'épaule du conducteur et réalisé qu'il avait mis l'air conditionné : il faisait 17 °C à l'intérieur de la voiture et 20 °C à l'extérieur. Mais… pourquoi ?

Au bout d'un moment, ils se sont mis à parler de rennes. Deux personnes qui n'étaient pas de Majavatn posaient des questions qui ne m'auraient jamais traversé l'esprit.

« Est-ce que tes rennes sont allés au nord sans problème ? a demandé la chanteuse qui vivait en Suède.

L'autre personne a répondu quelque chose que je n'ai pas très bien compris. Pour me montrer polie et participer à la conversation, j'ai demandé à la chanteuse :

— Et tes rennes ? Ils sont allés au nord sans problème ?

Mais elle s'est contentée de rire.

– Je ne suis pas une éleveuse de rennes. Ma famille n'a jamais fait ça. Enfin, d'aussi loin que je m'en souvienne en tout cas, m'a-t-elle répondu.

« Il y a en fait moins d'éleveurs de rennes parmi les Samis que les gens ne l'imaginent » a-t-elle ajouté.

J'en ai profité pour me renseigner sur l'élevage de rennes. Eh bien, laissez-moi vous dire que ça n'avait pas l'air simple. Ils m'ont expliqué qu'il y avait huit saisons dans l'élevage de rennes, et que les rennes s'exposaient à de nombreux dangers tels que les routes, les barrages hydro-électriques et même les cabanes. Je n'aurais jamais cru que les cabanes pouvaient être un problème pour qui ou quoi que ce soit.

« Mais il y a un bureau auquel on peut s'adresser : le bureau de la gestion de l'élevage de rennes » a-t-elle ajouté.

Évidemment, ai-je pensé. Comme tout le reste en Norvège, même les rennes sauvages sont réglementés par l'État.

Il était 22 h 30 quand nous sommes arrivés et il faisait toujours grand jour. La vue que nous offrait la route sur les Alpes de Lyngen était si majestueuse que j'ai demandé au conducteur de s'arrêter pour que je puisse prendre une photo.

« Qu'est-ce que tu veux prendre en photo ? Il n'y a rien de spécial ici » m'a-t-il répondu.

J'ai de nouveau regardé le paysage. Il y avait un fjord avec un homme qui pêchait en compagnie de son fils sur une petite embarcation en bois. En toile de fond, on pouvait presque voir la chaîne de montagnes tout entière, sous un ciel bleu et des rayons de soleil qui perçaient au dos des montagnes et teintaient tout d'un reflet orangé. On apercevait aussi de la neige sur les sommets, et la taille du pêcheur et de son fils était incroyable par rapport à l'immensité de la nature qui les entourait.

L'eau était bleutée, reflétant l'image des montagnes. C'était juste à couper le souffle. On aurait dit une de ces cartes postales retouchées de la Norvège qui se glissent dans les magazines de tourisme.

« Pour toi peut-être. Combien de fois es-tu passé sur cette route ? lui ai-je demandé.

— Je la connais depuis toujours, m'a-t-il répondu.

— Pour moi, c'est magnifique et très exotique, lui ai-je fait remarquer tout en prenant autant de photos que possible.

— Oui, je peux comprendre pourquoi, a-t-il admis, en observant presque la scène d'un œil nouveau.

« Mais bon, j'ai fait la navette entre l'aéroport et le festival toute la journée. Je crois que je suis crevé » a-t-il ajouté.

Nous sommes arrivés sur le lieu du festival, situé près d'un fleuve, et on m'a conduite dans la *lavvu* (la tente samie) où j'allais dormir avec les deux Dayaks d'Indonésie que j'accompagnais, Mina et Sinta. Plusieurs fourrures de rennes placées au-dessus de branches tapissaient le sol et un feu brûlait au milieu de la tente. L'ouverture au sommet de la *lavvu* nous permettait de rester au chaud sans être asphyxiées par la fumée. Comment est-ce que je vais réussir à dormir avec toute cette lumière en permanence à l'extérieur ? me suis-je demandé.

Au bout de deux nuits, cette *lavvu* était devenue mon chez-moi. Le matin, je contemplais le ciel par cette ouverture pendant de longues minutes, enveloppée par le parfum des branches de bouleau et du feu. J'ai imaginé ce que des générations entières d'enfants samis avaient ressenti en se réveillant dans une telle *lavvu* en plein milieu de l'hiver, bien au chaud dans cette tente depuis laquelle on pouvait voir la neige tomber. Elle était toujours chaude et confortable, alors qu'il pouvait y avoir des mètres de neige à l'extérieur.

Riddu Riđđu, qui signifie « petite tempête sur la côte », était le nom de ce festival qui attirait les gens pour la musique mais aussi pour les expositions d'art, les projections de films, les ateliers de fabrication artisanale et de langues autochtones, et bien sûr, pour faire la fête.

La directrice du festival, une Samie qui avait grandi à Manndalen, m'a expliqué que ce qui comptait le plus dans ce festival, c'était de réunir différentes communautés autochtones du monde entier, en provenance du Groenland, de Russie, de République démocratique du Congo, de Nouvelle-Zélande, de Taïwan, de Chine, du Honduras et d'autres pays, pour qu'elles partagent leurs expériences, voient où vivaient les autres et comprennent ce qu'elles avaient toutes en commun.

J'en ai profité pour suivre un des ateliers de langue same, qui avait lieu dans une hutte très particulière creusée dans le sol à flanc de colline. Avec ses murs faits de terre, elle se noyait presque dans le paysage. De l'extérieur, elle ressemblait à une simple bosse dans la Terre, entièrement recouverte d'herbe. Le seul élément qui trahissait la présence d'activités humaines à l'intérieur était la fumée qui se dégageait de son sommet.

Dans cette petite hutte, j'ai appris le same. Enfin, autant qu'une heure et demie de cours pouvait m'enseigner, c'est-à-dire pas grand-chose, mais j'ai appris les bases pour pouvoir me débrouiller pendant ces quelques jours au festival : comment commander à boire et flirter en same.

« *Oaččun go vuola?* » veut dire « Je peux avoir une bière ? »

« *Boađat go mielde ruoktot?* » signifie « Tu veux rentrer à la maison avec moi ce soir ? »

« *Manna eret* » veut dire « Laisse-moi tranquille »

« Les Samis peuvent être très directs en amour et en séduction, nous a expliqué notre prof.

— C'est-à-dire ? lui ai-je demandé.

— Les hommes peuvent être très explicites au sujet de ce qu'ils veulent et les femmes sont tout aussi claires si elles ne sont pas intéressées » m'a-t-elle répondu.

Nous avons posé quelques questions sur la langue, et à ma grande surprise, la personne qui en posait le plus n'était ni le Taïwanais, ni la touriste russe, mais une femme de Bærum, une municipalité à proximité d'Oslo. Elle semblait en connaître autant sur l'histoire du peuple sami que le reste d'entre nous.

« On ne nous apprend rien sur les Samis à l'école à Oslo, a-t-elle indiqué. La seule photo de Samis que nous avons dans nos manuels est celle d'un homme vêtu d'habits traditionnels qui se trouve à côté d'un renne, a-t-elle ajouté.

— Depuis la politique de norvégisation (en norvégien : *fornorskning*) mise en place au milieu du 19e siècle, c'est difficile d'afficher publiquement ses racines samies. Beaucoup de Samis ressentent encore de la honte. Ils sont nombreux à n'avoir jamais appris la langue de leurs parents car les politiques d'État de la Norvège nous ont officiellement interdit de parler le same entre 1850 et les années 1950. Et maintenant, on assiste à une exotisation des Samis et de leur culture, a expliqué la prof, une grande brune de 27 ans qui portait un pantalon d'extérieur à la mode. Eh oui, en Norvège, la mode s'immisce aussi dans les vêtements d'extérieur.

— C'est comment d'être un Sami en Norvège de nos jours ? lui ai-je demandé.

— C'est à la fois simple et compliqué. Je me sens aussi samie que norvégienne et je n'ai personnellement aucun problème à accepter ma double identité culturelle. Mais beaucoup de Norvégiens semblent avoir du mal avec ça et ont toujours l'air d'évaluer notre degré d'appartenance à la culture samie. Du coup, on nous pose des questions du genre 'Tu es sami à quel degré ?' comme si on devait justifier notre droit de revendiquer nos racines, a-t-elle répondu.

« En général, je me tais mais j'ai envie de leur demander 'Et toi, à quel point es-tu vraiment norvégien si ta mère est suédoise et que ton grand-père était allemand ? Est-ce que tu as plus le droit de porter une *bunad* que j'ai le droit de revendiquer mes racines samies' ? Et puis, bien sûr, il y a tous ces stéréotypes contre lesquels nous devons lutter au quotidien, a-t-elle ajouté.

— Comme quoi, par exemple ? ai-je demandé.

— Les Samis subissent quatre fois plus de discriminations que les autres Norvégiens. On doit encaisser des discours haineux et des discriminations au quotidien. On fait aussi l'objet de préjugés, comme le fait de penser que tous les Samis élèvent des rennes, alors qu'en réalité, seul un très faible pourcentage d'entre nous en vit, ou encore le fait de croire qu'on parle tous le same. Ce qui n'est pas le cas, du fait des politiques de norvégisation.

« Et puis, le fait que les enfants n'apprennent pas l'histoire des Samis en Norvège à l'école n'aide pas. Cela les amène à reproduire des stéréotypes qui se basent sur la méconnaissance, a-t-elle ajouté.

— Quel parti politique norvégien est pro-Sami ? lui ai-je demandé.

— Aucun d'entre eux n'est pro-Sami, mais le FrP est assurément anti-Sami, m'a-t-elle répondu.

Également connu sous le nom de Parti du progrès, le FrP était considéré comme le parti norvégien le plus à droite siégeant au Parlement.

« Ils veulent faire tomber le Parlement sami et certains Samis les soutiennent. C'est vraiment triste. Nous avons atteint l'un des plus hauts niveaux de reconnaissance politique au monde mais elle est encore menacée » a-t-elle ajouté.

La conférence que j'avais aidé à organiser avec mes collègues indonésiennes a eu lieu ce jour-là. J'ai déplacé des objets, répondu à des questions et traduit les présentations de l'indonésien à l'anglais. Il s'agissait d'alerter l'opinion norvégienne sur les compagnies investissant dans l'huile de palme qui détruisait les forêts de Bornéo, traînant des communautés entières dans la pauvreté et hors de leurs terres. L'émotion était palpable, entre ces personnes si différentes et faisant pourtant face à des défis semblables.

Ce soir-là, mes collègues et moi sommes restées dehors pour profiter des nombreux concerts. Nous étions toutes perturbées par cette lumière du soleil et ce ciel bleu qui étaient là en permanence, 24 heures sur 24. Les Indonésiennes ne comprenaient pas comment le soleil pouvait être si présent alors que la température était basse comparé aux températures sous l'Équateur. « Matahari jauh » m'a dit Mina un soir. (« Le soleil est loin »).

À quel autre endroit qu'au festival Riddu Riđđu aurait-on pu écouter de la musique reggae interprétée par un groupe maori, parmi des centaines de personnes de tous âges dansant sous le soleil de minuit et avec pour toile de fond les magnifiques Alpes de Lyngen ? C'était surréaliste.

Yann Tiersen, un célèbre musicien français qui a composé, entre autres, la bande originale du film *Le Fabuleux destin d'Amélie Poulain*, s'est produit cette nuit-là au festival. Il traversait la Norvège du Nord à vélo avec son équipe quand il avait demandé à s'arrêter au festival pour pouvoir y jouer. J'ai même pu lui parler. J'étais bluffée.

Le lendemain, l'équipe indonésienne a été raccompagnée à l'aéroport. Un vol les attendait pour continuer leur tournée en Suède auprès de l'une des organisations de notre groupe qui travaillait dans l'environnement et les droits de l'homme, la

Naturskyddsföreningen ou Société suédoise pour la conservation de la nature.

Après quatre jours de festival, j'ai perdu la notion du temps. Je ne savais plus si c'était la nuit ou le jour. Je dormais dans notre *lavvu* dès que j'avais besoin de faire une petite sieste. Je me suis acheté une *lukka* en *wadmal* (un poncho sami en laine feutrée) pour pouvoir rester dehors dans le froid et le vent, de jour comme de nuit. Eh oui, il faisait froid. Il fallait s'y attendre : j'étais en Norvège du Nord et le sommet des montagnes était couvert de neige ! J'ai passé la dernière nuit à faire la fête dans une grande *lavvu*.

Nous avons bu plein d'*øl* Mack (bière de Norvège du Nord) et mangé des saucissons de renne. Le restaurant du festival proposait du ragoût de baleine qui méritait d'être goûté. Ce qui m'a le plus frappée, ce sont les enfants qui couraient dans tous les sens et ce sentiment de liberté et de fierté qui émanait de la foule.

Tandis que je faisais la queue pour m'acheter à manger, j'ai senti qu'on me donnait une tape sur l'épaule.

« Hey Loreloloolo » m'a dit une voix familière.

Ante se tenait devant moi, vêtu d'un costume traditionnel sami et d'un chapeau rouge à quatre pointes. L'idée m'avait traversé l'esprit que j'aurais pu le rencontrer ici, mais j'ignorais si j'avais envie de le revoir.

« Waouh, ça te va bien » lui ai-je dit en souriant.

Nous nous sommes assis sur un banc à l'extérieur et avons mangé ensemble. Je ne lui en voulais pas trop de ne jamais vraiment avoir mis de terme à notre relation. Mais ça me faisait quand même un petit pincement au cœur quand j'y repensais. Je l'aimais quand même beaucoup.

Nous avons parlé des différents groupes, de l'atmosphère et de nos vacances. Il a ri en m'écoutant lui raconter mes voyages à travers la Norvège.

« Tu as vu plus de choses dans ce pays que la plupart des

Norvégiens, m'a-t-il dit. Les gens venaient régulièrement lui dire bonjour en same.

« Alors, comment on va passer cette dernière journée au festival ? m'a-t-il demandé dans un sourire.

— Aucune idée, je t'écoute. C'est ton univers » lui ai-je répondu comme si de rien n'était.

Cette dernière soirée a dépassé toutes mes attentes. Ante venait au festival depuis qu'il était enfant et il connaissait le moindre recoin de ce lieu OU et il connaissait le site comme sa poche.

Nous avons d'abord assisté à un concert de chanteurs de gorge mongols. J'ai fermé les yeux pour entendre les différentes voix qu'ils produisaient. J'avais envie de m'imprégner de chaque minute de cette dernière soirée passée sous le soleil de minuit à Riddu Riđđu. Quand j'ai rouvert les yeux, Ante me regardait en souriant.

Nous avons bu une bière au coin bar du festival et quelques-uns de ses amis se sont joints à nous. Un autre concert se déroulait, celui d'une chanteuse que j'adorais qui s'appelait Ella Marie Hætta Isaksen, une jeune Samie qui avait remporté le concours de chant de l'émission *Norwegian Idol*. Elle était à la tête du groupe Isák et mêlait le *joik* (technique traditionnelle de chant samie) à de la musique pop.

Nous avons aussi eu la chance de voir Mari Boine sur scène, la chanteuse norvégienne d'origine samie la plus célèbre au niveau international. La qualité de la musique ce soir-là surpassait celle des autres nuits. Tandis que la voix électrisante de Mari Boine résonnait au fin fond de la vallée, Ante m'a prise dans ses bras avant que je le repousse.

« Tu te fiches de moi ? lui ai-je demandé.

— Qu'est-ce que tu veux dire ? m'a-t-il demandé en me regardant, semblant ne pas comprendre la tournure que prenaient les événements.

— Tu m'as quittée ! Tu as une petite amie. Je vous ai vus au concert, lui ai-je répondu.

— Quoi ? Ce n'était pas ma petite amie, et toi non plus d'ailleurs. On n'était pas en couple. J'étais libre de faire ce que je voulais. Je ne t'ai jamais dit qu'on aurait une relation exclusive, a-t-il ajouté. Et on n'a jamais eu cette discussion.

— Quelle discussion ? lui ai-je demandé.

— Celle où on décide si on forme officiellement un couple ».

J'ignorais qu'il y avait une discussion spéciale. J'avais juste eu l'impression qu'on était ensemble. En France, quand on se voit autant de fois que ça et qu'on dort ensemble, ça en dit long sur la relation.

Mais apparemment, c'était différent en Norvège. Ici, le statut de la relation était défini par une discussion spéciale que l'on avait quand on était sobre. Pourquoi tout devait être si formel ?

« Arrête de tout prendre si au sérieux. On est au meilleur festival du monde. On est célibataires et la nuit ne va pas tomber ce soir. Détends-toi » a-t-il ajouté en me souriant et en effleurant ma joue de sa main.

Peut-être qu'il avait raison ? Je devais me détendre. Prendre les choses comme elles venaient comme me l'avait conseillé Kaia au lieu de toujours me projeter dans des relations. Peut-être que profiter du moment présent avec lui était suffisant et que ne s'attendre à rien était tout aussi bien ?

Je suis allée m'acheter une bière et quand je suis revenue, j'ai déposé un baiser sur sa joue.

« Ça marche » lui ai-je dit.

Dans les bras d'Ante, je fredonnais et dansais lentement au son de la musique. Quand Mari Boine a interprété sa dernière chanson, Ante s'est penché et m'a embrassée.

« Tu me plais beaucoup, m'a-t-il dit. On doit juste y aller doucement et voir où ça nous mène, d'accord ? » a-t-il ajouté.

Une fois les concerts terminés, il m'a entraînée vers une *lavvu* pour y faire la fête. On a ri et bu toute la nuit avec ses amis.

C'était la nuit la plus magique que j'aie passée en Norvège depuis mon arrivée.

Le camp du festival se trouvait au milieu d'un cadre qui semblait tout droit sorti d'un autre monde. Même une simple pause pipi à l'extérieur de la *lavvu* cette nuit-là m'a permis d'admirer les montagnes et le fleuve teintés par les couleurs du ciel de Norvège du Nord : un soleil voilé et des lumières roses accompagnés de la promesse que la nuit ne tomberait jamais.

Vers 7 heures du matin, ou peut-être était-ce 9 heures, je me suis endormie derrière Ante, sur une couverture de laine qui recouvrait les branches de bouleau de la *lavvu*. Je ne sais plus exactement combien de temps j'ai dormi mais l'arôme du café préparé au milieu de la *lavvu*, suspendu au-dessus du feu, m'a réveillée. Le chapeau d'Ante se trouvait à mes côtés, mais j'étais toute seule. Et puis, il est réapparu avec son sourire à tomber : « Prête pour le petit déj' » ?

Le festival étant terminé, j'avais prévu de me rendre à Tromsø en bus ce jour-là. Ante allait rester pour aider à démonter les tentes et la scène.

« Reste avec moi. J'ai emprunté une voiture. Je peux te conduire à Tromsø demain ou dans deux jours » m'a-t-il dit.

Je me suis éclipsée dans la *lavvu* une grande partie de la journée, où j'ai dormi et rêvassé dans la chaleur de la tente. J'ai quitté mon cocon car j'avais faim. Ante courait dans tous les sens pour démonter les structures en bois et en métal du festival. Je me suis sentie mal d'être aussi paresseuse, alors j'ai offert mon aide. Nous avons mangé avec les autres bénévoles puis nous avons continué à travailler jusqu'à tard. Le camp du festival se vidait et il n'est bientôt resté presque plus personne à part nous.

Cette nuit-là, quand nous sommes retournés dans la *lavvu* d'Ante, on aurait dit que c'était la dernière tente encore en place. Comme si nous avions campé seuls pendant des jours ou des semaines, il n'y avait presque plus de traces du festival, de la musique ni des 3 000 personnes. Nous avons fait l'amour dans la *lavvu* et, pour une fois, je ne me suis pas posé trop de questions.

Le lendemain, je suis allée me promener seule dans les alentours. J'ai quitté le festival avec un sentiment de plénitude. L'âme de cet endroit était unique et je n'avais jamais rien ressenti de la sorte de toute ma vie.

Ante m'a conduite à Tromsø. Il voulait que je reste avec lui chez son cousin, mais une bonne amie m'attendait et je ne voulais pas rater l'occasion de passer du temps avec elle. Il m'a déposée près de la cathédrale arctique. J'ai marché sur les quelques centaines de mètres qui me séparaient de la maison que je n'avais connue qu'en hiver.

Nina m'a ouvert la porte. J'étais si heureuse de la revoir.

« *Takk for sist!* » me suis-je exclamée, en la serrant dans mes bras.

« *Takk for sist* » est une drôle d'expression que les Norvégiens utilisent pour souhaiter la bienvenue à quelqu'un. « Merci pour la dernière fois » et non pas « Merci fasciste » comme Ramu l'a pensé pendant un moment. En fait, on aurait vraiment dit que c'était ça.

« *Takk for sist*, Lorelou ! Qu'est-ce que tu aimerais faire à Tromsø cette fois-ci ? Il y a tellement de lumière maintenant et tu as de la chance qu'il fasse aussi beau, m'a-t-elle dit.

— J'ai juste envie de dormir » lui ai-je répondu.

Ce que j'ai fait pendant plusieurs heures, pour récupérer les nuits de sommeil perdu que j'avais passées à rencontrer des gens et à écouter de la musique, à courir dans les champs et à me baigner dans le fleuve gelé.

Quand je me suis réveillée, en ouvrant mon sac à dos, j'ai réalisé que chacun de mes vêtements sentait le renne et le feu de camp : le parfum de Riddu Riđđu.

La *hytte* du Trøndelag

Mes premières vacances d'été norvégiennes touchaient à leur fin mais il me restait un dernier endroit où aller : le Trøndelag. C'est là que j'allais faire ma toute première expédition en cabane, ou *hyttetur*, chez une famille norvégienne. Et plus important encore, j'allais retrouver ma bonne amie Kaia.

Il y a une expérience que les étrangers doivent vivre pour mieux cerner la culture norvégienne, et c'est celle de vivre dans une *hytte*, ou cabane norvégienne, pendant quelques jours (ou aussi longtemps qu'on peut survivre sans douche ni électricité ni couverture réseau).

Malgré leurs très hauts revenus et leur société extrêmement moderne, les Norvégiens aiment revenir aux choses simples et se couper « du monde moderne » pour aller se ressourcer dans la nature…

À noter que si vous êtes disposé(e) à vivre la véritable expérience en cabane ou *hytte*, celle que vos collègues et pairs norvégiens considéreront comme telle, mieux vaut le faire à la dure. Pas dans ces chalets loués par les gens riches de Stavanger qui ont une machine à laver et un plancher chauffant (haha, un plancher chauffant ! Et ils appellent ça une *hytte* !). Une « vraie » *hytte* doit être en bois, près d'un lac gelé pour y prendre sa douche et équipée d'un trou à l'extérieur servant de toilettes (mais attention, avec un petit toit et des murs pour vous protéger de la neige en hiver).

Quand mon amie m'a invitée dans sa *hytte* familiale située à proximité de sa ville natale, j'étais aux anges. J'allais enfin savoir ce que cachait cette expression que les Norvégiens affichaient quand ils parlaient de leurs vacances dans une *hytte*. Je pouvais voir leurs yeux briller tandis que leurs pensées vagabondaient entre leurs souvenirs chargés d'émotions et leurs merveilleuses aventures.

La ville natale de Kaia s'appelle Haltdalen. Avec un supermarché, une église et un hôpital psychiatrique, le terme de « ville » est un peu exagéré. Elle aurait pu être classée au rang de village bien que la campagne norvégienne ne suive pas vraiment le modèle des villages.

Même quand ils vivaient au milieu de nulle part, les Norvégiens souhaitaient s'éloigner de leurs voisins les plus proches. La famille de Kaia ne se sentant pas assez isolée là où elle vivait, son grand-père avait quitté le village dans les années 1940 et avait parcouru plusieurs kilomètres en pleine nature jusqu'à ce qu'il trouve un bel endroit donnant sur les lacs. Il y avait construit une cabane avec l'aide d'un ami. Depuis, la famille de Kaia s'y rendait aussi souvent que possible.

J'étais si impatiente à l'idée de cette expédition que j'avais préparé tout le nécessaire dans mes bagages avant de quitter Oslo : du bikini au *ullundertøy* (les sous-vêtements en laine indispensables à porter en guise de première couche sous les vêtements). Ou du moins, c'est ce que je croyais.

Quand mon amie m'avait dit « prévois tous les types de temps », ce que j'avais en tête ne ressemblait en rien à tout ce qui pouvait vous tomber dessus là-bas.

Pas de panique. La mère de Kaia, Carina, m'a conduite dans leur sous-sol qui illustrait à merveille le proverbe « Il n'y a pas de mauvais temps, juste des mauvais vêtements ». « *Det er ingen dårlig vær, bare dårlig klær* », dit le Norvégien qui voit plus de pluie en un automne que Marseille en 10 ans.

Trouver une bonne tenue exigeait apparemment de disposer d'un sous-sol de 60 mètres carrés plein à craquer de tous les vêtements et toutes les chaussures inimaginables, plusieurs tailles étant disponibles pour chaque article.

Je suis allée faire des folies dans les « magasins », aidée par Carina qui a choisi avec soin tout ce dont j'avais besoin pour le voyage. Un bonnet en laine, vraiment ? Deux imperméables ? Des chaussures de randonnée ET des bottes en caoutchouc ? Des pantalons imperméables pour temps chaud ET froid ? Je ne savais même pas que tout ça existait et je trouvais qu'elle exagérait un peu. Mais en juillet, au Trøndelag, vous pouvez vraiment avoir besoin de sous-vêtements en laine, d'une laine polaire et d'un bonnet en laine. « *Slik er norsksommer* ». Voilà à quoi ressemble un été norvégien.

En montant en voiture, j'ai pensé que nous irions directement à la *hytte*. Mais nous avons fait une dernière halte au magasin Coop du coin pour acheter assez de nourriture pour tenir toute une année. La mère de Kaia était adorable et s'efforçait de me parler lentement. Elle m'a demandé s'il y avait quelque chose que je voulais acheter. Qu'est-ce que je prenais au petit déjeuner ? Est-ce que je préférais la confiture de fraise ou de framboise ?

Les gens autour de nous nous regardaient bizarrement. Peut-être qu'ils n'ont jamais vu d'étrangers, ai-je pensé. J'ai appris plus tard que Carina avait troqué son dialecte du Trøndelag pour un dialecte d'Oslo pour que je puisse la comprendre.

Ses amis et voisins s'étaient donc demandé si elle était devenue snob ou si elle avait perdu la tête. Chers voisins de la maman de Kaia, ni l'un ni l'autre : elle essayait juste d'aider une étrangère perdue en plein apprentissage du norvégien.

Nous avons conduit le plus loin possible, puis nous avons parcouru les quelques kilomètres qui nous séparaient de la *hytte* à pied. Nous y sommes arrivés après avoir fait quelques pauses car nos sacs étaient très lourds à porter avec toute la nourriture qu'ils contenaient. L'endroit était époustouflant avec la petite cabane en bois rouge, les lacs, les montagnes enneigées et nos voisins : les moutons et les rennes.

Dès que nous sommes arrivés, chacun a semblé savoir ce qu'il avait à faire. Sauf moi, la personne inutile qui traînait dans leurs pattes. Ils ne m'ont pas demandé d'allumer le feu… pour une bonne raison. D'où je viens, les seuls feux que nous faisons sont sur les plages et on s'assoit autour pour jouer du djembé. En plus, les Norvégiens ont l'air d'avoir une peur bleue des incendies et ils préfèrent donc s'en charger eux-mêmes.

J'ai fait quelques pas en examinant la construction en bois et quelqu'un m'a finalement donné une mission sans danger à remplir : aller chercher de l'eau. Aucune chance de mettre le feu à la maison avec ça. Le père de Kaia, Egil, me l'a demandé trois fois dans son dialecte du Trøndelag avant que je comprenne ce qu'il voulait de moi (*vatten* = *vann* = eau).

Je connaissais des termes compliqués tels que *naturressurs-forvaltning* (gestion des ressources naturelles) grâce à mon travail mais je n'avais jamais entendu de mots simples comme poêle, seau ou pelle. J'étais plongée dans une situation du quotidien avec une famille et j'étais incapable de communiquer. Je dois admettre que le dialecte n'aidait pas.

Je suis donc partie pour le lac et j'ai essayé de trouver l'endroit d'où puiser de l'eau à boire et pour faire la vaisselle. Un petit tuyau sortait d'un côté du lac : ça devait être là. J'ai rempli tous les seaux en osant demander : « On peut la boire ? »

L'expression affichée par le visage d'Egil semblait me dire :
« Oui, fille des villes, cette eau est plus propre que tout ce que
tu as pu boire jusqu'à maintenant ».

Ok, homme des montagnes, je vais essayer de me taire sauf
en cas d'urgence : si je suis attaquée par un troupeau de rennes
par exemple.

J'ai posé mon sac de couchage sur le lit superposé que j'allais
partager avec Kaia. Sa mère est venue ajouter de la vraie fourrure sous mon matelas.

« Il va faire si froid que ça ? Pourtant, il y a une cheminée,
non ? lui ai-je demandé.

— Oh oui, mais Kaia a l'habitude de dormir avec les fenêtres grandes ouvertes depuis qu'elle est petite. Elle n'arrive
pas à dormir si elle ne sent pas l'air frais sur son visage, donc il
vaut mieux que tu aies ça pour rester au chaud » m'a répondu
Carina.

Mais qu'est-ce que les Norvégiens pouvaient bien trouver
aux chambres gelées ? me suis-je demandé. Et s'il faisait vraiment froid et que la température chutait au-dessous de 0 °C,
est-ce qu'on devait quand même laisser la fenêtre ouverte ? On
est en juillet. Impossible que ça arrive, me suis-je rassurée.

J'avais tort car nous avons flirté avec les 0 °C pendant les
quelques jours de mon séjour. La fenêtre de la chambre est restée grande ouverte en permanence. Pendant ce temps, j'ai rêvé
que des rennes réussissaient à glisser leur tête par la fenêtre
ouverte et venaient grignoter mes pieds.

Quand les ronflements du père de Kaia m'ont réveillée, j'ai
regardé par la fenêtre. Aucun renne à signaler heureusement.
J'ai discrètement tenté de fermer un tout petit peu la fenêtre
sans que personne ne le remarque.

La première soirée passée dans la *hytte* a été magique : le
ciel était dégagé et nous avons bu du vin et discuté à l'extérieur

un bon moment. Le lendemain matin, en regardant dehors, j'ai vu que le ciel avait décidé de nous tomber dessus. Il était pluvieux et gris. Peu importe, rien ne pourrait gâcher mon enthousiasme. Je me suis promis de profiter de chaque instant de cette expérience en participant à absolument tout ce que ma famille d'accueil aurait fait, quel que soit le temps.

Malgré la pluie, j'ai vu Kaia sortir de la *hytte* avec une serviette. Est-ce qu'elle allait prendre… une douche ? Je l'ai suivie et je l'ai vue se déshabiller entièrement avant de se jeter dans le lac. Brrrr !

Il ne faisait pas si froid que ça dehors mais quand même, la température tournait autour des 12 °C. Qui pouvait bien avoir envie de nager en tenue d'Ève dans un lac sombre qui abritait sans doute de petits crabes prêts à vous grignoter les orteils ? J'ai essayé d'imaginer à quoi aurait ressemblé une baignade dans la mer Méditerranée à cette période de l'année. Je suppose que ça aurait été différent, avec au moins 15 °C de plus qu'ici.

« Tu veux venir ? m'a-t-elle demandé. L'eau est rafraîchissante.

— Sérieux ? lui ai-je demandé. Tu te fiches de qui là ? Je t'ai entendue crier quand tu es entrée dans l'eau à cause du froid, ai-je pensé. Mais à la place, j'ai répondu : Peut-être demain » en sachant que je ne me baignerais jamais dans ce lac par des températures si basses.

Le père de Kaia nous a demandé de l'aider à installer des filets de pêche dans les lacs. Ça nous a pris un temps fou car nous avons dû ramer sur le lac pour atteindre les points stratégiques au niveau desquels accrocher les filets, puis transporter l'embarcation sur la terre ferme pour atteindre le lac suivant. Nous avons posé six filets dans trois lacs. Ça a été très long, mais d'un autre côté, qu'y avait-il d'autre à faire ?

Le lendemain, il n'a pas arrêté de pleuvoir et la température a chuté à 4 °C. Le vent soufflait aussi très fort. 4 °C au début du mois de juillet ! J'ai soudain compris pourquoi les Norvégiens allaient à *Syden* pour faire le plein de soleil pendant l'été norvégien.

J'avais envie de passer la journée à bouquiner près du feu. J'avais prévu de ne quitter la maison que pour courir au petit abri qui servait de toilettes et qui n'avait pas non plus d'eau (apparemment, on appelle ça un *utedass*). Mais mon plan a échoué quand Egil est sorti précipitamment de la maison, en hurlant que nous n'avions pas le temps de prendre le petit déjeuner car il craignait que le vent ne déplace les filets de pêche.

« Venez MAINTENANT ! » a-t-il hurlé en filant dans ses vêtements de pluie.

Kaia et moi l'avons rejoint après avoir enfilé une tenue imperméable plus de la laine, deux paires de chaussettes et un bonnet.

Les premiers filets ont été faciles à détacher. J'avais pour mission de tuer les poissons qui n'étaient pas encore morts. Pour éviter le sang, j'ai écrasé leur tête entre deux pierres. Je sais que ça a l'air un peu barbare, mais ils devaient mourir rapidement. Ils étaient si glissants que j'avais peur qu'ils ne s'échappent de mes mains pour plonger de nouveau dans l'eau.

Nous sommes passés aux filets suivants car le vent s'est intensifié et qu'il a commencé à tomber des cordes. Il y avait beaucoup de poissons et nous devions libérer chacun d'entre eux sans abîmer ni le poisson ni le filet. Ce n'était pas si simple que ça.

Trois heures, 35 truites et un filet perdu plus tard, nous étions vraiment trempés et frigorifiés. Je ne sentais plus mes doigts et j'avais du sang de poisson plein les vêtements mais je me sentais bien (et fatiguée). Nous nous sommes rués dans la bonne humeur vers la *hytte* où Carina avait cuisiné un merveilleux repas. Il faisait bien chaud dans la *hytte* grâce au feu et des vêtements secs et (presque) propres nous attendaient. C'était le paradis. Kaia et moi avons décidé d'aller nager dans le lac. Oui, je sais, il faisait plus froid que la veille quand j'avais refusé de me joindre à elle, mais après avoir passé cette journée à tuer du poisson, j'avais changé d'avis. Piquer une tête dans de l'eau propre et fraîche tout en sentant la pluie ruisseler sur mon nez me donnait très envie, et j'en ai en effet bien profité.

Cette nuit-là, d'autres membres de la famille sont arrivés. Je me suis demandé comment on allait faire pour tous tenir dans ce petit espace, mais tout s'est bien passé. Nous sommes restés à la maison, avons joué aux cartes et bu ce que je pensais être de la Jägermeister allemande à cause de la bouteille, même si l'alcool était très sucré et n'avait pas le même goût.

En fait, c'était de l'alcool qu'ils avaient fait eux-mêmes. J'ai (de nouveau) osé demander si c'était sans danger de le boire car j'avais entendu qu'on pouvait perdre la vue en consommant de l'alcool fait maison. C'est fou ce que ces Françaises agaçantes posent comme questions… mais le père de Kaia m'a quand même répondu en me disant que seul de l'alcool produit par des idiots qui ne savent pas s'y prendre pouvait rendre aveugle. Je m'attendais plus à une explication scientifique… mais message reçu.

Nous avons passé une soirée très agréable, même si je ne saisissais pas tout ce qui se passait. Nous étions un peu éméchés et ils ont laissé tomber le dialecte que je comprenais. Je mettais beaucoup plus de temps à comprendre les blagues et, plus important encore, les règles des parties de cartes auxquelles nous jouions.

Egil nous a raconté cette incroyable histoire au sujet d'une famille d'ours qui s'était introduite dans une *hytte* et y avait dévoré toute la nourriture, y compris les sachets de soupe déshydratée et les canettes de bière. Je me suis imaginée face à un ours. Ou pire encore, face à un ours ivre. Carina a lu l'inquiétude dans mes yeux et m'a dit qu'il n'y avait aucune chance qu'un ours puisse entrer dans cette *hytte* car elle avait été construite par son père (et il y a cinq Vikings pour me protéger ici, ai-je pensé, ça devrait suffire). « *Sånn er hyttelivet* » a lancé Egil. Ce qui peut se traduire par « C'est ça la vie en hytte norvégienne ».

J'ai soudain compris pourquoi les Norvégiens adorent passer du temps dans une hytte ou chalet. Cela implique de ressentir de la fatigue non pas parce qu'on est resté assis toute la journée devant un ordinateur, mais parce qu'on a pêché et cuisiné, qu'on est allé chercher de l'eau et qu'on a couru dans la forêt toute la journée pour voir des rennes.

Cela implique aussi de manger de la confiture faite maison de *multer* (mûre arctique), qu'Egil définissait comme « des baies orange que les gens d'Oslo sont assez stupides pour acheter à un prix exorbitant alors que nous, on les cueille juste devant chez nous ». Cela implique de faire cuire sur le gril du poisson tout juste pêché dans le lac voisin.

Et plus important encore, cela implique de se réunir autour d'un feu, de transpirer des jours durant dans ses sous-vêtements en laine, sans se soucier ni de son apparence ni des odeurs que l'on dégage.

Quand l'heure est venue pour nous de partir, nous avons traversé la forêt pour regagner la voiture avec des sacs bien plus légers (remplis de déchets et de bouteilles vides). Retourner à la vie moderne m'a fait réaliser à quel point l'électricité et l'eau chaude étaient des inventions géniales. Ce séjour avait été merveilleux mais plus fatigant que prévu. Je ne remercierais jamais assez mes nouveaux amis de m'avoir accueillie chez eux et enseigné toutes ces choses.

De retour vers la civilisation où j'avais enfin du réseau, j'ai reçu plusieurs messages, dont certains étaient d'Ante.

Un seul coin de la cabane captait le réseau. Il se trouvait à deux mètres au-dessus du sol, juste en dessous du toit, ce qui veut dire qu'on brandissait notre portable en l'air à tour de rôle pour obtenir une petite barre de signal. Je n'avais pas tant d'amis que ça en Norvège qui auraient pu m'envoyer des messages, alors j'avais décidé d'éteindre mon portable pendant tout le séjour.

Ante se demandait si j'avais survécu à mon premier *hyttetur* et voulait savoir quand je rentrais à Oslo pour qu'on se voie. Je lui ai répondu qu'on pourrait bientôt se retrouver. Je voulais rester un peu plus longtemps avec Kaia pour visiter Røros, d'où je prendrais le train pour Oslo deux jours plus tard.

En bref : passer tout un été à découvrir la Norvège est une excellente idée, si l'on considère le mot « été » au sens très large du terme. Contrairement à Marseille, en Norvège, le mot « été » n'exprime que l'espoir de la chaleur et du soleil, mais ne transforme pas forcément ce rêve en réalité.

Pourquoi est-ce que ça vaut le coup de passer ses étés en Norvège malgré le temps capricieux et les forts vents contraires ? Car les Norvégiens sont aussi diversifiés que le sont leurs paysages et leurs dialectes. Ce pays est l'un des plus beaux que j'aie visités de ma vie, malgré son ciel gris et sa pluie de grêle battante. Mais les quelques minutes ou heures ou journées de soleil, quand les différentes couleurs des fjords se dévoilent et que les montagnes ôtent leur manteau de brouillard, valent toute la pluie du monde.

Rien n'est comparable à un été en Norvège.

IV

AUTOMNE

ET NOUVEL HIVER

La saison du *Fårikål*

Mes vacances d'été et ma découverte du territoire norvégien touchaient tristement à leur fin. Je devais retourner au travail. Bizarrement, mon employeur souhaitait que nous soyons de retour de vacances au début du mois d'août car c'était la fin de ce qu'ils appelaient les *fellesferie* ou « vacances communes ». C'est ce moment où tout le pays prend des congés en même temps, entre la dernière semaine de juin et le 5 août à peu près.

Encore plus troublant, les Norvégiens parlent déjà d'automne en août. Combien de temps dure vraiment un été norvégien ? S'il peut neiger un 17 mai et que le mois d'août est déjà l'automne, l'été dure de quatre à six semaines.

Je savais, pour l'avoir vécu, qu'un été norvégien était loin d'être une garantie de soleil et de chaleur. Comme je l'avais constaté au Trøndelag pendant mon expédition en cabane, en Norvège, il pouvait pleuvoir et faire jusqu'à 4 °C en été. Il pouvait même neiger au Finnmark en juillet m'avait-on raconté.

Je sentais l'automne arriver rien qu'en observant les changements qui se produisaient autour de moi. Pas qu'au niveau du temps, mais aussi des gens et des magasins.

Tout à coup, les couleurs affichées dans les boutiques devenaient chaudes et les Norvégiens achetaient assez de bougies pour pouvoir chauffer le Palais royal durant tout l'hiver.

Vers la fin du mois d'août, les températures se sont rafraîchies et les feuilles des arbres ont pris une teinte plus rouge, orange et jaune.

Les conversations tournant autour des destinations de nos vacances d'été ont été remplacées par des discussions sur les meilleurs endroits où cueillir des baies et des girolles et où acheter les meilleures bottes en caoutchouc.

Les Norvégiens essayaient de faire durer leur bronzage d'été tout en réservant leurs billets pour leurs vacances de Noël. Je n'arrivais pas à croire que l'été s'en était allé et que certaines personnes se mettaient déjà à parler de Noël.

Pendant ce temps, le Sud de la France enregistrait 30 °C, août étant le mois le plus chaud. Ma famille se baignait dans la mer au moins jusqu'au mois d'octobre. Il allait vraiment falloir que je trouve de quoi m'occuper ici pendant cette période de transition entre un été éclair et un hiver interminable.

L'automne est devenu ma saison préférée, avec son ciel bleu, son air vivifiant et ses feuilles rouges. En Norvège, c'est à cette saison qu'on va chercher des *kantarell* (girolles) dans la forêt et qu'on rend les choses *koselig* pour se réchauffer le cœur et lutter contre le froid. Les activités à faire et les bonnes spécialités culinaires du coin abondaient. C'était la saison du crabe, et celle de l'agneau, ce qui était synonyme de délicieux plats à déguster comme le *fårikål*, qui consiste à faire cuire de l'agneau, du chou et du poivre noir dans une grande cocotte pendant des heures. À cette période de l'année, la citrouille est un légume de saison et on pouvait en acheter de très bonnes à petit prix.

J'ai décidé que cette fois-ci, je ferais tout mon possible pour éviter de tomber dans le piège de la dépression hivernale. Comme Ane me l'avait conseillé, j'ai commencé à prendre une cuillère d'huile de foie de morue chaque matin à partir du 1er septembre. Je me suis mise à courir dans les bois. Je portais des sous-vêtements en laine comme Kaia me l'avait enseigné et je gardais ma tête bien au chaud. Je me suis acheté des pointes à mettre sous mes chaussures pour pouvoir continuer à courir dans la forêt voisine, Nordmarka, quand la terre était verglacée. En Norvège, on appelle ça des *brodder*. J'essayais de me donner à fond au travail, malgré l'hiver qui rendait les journées de travail plus longues qu'en été (oui, les Norvégiens ne travaillent pas le même nombre d'heures à chaque saison).

Je faisais des progrès rapides en norvégien. J'ai arrêté de fréquenter mon cours quand j'ai atteint un certain niveau. Un jour, Bjørn est arrivé à une réunion quelques minutes avant qu'elle ne commence et m'a dit :

« *I dag skal Lorelou ta referat. På norsk* ».

J'ai compris les grandes lignes : aujourd'hui, j'allais devoir noter le compte-rendu de la réunion en norvégien. Oh non ! Jusqu'à présent, la direction s'était adaptée à moi en tenant compte de mon processus d'apprentissage linguistique, et tout ce qui touchait à mon travail avait été en anglais. C'était terminé, c'était à moi de m'adapter maintenant. Les choses sérieuses commençaient.

Ce jour-là, j'ai essayé de comprendre ce que tous mes collègues disaient dans leurs différents dialectes : Norvège de l'Ouest, du Nord et Oslo. À la fin de la réunion, mon cerveau était en ébullition et j'étais épuisée par toute cette concentration. Il me restait à faire vérifier mes notes pour éviter d'envoyer une copie bourrée de fautes et de malentendus à tout le monde. Torbjørn a eu l'honneur de contrôler le document. Il a rigolé plusieurs fois et a tout corrigé.

« C'est bien. C'est comme ça qu'on apprend. Écoute, je vois

que tu t'intègres bien à la société norvégienne car tu apprends vite et que tu es motivée. Mais il y a une expérience que tu n'as jamais vécue je pense, m'a-t-il dit mystérieusement.

— Comme quoi ? lui ai-je demandé, m'attendant à être embarquée dans une autre cabane où j'allais devoir vider du poisson vivant si je voulais dîner ce soir-là.

— Le *harrytur* ! s'est-il exclamé avec enthousiasme. On y va ce week-end avec ma petite amie. On s'y rend tous les week-ends avant notre mariage en juin. Ça devient ennuyeux pour nous, mais avec toi, je suis sûr que ce sera plus amusant » m'a-t-il dit.

J'ai appelé Ante pour voir s'il voulait se joindre à nous.

« Un *harrytur* ? Pourquoi je voudrais en être ? » m'a-t-il répondu en riant.

Quel manque d'esprit d'aventure !

Faire du shopping en Suède

« Si un *hyttetur* est un tour en cabane, un *harrytur* est un voyage vers un endroit qui s'appelle Harry et qui est en Suède je suppose ? ai-je demandé à Torbjørn.

— Non. Pas du tout. Harry est une personne, pas un endroit. Viens avec nous ce week-end. Tu verras, ce sera marrant » m'a-t-il répondu. C'est comme ça que j'ai participé à mon premier *harrytur*.

Notre voyage a débuté un samedi matin à 8 h 30. Pourquoi devait-on partir si tôt ? On était samedi : pourquoi on ne pouvait pas faire la grasse matinée ? La Suède n'irait nulle part, elle serait toujours là si on partait vers 11 heures. Mais non, Torbjørn était formel.

« Non, non, on doit arriver là-bas aussi tôt que possible pour éviter la queue, m'a expliqué Torbjørn.

Sa petite amie, Urine, était avec nous.

Apparemment, ça s'écrivait Jorunn, mais quand on le prononçait, on entendait vraiment Urine.

— La queue ? On va à la frontière suédoise, non ? Il y a la queue là-bas ? ».

La réponse était : oui, à l'entrée du magasin suédois de vins et spiritueux, Systembolaget.

En chemin, j'ai posé toutes sortes de questions : qui était cet Harry à qui on allait rendre visite en Suède près du magasin de vins et spiritueux ?

Torbjørn m'a appris qu'en Norvège, Harry est un concept. En norvégien, quand on emploie le terme *harry* pour décrire quelque chose ou quelqu'un, ça veut dire que c'est vulgaire et de mauvais goût. J'imagine qu'une coupe de cheveux peut être *harry*, tout comme une attitude ou un type de vacances. Donc, *harry* est le contraire de « cool ».

En général, un *harrytur* ou *harryhandel* est un voyage que les Norvégiens font en Suède, ou bien au Danemark, pour s'acheter de l'alcool, des cigarettes, de la viande et tout un tas d'autres produits de première nécessité comme les bonbons et les chaussures de sport à moindre prix. Ok, donc on faisait un voyage que seules les personnes vulgaires et de mauvais goût entreprenaient.

« Attends, mais les Norvégiens ne font pas TOUS de *harry-tur* ? » ai-je demandé. De l'alcool et du *snus* bon marché à quelques heures de route tenteraient n'importe quel Norvégien.

Tout à coup, ils se sont mis à crier « Woohoo ! ». J'ai regardé autour de moi : qu'est-ce qui pouvait bien valoir la peine de hurler « Woohoo ! » ? Le paysage était plat depuis qu'on avait quitté Oslo.

« Tu n'as pas vu ? Sur cette route, on peut rouler à 110 km/h ! » m'a-t-il répondu en souriant.

Les Norvégiens n'ont pas besoin de grand-chose pour s'emballer.

Une heure et demie après notre départ, Torbjørn s'est exclamé :

« On est en Suède !

— Comment tu le sais ? » lui ai-je demandé. Nous n'avions rien franchi de spécial qui aurait pu indiquer la présence d'une frontière internationale. Nous avions traversé un petit pont (c'était ça, la frontière), qui était d'ailleurs bien plus court que celui qui reliait Malmö à Copenhague.

Deux minutes plus tard, nous nous sommes garés sur le parking d'un centre commercial où de nombreuses voitures avec un grand « N » étaient stationnées : des voitures norvégiennes. Le magasin suédois de vins et spiritueux s'appelle Systembolaget. Comme son semblable norvégien Vinmonopolet, qui a le monopole de la vente d'alcool, mais en moins cher. Une fois à l'intérieur, je n'ai pas pu m'empêcher de remarquer qu'il était plein à craquer.

« Oh, ça, c'est rien, m'a dit Jorunn. Avant les vacances de Pâques, il arrive qu'on fasse la queue sur une dizaine de mètres avant de pouvoir entrer. On ne nous laisse entrer que quand beaucoup de monde a quitté le magasin. Tu sais, pour des raisons de sécurité ».

Comme un videur à l'entrée d'une boîte de nuit ? Est-ce que ça revenait vraiment moins cher aux Norvégiens de perdre la tête pour ça ?

J'ai eu la réponse à ma question cinq minutes plus tard, quand un étranger a dit en plein magasin et très bruyamment, dans un anglais teinté d'un fort accent allemand :

« C'est pas bon marché ! En Allemagne, cette bière coûte moins d'un euro ! »

Exactement. J'ai regardé le vin et j'en suis arrivée à la même conclusion : ce n'était pas bon marché, c'était juste moins cher comparé aux prix norvégiens. Du point de vue des prix français, ça restait cher. Au pays des aveugles, les borgnes sont rois.

Nous nous sommes frayé un chemin vers la sortie du magasin de vins et spiritueux et avons compté toutes nos bouteilles pour vérifier que nous ne dépassions pas le quota autorisé. Puis, nous nous sommes dirigés vers un autre magasin qui s'appelait Nordby. Nordby est un gigantesque centre commercial rempli de Norvégiens qui entassent les articles qu'ils achètent dans d'énormes caddies. C'est là que j'ai découvert le plus grand magasin de bonbons que j'aie jamais vu de ma vie, avec des barres de chocolat Toblerone de deux kilos et des sachets de bonbons d'un kilo. Il y avait tellement de sucre dans ce magasin que j'avais l'impression de devenir diabétique rien qu'en posant mes yeux dessus. Si j'avais été petite, j'aurais essayé de me faire enfermer là-dedans toute la nuit pour me gaver de bonbons croco.

Nous avons déjeuné chez MAX, un fast-food suédois, et bu plein de Ramlösa, l'eau gazeuse locale vendue en bouteilles de cinq litres.

Le supermarché était sympa car il proposait une gamme de produits bien plus vaste que les supermarchés de Norvège. Il y avait plus de choix en légumes, viande, produits surgelés, types de fromages, et bien sûr, une plus grande variété de *knekkebrød*. Désolée les amis norvégiens, je sais que vous n'aimez pas quand les Suédois sont plus doués que vous, mais si tout est si génial que ça en Norvège, pourquoi allez-vous faire vos courses en Suède ?

À la fin de la journée, nous avions mal aux jambes, nos comptes s'étaient considérablement allégés en couronnes suédoises et la voiture était remplie de litres d'alcool. Bien sûr, nous avions aussi acheté notre quota de viande par personne : 10 kg. Certains regagnaient la frontière en entassant des amis et de la famille dans leur voiture afin de pouvoir rentrer chez eux avec des dizaines de kilos de viande, d'alcool, de bonbons, de matériel de sport et de tabac. Une fois arrivée chez moi avec mes sacs de courses qui pesaient une tonne, j'ai dû faire une sieste. Personne ne m'avait dit qu'être *harry* était si crevant.

« On y retourne le week-end prochain si ça te dit ! On va faire le plein d'alcool tous les samedis pour notre mariage en juin, m'ont dit Torbjørn et Jorunn.

Chaque samedi ? Ça avait l'air épuisant.

— En fait, je crois que je vais juste le faire de temps en temps, ai-je répondu poliment.

J'avais acheté assez de *knekkebrød* pour six mois et le vin en cubi allait aussi durer un moment.

« Peut-être que la prochaine fois, on pourrait visiter autre chose que la frontière en Suède ? ai-je ajouté. J'étais sûre qu'il y avait d'autres choses à voir que Systembolaget.

— Oui, a répondu Jorunn, à moitié convaincue. On pourrait s'arrêter dans cette petite ville qui s'appelle Strömstad et la visiter après avoir acheté de l'alcool ».

J'espérais voir plus de Suédois que de Norvégiens lors de mon prochain voyage en Suède.

Ce jour-là, j'ai franchi un nouveau palier dans ma mission visant à m'intégrer à la société norvégienne. J'avais fait quelque chose de très norvégien : j'avais passé trois heures en voiture pour économiser quelques couronnes sur l'alcool mais dépensé bien plus en essence et en hamburgers suédois. Est-ce que ça en valait vraiment la peine ?

La relation des Norvégiens à l'argent et aux économies est d'ailleurs très étrange. Ça ne dérange pas la plupart des Norvégiens d'envoyer un SMS en deux minutes pour tenter de décrocher un appartement en offrant 30 000 euros de plus que son prix initial. Mais ils sont prêts à parcourir plusieurs centaines de kilomètres par jour en voiture pour se rendre en Suède dans le but de s'acheter une bouteille de vin 50 NOK moins chère que ce qu'elle leur aurait coûté dans leur propre pays.

En bref : j'ai appris trois choses qui sont importantes aux yeux des Norvégiens : l'alcool, la vitesse et la qualité de leurs routes.

Les Norvégiens sont-ils si radins que ça ? C'est vrai qu'ils adorent acheter des produits soldés, que ce soit en Suède ou ailleurs, pour ensuite s'en vanter. Comme si un article prenait de la valeur si vous l'achetiez moins cher que son prix normal. Ils sont aussi capables de dépenser des sommes faramineuses pour du matériel de sport et des appartements.

Le *harrytur* n'est pas forcément une spécificité norvégienne : les Norvégiens se rendent en Suède, les Suédois au Danemark, les Danois en Allemagne, les Allemands en Pologne, les Finlandais en Russie, et ainsi de suite. Des populations locales franchissent différentes frontières dans le monde entier et rentrent chez elles le même jour. La destination change mais les raisons restent les mêmes : acheter de l'alcool bon marché.

La chorale en nynorsk

Je cultivais une vie sociale bien remplie. J'avais réussi à me faire deux bonnes amies à Oslo (Ane et Kaia) et bien d'autres en Norvège du Nord en moins d'un an. De mon point de vue, je m'en sortais incroyablement bien (s'apitoyer sur son sort n'est pas d'une grande aide en plein hiver scandinave).

Je fréquentais aussi un garçon qui était un ami, mais que je n'avais pas le droit d'appeler mon petit ami : Ante. Oui, il avait des colocataires et beaucoup d'amis, mais devoir dépendre de lui pour ma vie sociale était la dernière chose dont j'avais envie. J'avais besoin d'avoir mon propre cercle d'amis.

Je savais qu'Ane et Kaia seraient occupées avec leur vie, leurs amis, leurs voyages et leur famille. Je ne pouvais pas entièrement compter sur elles pour me distraire pendant tout l'hiver. J'ai donc décidé de me trouver une activité à laquelle j'aurais pu régulièrement participer et qui m'aurait forcée à quitter la maison au moins un soir par semaine après le travail.

Un soir, alors que je dînais chez Ante, son colocataire Ken Tore m'a dit :

« Tu sais quoi, je connais une chorale 100 % féminine avec des filles très cool. Tu devrais les rejoindre. Je peux te donner leurs coordonnées ».

Depuis que nous étions revenus du festival, les choses ne se passaient pas exactement comme je l'avais imaginé avec Ante. Certains jours, il avait très envie de me voir, tandis que d'autres, il semblait distant. Il avait dû me présenter à certains de ses amis mais ne leur avait pas dit que j'étais sa petite amie. Qu'est-ce que je suis, alors ? me suis-je demandé.

La chorale féminine de Saint Halvard était exactement ce dont j'avais besoin. J'y ai été acceptée malgré mes talents de chanteuse assez médiocres, il faut bien l'avouer. En plus, vu mon niveau moyen en norvégien et mes connaissances nulles en culture musicale norvégienne, a priori j'allais prendre plus de temps pour apprendre les chansons. Mais c'était une opportunité incroyable pour élargir mon cercle social, et surtout faire quelque chose au moins un soir par semaine après le travail. Elles m'ont proposé de venir un soir et bien sûr, j'ai accepté.

Règle numéro 564 pour se faire des amis en Norvège : ne pas refuser d'événement social, surtout s'il s'agit d'une invitation à dîner, de vacances dans une cabane familiale ou d'une activité de groupe.

À ma première séance avec la chorale, j'en ai bavé. On n'attendait pas de moi que je suive des conversations sur le travail mais que je chante en rythme sur des chansons que toutes les autres filles présentes dans la salle connaissaient. Je ne comprenais pas tous les mots. Certaines chansons provenaient de leur enfance comme *Bæ bæ lillelam* (Bê bê petit agneau) qui répétait le son « bê » tellement de fois que j'en étais complètement perdue dans la partition.

« On recommence à bê » a dit Frida, la cheffe de chœur. Lequel ? me suis-je demandé.

Un autre chant était issu d'un programme télé pour enfants qui s'appelle *Ronja Røverdatter* et dont je n'avais bien sûr jamais entendu parler.

« Tu ne regardais pas d'émissions suédoises pour enfants quand tu étais petite ? » m'a demandé Frida. À Marseille, on ne regarde pas trop d'émissions suédoises, j'avais envie de dire. Déjà que Paris c'est le Nord, alors la Suède !

D'autres chansons étaient en néo-norvégien ou *nynorsk* car Frida venait d'une île située près d'Ålesund, à l'ouest de la Norvège, où le *nynorsk* est la norme.

Je côtoyais cette langue presque quotidiennement puisque ma collègue Ylva écrivait en *nynorsk*, mais nous ne l'avions pas apprise à mon cours de norvégien et la chanter était une autre paire de manches. Les phrases n'avaient pas toujours de sens à mes yeux, alors je me suis contentée de les apprendre par cœur.

Pourquoi la Norvège, qui est si peu peuplée, possède-t-elle deux langues officielles ? Le pays ayant été sous occupation danoise, le danois a été la langue écrite de la Norvège jusqu'en 1814. Lorsque la Norvège est devenue indépendante, de nombreux Norvégiens ont eu besoin d'avoir leur propre langue écrite pour refléter leur identité nationale. Le *bokmål*, qui signifie littéralement « la langue des livres », est une langue écrite héritée des Danois. Il s'agit donc d'une version norvégisée du danois.

Le *nynorsk* ou néo-norvégien est l'autre norme écrite de la langue norvégienne. Contrairement à ce que pensent beaucoup de gens, il ne s'agit pas d'une version orale du norvégien ni même d'un dialecte norvégien : le *nynorsk* est une langue écrite logée à la même enseigne que le *bokmål*.

Ivar Aasen, un linguiste norvégien, a parcouru toute la Norvège au milieu du XIXe siècle pour recueillir l'ensemble du vocabulaire et de la grammaire d'origine norvégienne ayant subi peu d'influences du danois. Cela a constitué les bases d'une langue censée être plus norvégienne et rurale que le *bokmål* qui provenait de l'élite des villes.

Aujourd'hui, la société norvégienne n'arrive toujours pas à se mettre d'accord pour savoir si le *nynorsk* doit continuer à être obligatoire à l'école. Près de 15 pour cent de la population norvégienne utilise le *nynorsk* en guise de langue écrite officielle.

Pour ma part, qu'il s'agisse de *bokmål* ou de *nynorsk*, ça restait des langues étrangères à mes yeux. Mais le *bokmål* m'était plus familier grâce à mon cours de norvégien. Si c'est une langue officielle en Norvège, pourquoi ne pas enseigner aussi le *nynorsk* aux nouveaux venus ? Mais revenons-en à la chorale. Ma voix de chant n'était pas si agréable à écouter que ça mais ça ne semblait pas déranger les autres filles. Nous étions là pour nous amuser et être ensemble, et c'était en fait très… comment ils disent déjà ? *Koselig* !

Ces mardis soirs passés avec la chorale étaient merveilleux. Au fil des semaines, j'ai appris à connaître les filles de mieux en mieux. Nous sommes devenues plus proches. En fonction des semaines, nous étions environ six à dix personnes. Une fille du nom de Frida nous dirigeait car elle avait une plus grande formation musicale que le reste d'entre nous. C'était une excellente cheffe de chœur qui était en plus très drôle.

Les répétitions étaient très agréables. Nous nous retrouvions chez l'une des personnes qui chantaient ce soir-là. Beaucoup de bougies étaient allumées et il y avait toujours un bol des chips de pommes de terre et du chocolat sur la table. On papotait un peu, puis on chantait et on continuait à discuter.

Après les répétitions, on allait parfois boire une bière dans un bar à côté. Pour la première fois depuis que j'étais arrivée en Norvège, je faisais partie d'une communauté. Une communauté qui m'avait choisie, pas comme mes collègues de travail. Ces filles avaient eu le choix et elles m'avaient choisie ! Un soir,

Frida nous a donné une bonne nouvelle : elle allait se marier. Et encore mieux, elle nous invitait toutes à son mariage. Je n'arrivais pas à y croire ! J'étais invitée à un mariage norvégien. Ça allait être long d'attendre jusqu'à l'été prochain, mais j'étais prête.

Ces filles de la chorale étaient très sympathiques. Nous partagions nos points de vue, nous nous amusions et nous nous créions des souvenirs communs. Certaines sont tombées enceintes, d'autres sont redevenues célibataires et nous avons traversé tout ça en restant copines.

Je me faisais enfin de vraies amies, ce qui m'a donné une raison de plus de vouloir rester en Norvège. Alors que le mois de décembre approchait, nous avons même organisé notre première *julebord* ou fête de Noël pour les filles de la chorale.

En bref : se faire des amis en Norvège n'est pas chose facile, pour une raison très simple. Les Norvégiens ont déjà plein d'amis. Ils se font des amis d'enfance dans leur quartier, à la crèche et à l'école primaire. Puis au collège et lycée, aux activités sportives périscolaires. Puis, vient le *folkehøyskole* (un genre d'année de césure après le bac) où beaucoup de Norvégiens partent du domicile familial pour vivre dans une école isolée, apprendre des choses un peu farfelues (le tarot par exemple). Puis, ils se font des amis à la fac, et dans les partis politiques de jeunesse auxquels de nombreux jeunes participent activement. À l'âge de 25 ans, un Norvégien de base a déjà de nombreux amis proches de plein de cercles différents. Les fêtes, *julebord* et même voyages (*guttetur* et *jentetur* – voyage entre filles/garçons) sont autant d'invitations qu'ils doivent bloquer dans leur calendrier en plus du travail, et des enfants s'ils en ont. Sans parler de leur famille : parents, frères et sœurs, et voyages dans la *hytte* familiale.

Autant dire qu'ils ont très peu de temps disponible pour de nouveaux amis comme nous, étrangers sans racines qui débarquons et avons plein de temps et peu d'amis. Comme me l'a dit une fois une collègue : « Tu es très sympa, mais je n'ai pas la capacité d'avoir plus d'amis. Mon quota est atteint ! ».

Donc oui, si un Norvégien vous invite à n'importe quoi, allez-y. L'opportunité ne se représentera peut-être pas. Si vous êtes étudiant en Norvège, profitez-en : vous êtes encore à cette période où les Norvégiens ont des places d'amis disponibles !

Une visite de famille

Mes parents avaient été occupés par leur travail et d'autres choses toute l'année, mais ils avaient maintenant l'occasion de me rendre visite. Ils voulaient venir me voir en novembre mais j'avais peur que ce soit le meilleur moyen de leur couper à jamais l'envie de revenir en Norvège. Je trouvais que novembre était le pire mois de l'année : pas de neige, mais des jours si sombres et tellement de pluie glacée. C'était ce que l'hiver et l'automne offraient de pire condensé en un mois.

Mon père, originaire du Québec, était plutôt sceptique à l'idée de cette visite car il avait quitté le Canada à cause du froid. Il n'avait pas l'intention de partir en vacances dans un endroit où il ferait plus froid qu'en Provence. Ma mère était plus enthousiaste à l'idée de découvrir la Norvège, mais n'avait pas d'idée précise de ce à quoi la vie en Scandinavie pouvait ressembler.

En novembre, il arrivait que les trottoirs d'Oslo soient

recouverts d'une épaisse couche de glace. Cela entraînait beaucoup d'accidents : les gens glissaient et se cassaient une jambe. J'ai essayé d'utiliser cet argument pour les inciter à venir plus tôt en automne, mais elle n'arrêtait pas de me dire :

« Je comprends que novembre ne soit pas l'idéal. Dis-nous juste la semaine où il fera chaud et beau, et on viendra à ce moment-là ».

Le problème, c'est que le temps est imprévisible dans ce pays. Il peut neiger même en été. J'avais vécu à Copenhague, et Oslo paraissait juste comme une autre capitale scandinave. Pour les Marseillais, tout ce bloc n'était qu'une province lointaine faite de glace et habitée par des manchots. Par exemple, ma tante n'arrivait jamais à se rappeler où je vivais. Elle n'arrêtait pas de me parler du fils de son amie, Noor, qui vivait dans la même ville que moi.

« Il a emménagé à Stockholm comme toi et il dit que c'est très difficile d'apprendre le norvégien. Je peux peut-être vous mettre en contact, m'avait-elle dit.

— Attends, s'il est à Stockholm, il est sans doute en Suède, pas en Norvège, lui avais-je expliqué.

— Bien sûr, m'avait-elle répondu. En tout cas, c'est une langue très dure à apprendre, avait-elle ajouté.

— Je veux bien te croire, surtout s'il apprend le norvégien en Suède ! » avais-je conclu en riant.

Mes parents sont venus en octobre pour un long week-end et j'ai eu beaucoup de chance car le temps gris et pluvieux s'est soudainement transformé en ciel bleu et ensoleillé. La forêt derrière chez moi était encore très colorée, même si les feuilles se paraient d'une teinte rouge plus foncée et que certaines d'entre elles commençaient à tomber.

Je devais travailler, alors ils ont passé leur première journée à Oslo tout seuls. J'allais être libre pendant le week-end pour leur faire visiter la ville. Ante savait que mes parents venaient alors il semblait se cacher chez lui pour être sûr de ne pas tomber sur eux. Ça m'allait. Je n'avais pas envie de me lancer dans une grande discussion avec ma famille sur la direction que prenait ma vie amoureuse.

Pour leur première journée, ils ont remonté l'avenue Karl Johan, l'avenue principale du centre d'Oslo, jusqu'au Palais royal. Ils sont ensuite allés à Aker Brygge, le port principal d'Oslo, et ont poursuivi leur promenade jusqu'au musée Astrup Fearnley d'art moderne. Ce dernier présentait une architecture originale, abritait une plage et offrait des vues à couper le souffle sur le fjord d'Oslo. Puisqu'il leur restait encore un peu de temps avant de me retrouver, ils ont pris un bateau au départ d'Aker Brygge pour gagner Nesodden et un bus pour faire le tour de la péninsule.

Ils m'ont retrouvée à la sortie du bureau à 16 h et nous avons pris un café près du parlement norvégien.

« Alors, comment vous trouvez Oslo ? leur ai-je demandé.

— J'ai beaucoup aimé le musée, m'a répondu ma mère. On a vu une exposition incroyable et tout y est si spacieux. J'ai aussi adoré le panorama qu'on avait sur Nesodden depuis le bus. C'est vraiment agréable d'avoir la mer si proche du centre-ville, a-t-elle ajouté.

Quelque chose semblait perturber mon père.

— Alors, c'est un jour férié aujourd'hui, c'est ça ? m'a-t-il demandé.

— Non, c'est un jour de travail normal. Pourquoi ? lui ai-je répondu.

— Alors, pourquoi les rues sont si vides ? m'a-t-il questionnée, étonné, ce qui m'a fait rire.

— En fait, on est en pleine heure de pointe là à Oslo. Tout le monde rentre à la maison après le travail » lui ai-je expliqué.

J'y étais habituée, mais c'est vrai qu'Oslo était beaucoup moins peuplée que d'autres capitales du monde.

Elle comptait environ 600 000 habitants : la taille d'une grande ville en France. C'était à peu près la taille de Lyon, qui n'est même pas la ville la plus peuplée de France.

Pour les Norvégiens, Oslo est en fait une zone très peuplée, la plus peuplée du pays. Peut-être qu'il fallait que je les invite à Oslo un 17 mai ? Il y aurait beaucoup de monde dans les rues comme dans un jour normal dans une ville française.

Nous sommes retournés à mon appartement et le lendemain, on a fait une marche derrière chez moi dans la forêt de Nordmarka. En haut de la pente qui sert de piste de ski de fond illuminée en hiver, la vue sur Frognerseteren était à couper le souffle. Cette immense maison en bois avec ses petits dragons en bois sortant du toit comme sur un drakkar viking était exotique. Ma mère a une fois de plus été émerveillée par cette nature si accessible.

Les menus au café de Frognerseteren était très cher mais par chance ils avaient un petit café avec des viennoiseries norvégiennes comme les *boller*, surtout celles à la cannelle, et les gaufres norvégiennes en forme de cœur.

Le soir, nous avons été invités chez Kaia : elle voulait montrer à mes parents à quoi ressemblait l'hospitalité norvégienne. Nous avons acheté des bières au supermarché pour nos hôtes et mon père est revenu du comptoir à toute vitesse.

« J'ai vu le prix, j'ai cru que c'était pour un pack de bières. Lorelou, tu ne vas jamais me croire, m'a-t-il lancé, pâle comme un linge.

— ... c'était le prix d'une bouteille ? lui ai-je demandé.

— Exactement. Une petite bouteille coûte aussi cher qu'un pack de bières en France. J'y crois pas. Comment une canette de bière peut coûter aussi cher ? » m'a-t-il demandé.

Nous avons pris le métro pour nous rendre chez Kaia. C'était l'automne, alors le besoin de *koselig* s'emparait de nouveau des Norvégiens. Kaia a allumé de petites bougies dans toute la maison pour notre dîner. Mes parents étaient perplexes. Il faut bien avouer que Kaia avait un peu exagéré, il y avait des petites bougies partout dans la maison.

« Qu'est-ce qui se passe ? C'est une réunion sataniste ? a demandé ma mère, en plaisantant à moitié.

— Non, c'est pour donner un peu de chaleur à la pièce, ai-je répondu.

— Mais ils sont si pauvres qu'ils se chauffent à la bougie ? » a demandé mon père. Cette soirée allait être longue, me suis-je dit.

Nous avons mangé assez vite, puis nous avons attaqué les bières. J'ai réalisé que tandis que pour les Français, on socialise autour de la nourriture, pour les Norvégiens, c'était sans l'ombre d'un doute autour de l'alcool. Nous avons passé une bonne soirée, mais une fois partis, mon père m'a dit : « Je n'arrive pas à croire la vitesse à laquelle ils descendent ces bières. Ils ne devraient pas plutôt les siroter calmement vu le prix ? » m'a-t-il demandé. Ah oui, j'avais oublié de mentionner le fait que les Norvégiens adoraient boire de la bière, et encore plus quand elles étaient gratuites.

J'étais persuadée que mes parents allaient trouver les Norvégiens polis, avec leur tendance à ne pas envahir l'espace vital des autres. C'était l'une des choses que j'adorais en Norvège et chez les Norvégiens. Contrairement à ma ville natale, les gens ici s'occupaient de leurs affaires, ce qui était relaxant. J'aimais aussi le fait que les Norvégiens soient si humbles, comparé à l'arrogance de nombreux Français.

Au contraire, mes parents ont trouvé que les Norvégiens étaient malpolis. Ma mère a été choquée de voir qu'une vieille dame dans le bus a dû rester debout car personne ne lui avait offert son siège.

« Dans toutes les sociétés, le minimum, c'est de respecter les personnes âgées. Pourquoi les Norvégiens ne le font pas ? » m'a-t-elle demandé.

J'ai tenté de trouver des explications à la scène dont ils avaient été témoins : les Norvégiens sont très indépendants et la plupart d'entre eux refuseraient de l'aide si on la leur offrait. Si cette dame s'était vue offrir un siège, elle aurait pu se vexer et le refuser. On partait du principe que si elle avait eu besoin, elle aurait demandé de l'aide. Ça n'a convaincu aucun de mes parents. Marc, mon collègue français, avait une autre explication : les Norvégiens ne vivent en ville et ne prennent le bus et le train que depuis peu. À cause de ça, ils n'ont pas les mêmes réflexes qu'en Europe continentale. Ils ne savent jamais vraiment quoi faire.

Il y avait autre chose qui gênait mon père.

« J'ai l'impression qu'ils ne disent jamais 's'il vous plaît'. Comme si ce mot n'existait pas pour eux ! a-t-il dit.

— Eh bien, crois-le ou pas, il n'existe pas vraiment. *Takk* veut dire 'merci' mais il n'y a que des façons indirectes de dire 's'il vous plaît' en norvégien. Il y a '*vær så god*' mais ça n'a pas vraiment le même sens que 's'il vous plaît' selon le contexte, lui ai-je expliqué. Par exemple, si quelqu'un te demande 'Je peux m'asseoir ici ?', tu peux répondre '*Vær så god*', qui veut dire dans ce cas 'Allez-y, je vous en prie'. Si tu veux demander quelque chose comme 'Je peux avoir un café s'il vous plaît ?', alors tu diras '*Kan du være så snill å gi meg en kopp kaffe?*' ou '*Kan jeg få en kopp kaffe?*'. Si on le traduit en français, ça devient un peu froid : 'Je peux avoir une tasse de café ?'. C'est pour ça que ça peut sembler grossier. Mais quand on traduit du norvégien, il n'y a pas vraiment beaucoup d'options » ai-je ajouté.

Mes parents avaient voyagé à travers le monde, alors ils comprenaient bien que les différences culturelles ne s'expliquent pas toujours rationnellement.

« Et puis, je n'arrive jamais à décrypter leurs émotions. Est-ce qu'ils sont tristes, heureux, déprimés ? Quand j'observe leur visage, je ne sais jamais ce qu'ils ressentent » a commenté ma mère. Ça... La façon dont les Norvégiens expriment leurs émotions mérite un chapitre à elle seule.

Le dernier jour de leur séjour, nous nous sommes promenés en ville. Tout était fermé car c'était dimanche. Nous sommes allés dans un restaurant situé dans le parc d'Ekeberg qui était ouvert et nous avons dégusté un repas composé d'une entrée, d'un plat et d'un dessert. La vue était incroyable, tout comme le service, et la nourriture était un pur délice. Nous avons tous pris une soupe de poisson en entrée. Ensuite, en guise de plat, mon père a choisi du renne, ma mère de la baleine et moi, j'ai opté pour un plat végétarien avec des champignons de saison. Pour le dessert, nous avons savouré de la glace faite maison à la rhubarbe et à la réglisse. J'avais des souvenirs pour eux : des chaussettes en laine, de celles qui étaient fines et en laine mérinos pour avoir bien chaud aux pieds sans transpirer, et un poster de l'exposition qu'ils avaient vue au musée Astrup Fearnley. J'ai envoyé quelques photos de notre repas à Ante qui m'a répondu qu'il était jaloux de notre dîner qui mettait l'eau à la bouche.

En sortant du restaurant, nous avons vu un landau dehors, sans aucune surveillance. Enveloppé dans de la laine de mouton, leur bébé dormait paisiblement, le visage à l'air frais.

Ma mère n'en a pas cru ses yeux.

« Quelqu'un a oublié son bébé ici ? a-t-elle demandé. Il était a priori sans surveillance, mais en fait ses parents étaient certainement en train de manger à l'intérieur, tout en gardant en œil sur le landau pour le réveil du bébé.

— Les Norvégiens pensent que les bébés dorment mieux à l'extérieur. Ils tombent moins malades et deviennent plus résistants, ai-je répondu.

— Mais ils n'ont pas peur que leurs bébés meurent de froid ou qu'ils soient volés par des personnes mal intentionnées ? a-t-elle ajouté.

— Non, c'est leur façon de faire les choses. Même dans les crèches. Ils mettent tous les landaus dehors à l'heure de la sieste, sauf quand il fait plus froid que -10 degrés.

— J'imagine qu'ils savent ce qu'ils font, a répliqué mon père. C'est vrai quoi, ils sont quelques millions et ils ont l'air d'avoir survécu au fait d'avoir dormi dans la neige quand ils étaient petits, a-t-il ajouté.

— Oui, et en plus, ils n'ont pas froid du tout parce que les Norvégiens ont toutes sortes de tenues spéciales pour qu'ils restent bien au chaud. Ils enrobent les bébés dans des laines de mouton et des combinaisons en laine à même le corps » ai-je conclu.

Mes parents ont quitté la Norvège avec des sentiments mitigés par rapport au pays et à ses habitants. Ils m'ont appelée plus tard dans la journée pour me dire qu'ils étaient bien arrivés à la maison. Ils étaient heureux de retrouver leur Provence.

« On espère te voir bientôt à Marseille pour Noël » m'a dit ma mère. Je me suis demandé quand est-ce qu'ils reviendraient en Norvège.

Ce séjour de quatre jours a jeté le doute dans mon esprit : est-ce que je manquais d'objectivité ? Est-ce que je voyais de belles choses en Norvège là où il n'y avait rien à voir ? Ces belles choses que je percevais étaient le côté paisible de la vie en Norvège. Le respect au travail. La liberté que m'offrait le fait de ne pas vivre dans un endroit surpeuplé. La beauté et l'immensité de la nature norvégienne à couper le souffle. La capacité des gens à laisser à chacun l'espace vital dont il avait besoin. Ce n'était de toute évidence pas un paradis pour tout le monde.

En bref : à moins que vos parents ne viennent de Sibérie comme ceux d'Ayta, les membres de votre famille qui vous rendront visite trouveront que la Norvège est froide. Ils penseront aussi sans doute que le coût de la vie est incroyablement élevé et que le prix de l'alcool y est prohibitif. D'un autre côté, le saumon coûte moins cher que partout ailleurs et l'eau et l'air sont très purs. Quand ils vous rendront visite, emmenez-les prendre des photos des fjords pour qu'ils puissent montrer l'exotisme de la Norvège à leurs amis. Quelques idées de souvenirs à ramener à la maison : un rabot à fromage (le fameux *ostehøvel*) et un paquet de *brunost*, de la réglisse, de la viande séchée de renne, des saucissons d'élan et de myrtilles, de la confiture aux mûres arctiques, du pain plat ou de fines chaussettes en laine mérinos.

Dès qu'ils s'en sont allés, j'ai appelé Ante.

« Ils sont partis ! Tu veux qu'on se voie ? » lui ai-je demandé.

Il m'a invitée chez lui. Avec les températures qui chutaient dangereusement, les gens rentraient chez eux plus tôt et restaient le moins possible dehors. La nuit tombait plus vite de jour en jour. Des bougies apparaissaient dans chaque vitrine de magasin. Les Norvégiens commençaient à se créer leur petit nid douillet pour l'hiver et se préparaient à rendre les choses *kjempekoselig* (très cosy).

Je ne bougeais plus de l'appartement d'Ante, sauf pour me rendre au travail. De tous les mois, novembre était celui que j'aimais le moins en Norvège. Il était si déprimant et gris. La neige qui illuminait chaque recoin et baignait chaque endroit de magie était absente. Novembre était synonyme de pluie glacée et de dépression car les journées ne faisaient que raccourcir jusqu'au solstice d'hiver le 21 décembre.

Je trouvais que ça se passait bien avec Ante. Je vivais pratiquement dans son appartement et je m'étais liée d'amitié avec Kent Tore qui avait un grand sens de l'humour et était aussi très gentil. Au bout d'un mois, j'ai décidé qu'il était temps de rentrer chez moi pour un moment.

J'ai observé mon appartement : je devais le rendre plus accueillant pour l'hiver. J'avais remarqué que les Norvégiens changeaient leur décoration d'intérieur à chaque nouvelle saison, et surtout à l'arrivée de l'automne et de l'hiver. Au début, ça m'avait paru étrange, mais maintenant que je vivais ici, je réalisais qu'on passait tellement de temps à la maison pendant tous ces mois d'hiver qu'il fallait se sentir bien chez soi. J'ai donc eu envie d'acheter un tapis et des bougies ainsi que de nouvelles plantes pour remplacer celles qui avaient rendu l'âme. Ante avait une voiture, alors je l'ai appelé pour lui demander s'il pouvait me conduire à IKEA.

« Oui, d'ailleurs, j'ai aussi besoin de trucs pour chez moi » m'a-t-il répondu.

Parfait ! On avait donc prévu d'y aller le samedi suivant, par un jour de pluie. Une journée idéale pour chercher des meubles et manger des boulettes de viande et de la glace suédoises dans un gros bloc de ciment sans fenêtres.

Le samedi matin, je prenais mon petit déjeuner quand j'ai reçu un SMS de lui.

« Lorelou, désolé mais je ne peux pas venir. IKEA, c'est trop d'engagement. Tout le monde va croire qu'on est en couple et je ne suis pas sûr d'être prêt pour ça. J'ai besoin de temps pour réfléchir » m'a-t-il écrit dans son message.

Pardon ? Trop d'engagement ? Qui va croire qu'on est en couple ? Les caissiers d'IKEA ? Qu'est-ce qu'on s'en fout de ce que des gens qui ne nous connaissent pas pensent de notre relation ? Ils voient des gens se disputer tous les jours au sujet des poêles SKÄNKA. Ça leur est complètement égal.

J'ai essayé de lui répondre sur un ton décontracté, en tentant de faire des blagues pour calmer le jeu et en lui promettant que ça ne voulait rien dire du tout. Mais malgré ça, il s'est fermé comme une huître et tout est allé de mal en pis à partir de là.

Je suis allée à IKEA toute seule et j'ai essayé de le revoir. Mais quelque chose avait changé.

Pendant les semaines qui ont suivi, j'ai continué à essayer de le voir. Mais il avait toujours de bonnes excuses pour m'éviter.

« Ma sœur est en ville ». « J'ai trop de travail ». « Pas là, je couve quelque chose ».

J'ai fini par l'appeler pour lui dire que j'avais besoin de lui parler en personne. Nous nous sommes donné rendez-vous dans un café et il m'a donné une étreinte froide comme le blizzard du Finnmark. Au moins, il est venu, ai-je pensé. Ça n'avait sans doute pas dû être facile pour lui.

Il m'a regardée d'un air triste et a attendu que je prononce les mots. Il a ensuite sorti la phrase qui tue « C'est pas toi, c'est moi », suivie de « Je t'aime beaucoup, mais tu sais, je ne suis pas sûr de vouloir être en couple en ce moment. C'est allé trop vite, du coup je ne suis plus sûr. Peut-être qu'on peut continuer à se voir de temps en temps ».

Mon cœur s'est serré. C'était encore pire. Il voulait me garder comme une roue de secours qu'il pourrait appeler quand il se sentirait seul, mais il ne m'aimait pas assez pour avoir envie d'être en couple avec moi.

« Ante, je t'aime beaucoup aussi, mais je m'aime trop pour accepter ça. J'ai besoin d'être avec quelqu'un qui est sûr qu'il a envie d'être avec moi. Je ne te verrai pas de temps en temps alors que tu fréquentes aussi d'autres femmes en attendant de trouver celle qui te convient. Je sais où j'en suis : j'ai envie d'être en couple avec toi parce qu'il y a énormément de choses que j'aime chez toi. Mais si tu ne veux pas la même chose, alors je dois te laisser partir » lui ai-je dit.

— On peut peut-être rester amis ? m'a-t-il demandé.

— Non, on ne peut pas. Pas avant un moment en tout cas. Désolée, lui ai-je répondu. Salut ». Je suis sortie de table avant que les larmes ne se mettent à couler le long de mes joues.

Eh merde, pour une fois que j'en avais trouvé un de bien. Mais il ne m'aimait pas tant que ça. J'étais de nouveau célibataire. En Norvège. En hiver. Et c'était reparti pour un tour.

En bref : IKEA est un endroit flippant. Aux yeux de certains Norvégiens, ce magasin joue le même rôle qu'un salon du mariage. C'est un endroit où on ne peut pas se soûler pour ensuite faire semblant qu'avoir flirté ensemble ne voulait rien dire. C'est un endroit où les couples choisissent le mobilier de leur chambre et la table à langer de leur enfant. C'est un endroit où on partage un repas composé de pommes de terre bouillies et de saumon tout en envisageant l'avenir. C'est la raison pour laquelle vous devriez toujours être parfaitement sûr(e) des sentiments de votre tendre moitié avant de lui proposer d'aller à IKEA. Autrement, vous risquez de mettre un terme à une relation fragile.

La féerie de Voss

Je me sentais triste et abattue. Quels que soient les efforts que je faisais, j'avais toujours beaucoup de mal avec l'hiver. Ylva a remarqué que je n'étais pas aussi enjouée que d'habitude au travail et m'a proposé d'aller boire une bière un vendredi à la sortie du travail. Je lui ai parlé d'Ante et du fait que je m'étais donné un an pour voir si j'avais envie de vivre en Norvège, et que certains jours, j'adorais ce pays, et d'autres, je me demandais comment j'allais faire pour survivre ici sans amis, sans famille et sans vie amoureuse.

« Mais de quoi tu parles ? Tu as des amis, on est là ! s'est-elle exclamée. J'espère que tu vas rester. Je trouve ça génial de t'avoir parmi nous. Tu es rigolote et tu nous offres un éclairage sur notre propre société et culture auquel on n'est pas habitués » a-t-elle ajouté.

Le lendemain, j'ai reçu un SMS d'elle qui disait : « J'ai parlé à mes parents. Viens à Voss, ma ville natale, le week-end prochain. On t'invite chez nous ».

J'ai bien sûr accepté. Prendre le train en direction de l'ouest de la Norvège, un endroit que je n'avais jamais visité, pour faire la connaissance d'une famille norvégienne accueillante était exactement ce dont j'avais besoin.

J'ai posé mon vendredi, en utilisant leur système d'*avspasering*, et nous avons pris le train le jeudi soir. Le trajet à destination de Voss a duré cinq heures et demie. Nous avons voyagé avec les deux enfants d'Ylva car son compagnon, Brynjulf, travaillait.

Ils avaient parcouru ce trajet de nombreuses fois, alors ils n'ont pas arrêté de me dire où l'on était tout en me décrivant le paysage. L'itinéraire Oslo-Bergen est apparemment l'un des plus beaux trajets en train de toute la Norvège : il traverse le plateau de Hardangervidda ainsi que la région montagneuse de Finse. Malheureusement, il faisait déjà assez sombre et on ne pouvait pas voir grand-chose.

Nous sommes arrivés à Voss tard et les parents d'Ylva sont venus nous chercher. Leur maison ressemblait à un paysage hivernal féerique. Il y avait tellement de neige, bien plus qu'à Oslo. La couche qui recouvrait le toit de leur maison était si épaisse qu'elle ne faisait qu'un avec la neige au sol. On voyait que des enfants avaient glissé le long du toit pour atterrir sur un gros tas de neige : les traces de leur luge étaient encore visibles.

Il y avait de petites illuminations partout, sûrement parce que les fêtes de Noël approchaient, et toutes les maisons étaient en bois. Certaines étaient rouges, d'autres jaunes. On se serait cru dans un conte de fées. Nous avons pris un *kveldsmat* (repas du soir) avant d'aller nous coucher. Le lendemain, nous nous sommes promenés et nous avons fait de la luge avec les enfants.

Voss est connue pour de nombreuses choses. J'avais cru jusque-là que l'eau en bouteille appelée Voss venait de là, mais je m'étais trompée. Elle vient d'une source située à Iveland dans le Sud de la Norvège, à proximité de Kristiansand. Ils ont sans doute choisi de l'appeler Voss car c'était plus accrocheur qu'Iveland. Il existe un nombre incroyable de skieurs professionnels qui viennent de Voss, dont de nombreux médaillés des Jeux olympiques d'hiver.

Voss était stratégiquement située entre Flåm, Sognefjord et Bergen et attirait un assez grand nombre de touristes chaque année, du moins avant la pandémie. Le sport était au cœur du village entre ski de fond, parapente, sports aquatiques, sauts en chute libre (flippant), kayak et rafting. En gros, n'importe quel sport pouvant être pratiqué sur une montagne, dans les airs au-dessus d'une montagne ou dans un fleuve figurait sur la liste.

« Il y a même un festival des sports extrêmes chaque année au mois de juin, m'a dit la mère d'Ylva.

— Merci du conseil. J'en suis encore à essayer de skier sans me briser la nuque sur un rocher. Alors, faire du parapente au-dessus d'un fleuve, très peu pour moi, lui ai-je répondu, ce qui l'a fait rire.

— Tu dois apprendre à skier. Tu sais, on dit que les Norvégiens naissent avec des skis aux pieds ».

Le lendemain, à notre réveil, nous avons mangé un petit déjeuner digne d'un athlète, avec des flocons d'avoine, des fruits, des œufs, du pain fait maison, du *leverpostei*, de la confiture maison et bien d'autres choses. Ensuite, ils m'ont conduite à Bergen.

La deuxième plus grande ville de Norvège ressemble presque à un port de pêche figé dans le temps. Une fois sur les célèbres quais de Bergen, localement appelés Bryggen, la série de bâtiments hanséatiques témoigne de l'intense activité commerciale qu'a connue la ville au fil des siècles. C'est d'ailleurs par Bergen que la peste noire s'est introduite en Norvège au XIVe siècle, à bord d'un bateau qui avait été mis à quai pour commercer.

Aujourd'hui, les rangées emblématiques de maisons colorées en bois sont inscrites au patrimoine mondial de l'UNESCO et attirent bien trop de touristes à mon goût. Je n'y suis restée que quelques heures mais j'ai quand même réussi à acheter des cartes postales à envoyer à ma grand-mère.

Ensuite, nous sommes retournés à Voss car notre train pour Oslo partait le soir même. J'ai décidé que je devrais y revenir pour voir au-delà de ce paysage de carte postale.

Friluftsliv ou la philosophie

de la vie en plein air

Ylva m'a invitée à dîner chez elle la semaine suivant notre retour de Voss. C'était une bonne occasion pour apprendre à mieux la connaître ainsi que sa famille. Son compagnon, Brynjulf, était journaliste et leurs deux fils, deux petits blonds, couraient dans tous les sens comme des petits elfes. Pendant le repas, nous avons discuté de ce que le fait d'être norvégien signifiait et de la pression que beaucoup de Norvégiens ressentent dans leur vie quotidienne pour faire comme si tout était parfait.

Ça ne m'a qu'à moitié surprise d'entendre qu'il y avait une pression sociale puisque tout semblait bel et bien parfait ici. En Norvège, les gens ne se plaignaient pas ouvertement comme ils l'auraient fait en France.

Je me suis souvent demandé comment les Norvégiens faisaient pour gérer leur frustration et leur colère alors qu'ils avaient tous l'air d'aller très bien à longueur de temps.

« Ils vont skier ! m'a expliqué Ylva en rigolant.

« Ou faire de la randonnée ou camper. Pourquoi est-ce que tu crois que les Norvégiens sont toujours dehors ? C'est pour profiter du *friluftsliv* mais surtout pour tout gérer dans leur vie. Être en pleine nature nous permet de réfléchir, de nous calmer et de recharger nos batteries.

— *Fri*-quoi ? lui ai-je demandé.

Quand elle l'avait dit dans son dialecte, j'avais mis un moment avant de comprendre car le son de ce mot dans ma tête, prononcé avec un accent français, était très différent. *Friluftsliv*, ou ce truc qui apparaissait sur chaque profil Tinder.

— Le *fri-lufts-liv* est un concept très important quand on vit en Norvège, m'a expliqué Ylva. Il y a même une loi norvégienne qui a été adoptée pour garantir à chacun le droit d'accéder au *friluftsliv*, a-t-elle ajouté.

— Mais qu'est-ce que ça veut dire exactement ? lui ai-je demandé. Je sais que *fri* signifie 'libre', *luft* veut dire 'air' et *liv* signifie 'vie'. Est-ce que c'est le droit de vivre à l'air libre ? ai-je ajouté.

Ylva et Brynyulf se sont mis à rire.

— Pas exactement. Ça veut dire que tu peux avoir accès à la nature sauvage et à la campagne et y passer du temps pour te détendre. Et avec l'*allemannsretten*, la liberté d'errer, tu peux même dormir sur la propriété privée des gens pour un maximum de deux nuits si tu ne déranges pas la nature. Nous, les Norvégiens, on a un lien spécial avec la nature : on a besoin d'être dehors aussi souvent que possible. C'est pour ça qu'on va skier dès qu'on en a l'occasion, même après le travail » m'a-t-elle expliqué.

Tout s'expliquait : les coureurs le samedi matin même quand il neigeait, mes collègues qui amenaient leurs skis au travail, ceux qui campaient à la montagne avec leurs jeunes enfants en plein hiver.

« C'est important pour nous de transmettre cet amour de la nature à nos enfants et on essaie de les endurcir en leur apprenant à skier dès leur plus jeune âge. On les met sur des skis de fond avant même qu'ils n'apprennent à marcher. On les amène aussi dans nos cabanes sans électricité pour veiller à ce qu'ils profitent d'une vie simple ou on leur fait faire des randonnées dans les montagnes. Ils se plaignent souvent pendant ces voyages qu'ils trouvent trop longs et trop fatigants, alors on leur promet du chocolat et des gaufres une fois arrivés à la cabane, m'a-t-elle expliqué en souriant. Quand ils sont vraiment petits, on les tracte sur des petits traîneaux à ski.

— Pourquoi le *friluftsliv* est important dans votre vie ? ai-je demandé à Brynjulf et à Ylva.

— C'est presque comme de la méditation pour moi, m'a répondu Brynjulf.

« Je vais skier tout seul pendant des heures et je me dépense en m'imprégnant de tout : de l'air frais, de la forêt, de la neige, du silence. Je me sens bien après ça. Un peu comme si toute la négativité en moi avait disparu, a-t-il ajouté.

— Tu sais qu'on ne peut pas se mettre en colère en Norvège. Toute notre frustration doit être redirigée, a ajouté Ylva. Du coup, skier, ou faire des randonnées, ou courir, ou prendre des bains de glace, ou pêcher, toutes ces activités nous permettent d'être dans la nature et de digérer nos émotions. On fait ça seuls ou avec des amis, de la famille, ou même des collègues, m'a expliqué Ylva.

« Je fais même des excursions avec mes copines et on va camper dans la forêt avec des hamacs. C'est génial d'être loin de nos maris et de nos enfants. Sous le ciel rempli d'étoiles, près d'un lac, avec notre thermos près du feu. On se détend et on crée des liens ».

Il y avait tellement de chaleur dans la voix d'Ylva quand elle parlait de ces excursions, comme si elle avait été prête à partir sur-le-champ si elle l'avait pu.

Je me suis imaginée en train d'inviter mes copines parisiennes à faire une randonnée de quatre heures dans la boue avant d'atteindre un endroit infesté de moustiques et de dormir de manière inconfortable dans un hamac ou pire encore, dans une tente sur un matelas de camping mal isolé. Pas sûre que ça aurait remporté un grand succès.

Avant de vivre en Norvège, j'étais une citadine accro au travail. Je vivais dans des capitales densément peuplées, comme Paris et Jakarta. Je travaillais pendant de longues heures et je pensais que ma valeur dépendait de la quantité de travail que je fournissais. Me proposer de passer un week-end à la campagne serait revenu à me faire mourir d'ennui. Maintenant, si j'avais le choix entre aller en boîte de nuit ou marcher jusqu'à une cabane avec une bonne amie, je choisirais la cabane. Les expériences que j'avais vécues au Trøndelag avec la famille de Kaia, le fait d'avoir parcouru les îles Lofoten à vélo, de m'être réveillée près d'un lac entourée de rennes et d'avoir bu de l'eau douce dans un fleuve m'avaient appris qu'il y avait de plus belles choses dans la vie qu'une vie citadine parfaite, avec ses salles de concert et ses cafés branchés.

J'ai réalisé à quel point j'étais devenue norvégienne quand je suis allée voir Kaia après son déménagement à Bøler, à l'est d'Oslo. Nous avons traversé le lac Nøklevann qui était gelé et nous nous sommes assises autour d'un feu sur la rive. J'ai ressenti une profonde paix intérieure rien qu'en restant assise là, en silence, près de mon amie, avec une tasse de café chaud à la main, la forêt enneigée derrière nous et le lac gelé, sur lequel nous avions une vue dégagée, devant nous. Je n'avais pas envie de quitter cet endroit. C'est comme si tout ce dont j'avais besoin dans la vie était là.

Un Noël norvégien

J'ai été invitée à ma première soirée de Noël en dehors du travail. Les filles de notre chorale organisaient la *julebord* annuelle de la chorale féminine de Saint Halvard. C'était Frida qui nous recevait. Nous avons toutes amené de la nourriture et cuisiné ensemble chez elle.

En France, Noël est l'occasion d'acheter des produits chers et exclusifs qu'on n'a pas l'habitude de manger le reste de l'année. Chez moi, un dîner de Noël est typiquement composé d'une entrée, habituellement des huîtres toujours vivantes dans leur coquille, des escargots au beurre persillé et du foie gras. On accompagne ça d'un Sauternes. Ensuite, en plat principal, on prépare des coquilles Saint-Jacques dans une sauce au vin blanc et/ou un chapon qui cuit pendant des heures dans du vin. Il y a aussi un plateau de fromages et une bûche de Noël.

Je me suis demandé quel type de nourriture les Norvégiens adoraient vraiment manger mais n'avaient pas les moyens de s'acheter le reste de l'année. Quels plats d'exception les Norvégiens préparaient-ils pour leur repas de Noël ?

Étant chargée du dessert et des boissons, j'ai cuisiné un flan qu'ils appellent du *karamellpudding* en Norvège. J'avais entendu que c'était un dessert de Noël. J'ai préparé plusieurs litres de *gløgg*, un vin chaud avec des amandes, des raisins secs, du miel, des clous de girofle, de la cannelle et des zestes d'orange. J'ai aussi cuisiné du *pepperkaker*, la version norvégienne du pain d'épices. Je suis allée au Vinmonopolet et j'ai demandé au spécialiste quel type d'alcool les Norvégiens buvaient à Noël.

Il m'a montré du *juleakevitt* ou de l'*aquavit* de Noël, ce qui m'a semblé convenir. Il m'a aussi vendu une autre boisson sans alcool : du *julebrus*. Ça signifie littéralement « soda de Noël », ce qui m'a semblé très bizarre. Quel goût peut bien avoir un soda de Noël ? me suis-je demandé. Un goût de cannelle et de clous de girofle ? Ils avaient déjà du *påskebrus* ou soda de Pâques, et maintenant ça.

Les Norvégiens ont inventé des boissons vraiment étranges.

Quand le jour de la *julebord* est arrivé, j'étais déjà prête des heures avant que le dîner ne commence. Je n'avais jamais été invitée à un repas traditionnel de Noël, alors je voulais participer à chaque minute de sa préparation.

J'ai décidé au dernier moment d'acheter des cochons en pâte d'amandes. Kaia m'avait dit que c'était une friandise dont raffolaient les Norvégiens à Noël. D'où sortait cette tradition ? Qui avait bien pu avoir l'idée de mouler de la pâte d'amandes et du chocolat en cochon pour en faire une friandise à déguster à Noël ?

Tandis que j'emballais tout ce que je devais amener chez Frida, j'ai réalisé que c'était bien trop lourd pour pouvoir tout mettre dans des sacs et prendre le métro avec. J'allais devoir opter pour un taxi. Je transportais plus de dix kilos de nourriture et de boissons et les six litres de *gløgg* n'arrangeaient rien.

De plus, le flan devait rester à l'envers pour veiller à ce que le caramel ne coule pas avant que le dessert n'ait été retourné.

Quand je suis arrivée chez Frida, certaines des autres filles étaient déjà là et discutaient dans le séjour.

« Mets tout dans la cuisine ! Maintenant, on a tout ce qu'il faut pour un Noël norvégien ! » a lancé Frida avec enthousiasme quand j'ai franchi la porte.

Je suis allée dans la cuisine pour mettre toute la nourriture au frigo et poser le *gløgg* sur la cuisinière. Il devait être servi tiède. À ma grande surprise, tout ce qu'il y avait sur la table de la cuisine, c'était quatre kilos de pommes de terre, quelques légumes et des boîtes de chou rouge. Elle en a ouvert une en disant :

« Sens-moi ça ! C'est le parfum de Noël. Toute la maison sent Noël.

— Ça, ça sent Noël ? ai-je demandé.

— Non, non, m'a répondu Frida. On va les faire cuire. Et après, ça sentira Noël. Ajoute aussi quelques clous de girofle au *gløgg*, comme ça, quand les autres invitées arriveront, elles seront aux anges.

J'ai suivi ses conseils. C'était elle l'experte, pas moi.

— On va aussi avoir besoin de *Tre nøtter til Askepott*, a-t-elle ajouté. Ça doit sans doute s'appeler 'Trois noisettes pour Cendrillon' en français. Tu connais ce film, non ? m'a-t-elle demandé.

— 'Trois noisettes pour Cendrillon' ? Jamais entendu parler, ai-je répondu.

— Quoiii ? C'est dingue. On le regarde tous les ans. Un Noël norvégien commence toujours par ça. On peut le regarder en streaming pendant qu'on cuisine pour baigner dans la bonne atmosphère ».

Et elle a lancé le film sur YouTube.

Je m'attendais à voir un film en norvégien, mais le titre qui s'est affiché à l'écran était *Tři oříšky pro Popelku*. Quelle langue ça pouvait bien être ? Aucune des langues norvégiennes que je connaissais en tout cas. Au final, j'ai découvert que c'était un film issu d'une coproduction entre la Tchécoslovaquie et l'Allemagne de l'Est qui était sorti en 1973. Il n'y avait vraiment rien de norvégien là-dedans.

Le film mettait en scène une jeune femme blonde qui semblait toujours effrayée. Tout se passait en hiver, avec des tonnes de neige partout, et certains des personnages portaient des costumes ridicules, comme cette dame riche qui ressemblait à une chauve-souris géante. Mais le plus étonnant dans tout ça, c'est qu'on entendait les voix originales en tchèque et en allemand à faible volume, bien que bel et bien audibles, et qu'une voix d'homme couvrait les discours originaux en norvégien. Ce gars doublait toutes les voix : les enfants, les hommes, les femmes et les personnes âgées.

Du coup, je devais me concentrer sur quatre différentes couches de sons : les dialogues originaux du film, avec plusieurs voix d'hommes, de femmes et d'enfants, la voix de l'homme qui couvrait tout le monde en norvégien, mes amies de la chorale qui cuisinaient et mes amies de la chorale qui papotaient. Ça me donnait mal à la tête, alors j'ai décidé de boire plus de *gløgg*.

J'ai essayé de comprendre le film pendant que Frida et les autres filles faisaient bouillir au moins trois kilos de pommes de terre dans une marmite. Dans une autre casserole, elles avaient coupé des pommes de terre et du rutabaga en petits morceaux. Une fois que tous les ingrédients ont été cuits, elles les ont écrasés et y ont ajouté du sel, du poivre et du beurre pour obtenir une garniture du nom de *kålrabbistappe*. Ça m'a pris environ deux mois pour retenir ce mot.

Elles ont mis de côté d'autres pommes de terre à la vapeur en guise de garniture. Et, comme s'il n'y avait pas assez de pommes de terre comme ça, elles en ont fait cuire d'autres pour préparer un mélange à base de riz cuit, de purée de pommes de terre, d'oignons, de gingembre et de choux-fleurs, qui ont ensuite été frits. Ils appellent ça des *vegisterkaker*, la version végétarienne des *medisterkaker*, des boulettes de viande de porc à la noix muscade.

Voilà pour l'accompagnement végétarien du dîner. Ensuite, ça a été au tour des plats de viande.

L'une des invitées avait ramené des *pinnekjøtt* ou côtes d'agneau salées et fumées ; une autre, de la poitrine de porc localement appelée *ribbe*.

« D'habitude, les familles norvégiennes choisissent l'une ou l'autre. On ne mange jamais ces deux plats en même temps à Noël, mais puisque tu n'es pas d'ici, on voulait te faire découvrir toute la diversité de notre cuisine » m'a expliqué Frida.

J'avais vraiment envie de les aider, mais ces ingrédients étaient si inhabituels pour moi que je ne servais à rien dans la cuisine.

« Je peux faire frire les *pinnekjøtt* ? Faire bouillir le *ribbe* ? Faire des frites ? ai-je demandé.

— Non ! Non ! Toi, tu t'assois et tu te détends. Dresse la table » m'ont-elles répondu.

Je me suis donc contentée de les observer pendant que je sirotais un peu plus de *gløgg*. De plus en plus pompette, je me demandais à quoi ressemblerait la table de Noël. De temps en temps, je jetais un coup d'œil dans la cuisine pour voir ce qu'elles faisaient. Les côtes d'agneau étaient déjà cuites tandis que la poitrine de porc était au four. En fait, les côtes avaient trempé dans de l'eau pendant 36 heures (!) et avaient été cuites pendant trois heures avant d'atterrir sur notre table (!!). Puisqu'elles avaient été fumées, séchées et salées, il fallait en éliminer le sel. La poitrine de porc cuisait au four et ressemblait à des dés croustillants posés sur cinq couches de graisse.

Quand tout a été prêt, nous nous sommes assises à table. Le dîner était impressionnant. Bien sûr, ça n'était pas ce que je m'étais imaginé. L'alcool aidait certainement à mieux digérer tout ce gras.

À un moment donné, j'ai demandé :

« Pourquoi il n'y a qu'un seul homme qui fait toutes les voix dans 'Trois noisettes pour Cendrillon' ? La Norvège était si pauvre qu'elle n'a pas pu se permettre de se payer un doubleur par acteur ?

Elles se sont toutes mises à rire.

— Non, ne dis pas ça. C'est si *koselig* qu'il soit seul à faire les voix. On aime beaucoup ça ».

Ça ne m'aidait pas à mieux saisir la culture norvégienne. Même quand quelque chose n'avait pas de sens pour le reste du monde, si les Norvégiens y étaient habitués et que c'était devenu une « tradition », alors ça ne devait pas changer car ça leur faisait du bien.

Nous avons bu et rigolé toute la nuit. J'étais reconnaissante à Frida de ne pas m'avoir demandé de cuisiner. Ça m'avait évité de lire la déception sur le visage de mes copines de chorale face à une table remplie d'huîtres, d'un petit coq au vin, de coquilles Saint-Jacques et de fromages qui sentaient fort. Aucun de ces aliments n'avait la saveur d'un Noël norvégien.

Mais je gardais espoir de pouvoir faire découvrir un jour quelques plats français à la *julebord* traditionnelle norvégienne. Peut-être l'année suivante !

En bref : ce soir-là, j'ai compris que ce qui fait vibrer les Norvégiens d'un point de vue culturel n'est ni le luxe ni la nouveauté mais la tradition. Ils aiment se rappeler d'où ils viennent, manger ce qu'ils ont l'habitude de manger, être en compagnie de leurs anciens amis et fêter Noël comme ils l'ont fait un an auparavant et comme ils le feront un an plus tard. C'est pareil pour Pâques, le 17 mai et le *hyttetur*. Ils aiment être rassurés par le fait de faire les mêmes choses et de savoir que malgré tous les changements qui se produisent autour d'eux, cette chose-là ne change pas.

Plus tard dans la nuit, nous avons toutes fait une virée en ville, et malgré le froid et l'obscurité, les rues d'Oslo étaient remplies de monde. Tout comme les bars. Nous avons choisi un endroit où pouvoir boire quelques bières avec tous les membres de la chorale masculine qui était l'équivalent de notre chorale féminine : Vox Grønland. Ils célébraient leur propre *julebord* et nous nous sommes donné rendez-vous en ville pour fêter ça ensemble.

Alors que je commandais une bière, je n'en ai pas cru mes yeux. Tor, le gars des îles Lofoten, était là. Il attendait aussi d'être servi.

« *Hei, du!* » m'a-t-il dit en me souriant timidement.

J'étais très surprise de le voir là. Je l'ai invité à notre table, mais il m'a dit qu'il ne connaissait pas mes amis et que donc, il préférait rester avec les siens.

Il m'a regardée droit dans les yeux toute la soirée, ce que j'ai interprété comme étant bon signe d'après ma grande expérience en matière de rencards avec les Norvégiens. Je me suis invitée à sa table, avec ses amis, qui ont semblé bien l'accepter étant donné qu'ils étaient tous si saouls qu'ils ne se souviendraient pas de moi s'ils devaient retomber sur moi un autre jour.

Le lendemain, Tor m'a envoyé un message pour me remercier d'avoir passé une très agréable soirée. Mon expérience avec les hommes norvégiens avait été assez désastreuse jusque-là. Est-ce que j'étais prête à donner une chance à Tor, alors que je ne m'étais toujours pas remise de ma rupture avec Ante qui m'avait brisé le cœur ?

Il m'a invitée à prendre un verre. Rien que nous deux. J'ai dû y réfléchir : je n'avais pas envie de précipiter les choses.

En attendant, j'avais une vie sociale dont il fallait que je m'occupe.

Smalahove, dégustation d'une tête de mouton

Ma deuxième *julebord* ce Noël-là a été une nouvelle invitation de la part d'Ylva et de Brynjulf qui m'ont conviée à un dîner de Noël s'inspirant de la cuisine traditionnelle de Voss.

« La tête de mouton que tu vas manger maintenant est une spécialité gastronomique pour les habitants de Voss. En automne, on tue le mouton, et ensuite, on le mange en entier, même sa tête parce qu'on ne gâche rien. Personnellement, je ne mange ni la peau ni les yeux, mais tout est comestible. On a coupé la langue en deux pour que tout le monde puisse goûter à la meilleure partie de la tête de mouton. J'aime aussi beaucoup les muscles à l'arrière du cou » m'a expliqué Ylva.

Mon Dieu, pourquoi est-ce que j'ai accepté cette invitation à dîner ? me suis-je demandé tandis que j'écoutais Ylva, qui avait commandé toutes ces têtes de mouton pour que ses amis puissent y goûter. Je voulais être audacieuse et tester l'un des plats traditionnels de Norvège, le *smalahove*, mais après avoir longuement fixé la tête entière d'un mouton dans mon assiette, j'ai eu des doutes. Jusque-là, je n'avais vu que des photos de ce plat et il avait l'air encore plus bizarre dans mon assiette. La tête d'un mouton avec ses yeux, ses oreilles, ses dents, sa bouche… Tout était là.

Nos hôtes avaient mis sur la table tout ce dont nous avions besoin pour un tel repas : du *smalahove akevitt* (eau-de-vie à boire avec la tête de mouton), de la confiture d'airelles rouges, des pommes de terre, de la purée de pommes de terre, des saucisses de Voss. Et bien sûr, de la bière : la fameuse bière de Noël ou *juleøl*, qui était assez brune et avait un goût épicé.

En plongeant mes yeux dans ceux du mouton, j'aurais presque dit qu'il était vivant et me regardait.

« On sale et on fume la tête, ce qui fait qu'on peut la manger jusqu'au dernier dimanche avant Noël » m'a expliqué Ylva.

Puisqu'on mange tout le temps de la chair d'animaux morts, pourquoi est-ce que c'est si difficile et dégoûtant de la manger directement depuis leur crâne ? Ce mouton était mort plusieurs semaines auparavant, mais il était toujours comestible. Je faisais confiance au savoir-faire des paysans norvégiens qui mangeaient ces têtes de mouton bien avant l'arrivée des réfrigérateurs et des réglementations concernant la chaîne du froid.

Les présentations du mouton étant terminées, j'ai attaqué la bête. J'ai commencé par la joue, très bonne d'ailleurs, et j'ai continué avec le reste. C'était salé, mais j'ai trouvé ça délicieux. Ça fondait en bouche, un peu comme du confit de canard, à la différence près que je mangeais la vraie tête d'un animal mort, délicatement posé dans mon assiette, avec sa langue qui pendait et ses yeux qui étaient fermés. En d'autres termes, mort.

À un moment donné, j'ai pris un morceau de viande avec ma

fourchette, ce mouvement a dévoilé la dentition complète du mouton. Il fallait avoir le cœur bien accroché pour manger ça, car chaque nouveau morceau de viande que j'enlevais révélait toujours plus le crâne de l'animal. Le clou du repas a été quand je suis arrivée à la langue. Sachant que c'était censé être la meilleure partie du plat, je devais vraiment savourer ce moment. J'ai trouvé que le meilleur morceau était la joue, contrairement à ce qu'avait dit Ylva. Comme le disent les Norvégiens, « *smaken er som baken, den er delt* » (littéralement « Le goût, c'est comme les fesses, c'est divisé et partagé », ce qui correspond à l'expression française « Tous les goûts sont dans la nature »).

Heureusement, l'*akevitt* était là pour dissoudre tout ça dans notre estomac, quelle que soit la quantité de gras, de sel ou d'autres ingrédients non identifiés que nous avions avalée ce soir-là. Une fois le dîner terminé, j'ai regardé le crâne décharné qui trônait dans mon assiette.

Je ne pouvais pas m'empêcher de penser que ce que je ressentais en regardant la tête de cet animal avait quelque chose à voir avec le fait que nos sociétés veillaient à ce que nous prenions autant que possible nos distances avec les animaux que nous mangions.

Mon père avait l'habitude de dire que si on n'était pas capable de voir un animal se faire tuer, ni même de le tuer nous-mêmes, alors on devait s'abstenir de manger de la viande. Il avait lui-même été végétarien pendant longtemps.

Dans tous les cas, j'aimais bien ce type de nourriture norvégienne. Ce plat est assez typique, ai-je pensé. Et c'était tellement meilleur que les tacos norvégiens. Au moins, ce mouton et la manière de le cuisiner faisaient partie des traditions norvégiennes. Cela dit, je n'aurais peut-être pas eu envie d'en manger tous les jours.

« Où est-ce que tu les as achetées ? ai-je demandé à Ylva tandis que nous buvions à la fin du repas. J'adorerais faire goûter ça à ma famille un jour.

— Mes parents les ont commandées chez eux et on les a reçues par la poste » m'a-t-elle répondu.

Et si je faisais pareil et que je les envoyais en France dans mes bagages ou par la poste ? Que diraient les employés de l'aéroport qui scanneraient mes valises aux rayons X ? « Six crânes non identifiés dans une valise. Potentiel trafic d'animaux. Appréhendez tout de suite l'individu ».

« Mon père a acheté une maison où on peut fumer les aliments, alors le prochain *smalahove* sera une tête que l'on aura fumée nous-mêmes » a ajouté Ylva.

Oh, ai-je pensé, j'adorerais avoir une telle maison. Comme ça, je pourrais pêcher de la truite ou du saumon et les fumer moi-même. Ce serait merveilleux ! La Norvège est vraiment l'endroit idéal pour bien manger, me suis-je dit. Pendant qu'on nettoyait la cuisine, j'ai parlé à Brynjulf de mon cours de ski désastreux et du fait que je ne m'y étais jamais remise.

« Je peux t'apprendre à skier, m'a-t-il dit.

— Ah vraiment ? Ce serait génial. Mais tu te débrouilles bien ? lui ai-je demandé.

Je savais que tous les Norvégiens n'étaient pas les enfants prodiges de Petter Northug. Au vu du nombre de Norvégiens dans mon cours de débutant, c'était assez évident.

Il a réfléchi un moment à ma question.

— Je ne suis pas le pire skieur » a-t-il fini par me répondre.

J'ai interprété sa réponse comme un manque de confiance en lui. Il doit avoir un niveau médiocrement élevé mais penser qu'il peut quand même m'apprendre des choses, ai-je pensé. C'était une raison suffisante étant donné que j'étais coincée au niveau médiocrement faible.

Tor, dieu de l'amour

J'ai décidé d'accepter l'invitation de Tor. Nous nous sommes revus, cette fois-ci vers 21 h, après avoir réussi à m'éclipser d'une *fredagspils*, ou « bière du vendredi », avec mes collègues sans dire au revoir à personne. Au début, ça m'agaçait quand les Norvégiens me faisaient ça, mais j'ai ensuite trouvé que c'était un moyen très pratique de partir sans avoir à expliquer où j'allais et qui je voyais. Ils appelaient ça « filer à l'irlandaise » mais ils auraient tout aussi bien pu dire « filer à la norvégienne ». J'étais en train de devenir norvégienne à la vitesse de la lumière.

Nous avons bu beaucoup de bières avec Tor et nous avons décidé de nous revoir le lendemain. Ce soir-là, il m'a timidement proposé de me montrer certains de ses tableaux chez lui. J'ai poliment refusé. Je ne voulais pas rendre les choses trop faciles : je l'avais déjà fait avant et j'avais vu ce que ça avait donné pour moi. Je voulais apprendre à mieux le connaître. Nous nous sommes vus deux ou trois fois par semaine jusqu'à ce que j'accepte de le suivre chez lui un soir. C'était un artiste, un poète, un peintre. Assez timide et sensible, il était de grande taille et très mince, à l'image que l'on se fait des artistes qui sont si consumés par leur art qu'ils en oublient de manger. Ses yeux bleus plongeaient dans les vôtres et voyaient au-delà et ses longs cheveux bruns et bouclés étaient attachés en une queue de cheval en bataille.

Je suis allée chez lui dans le noir, quelque part dans le quartier de Tøyen près du jardin botanique. La lumière était tamisée et je pouvais à peine distinguer la couleur du lit, mais nous avons passé la nuit blottis dans les bras l'un de l'autre, tandis qu'il me racontait l'histoire d'un homme, le fils d'un propriétaire de moulin, qui était tombé amoureux de la fille d'un propriétaire terrien. Il m'a décrit combien elle était belle et combien je l'étais aussi. Bercée par le son de sa voix, je me suis endormie.

Le lendemain, je me suis réveillée sous l'effet du froid. Il était déjà debout et tentait de caler un morceau de carton contre une fenêtre. Son appartement, ou plutôt sa chambre, était en piteux état. Il y avait des fissures sur tous les murs et il y faisait froid. Très froid. Il essayait de réparer une fenêtre cassée.

« Tu ne devrais pas appeler le propriétaire pour qu'il s'occupe de ça ? lui ai-je demandé.

— Bof, je ne paie presque rien pour cette chambre, m'a-t-il répondu. Je ne peux pas trop en demander ».

Il n'a pas dit un seul mot de plus de toute la matinée. Il regardait le mur, puis son livre, qui s'intitulait *Victoria* et avait été écrit par Knut Hamsun. Après avoir supporté deux heures de silence, je me suis dit qu'il avait l'air beaucoup moins bavard quand il était sobre. La seule fois qu'il a lâché son livre, c'était pour boire son café.

Et puis, il a dit : « C'est une belle journée pour peindre. *Vi snakkes?* »

Il était en train de me mettre dehors.

Kaia m'avait avertie. Si un Norvégien vous disait « *vi snak-kes* » (« à un de ces jours »), c'était très mauvais signe. Ça voulait très probablement dire qu'il ne me rappellerait jamais et qu'il ne répondrait pas non plus à mes messages. Mais il restait quand même une maigre chance puisqu'il ne m'avait pas dit « *vi sees plutselig* », qui veut dire en gros « on se recroisera sans doute un jour, ou peut-être pas, et je n'ai pas besoin de savoir si ça va arriver parce que je m'en fiche de toi ». Du coup, ce « *vi snakkes* » n'était pas ce qu'il y avait de pire. En quelque sorte. J'avais envie de le revoir, mais je n'allais pas non plus faire trop d'efforts pour que ça arrive.

Tor m'a bel et bien rappelée. J'ai découvert qu'il pouvait être fascinant. Et marrant et bavard après quelques bières et verres de whisky. Mais à chaque fois qu'il était sobre, il était silencieux et déprimant. Quelle facette de sa personnalité je devais aimer ? C'était comme s'il y avait deux personnes en lui et je ne savais jamais si l'homme silencieux et maladivement timide m'aimait autant que l'homme cool et extraverti qui passait ses nuits à me raconter des histoires et à peindre des œuvres d'art imaginaires sur mon corps.

Quelques semaines plus tard, il m'a invitée dans la cabane de ses parents à Valdres. Ça passe ou ça casse, me suis-je dit. Si on arrive à se supporter trois jours dans une maison sans douche ni voisins, c'est bon signe pour la suite. J'étais impatiente d'y être parce que j'adorais m'échapper de la ville et qu'il me plaisait, alors un week-end romantique en tête-à-tête semblait être une bonne idée.

Nous avons traversé des paysages plats au nord d'Oslo qui comptaient parmi les seules terres fertiles de Norvège, autrefois les royaumes les plus riches des Vikings. Puis, nous avons emprunté des routes qui montaient à travers les montagnes. La neige devenait toujours plus épaisse.

Nous sommes arrivés dans la *hytte* la plus glaciale qu'il m'ait été donné d'imaginer. Il faisait littéralement plus froid à l'intérieur qu'à l'extérieur, avec au moins - 8 °C dehors. Nous avons allumé un feu pendant huit bonnes heures jusqu'à ce que la cabane se réchauffe, en gardant nos vestes sur nous jusque-là. Nous étions frigorifiés mais c'était si beau et si romantique quand nous nous sommes blottis l'un contre l'autre pour nous réchauffer.

J'avais imaginé qu'on passerait le week-end sous les couvertures en riant et en buvant du vin. Mais il avait d'autres projets en tête qui ne m'incluaient pas : il lisait ses journaux, l'un après l'autre, dès qu'il était réveillé, sans jeter un seul regard vers moi.

Je me suis souvenue qu'Ylva m'avait dit qu'elle savait si un homme était le bon quand ils pouvaient lire les journaux le dimanche sans se dire un mot. Dommage qu'elle ait déjà un copain, sinon j'aurais pu lui présenter Tor.

Je n'avais emporté aucun livre avec moi car j'avais pensé que j'aurais été occupée à faire d'autres choses bien plus romantiques que de lire le journal. Heureusement, la radio diffusait des émissions pour me distraire. Ils passaient une interview d'un auteur du nom de Karl Ove Knausgård au sujet d'un livre qu'il avait écrit. D'après ce que j'ai compris, l'auteur racontait qu'il n'aimait pas étaler sa vie privée aux yeux du monde.

Le journaliste avait rétorqué que c'était bizarre venant de la part d'un homme qui avait noirci des centaines de pages sur ses sentiments envers ses enfants et révélé les détails de l'état psychiatrique de sa femme dans trois volumes. Pas faux. L'émission se poursuivant en parlant des faits qui avaient marqué la vie de l'auteur, j'ai commencé à m'ennuyer et j'ai donc changé de chaîne. Sur NRK P2, ils passaient une émission sur les survivants des goulags en Sibérie. De mieux en mieux.

J'étais bloquée dans une cabane au beau milieu des bois avec une radio qui diffusait des émissions norvégiennes que j'aurais préféré ne pas comprendre, un homme qui aurait été plus attiré par moi si j'avais été un paquet de *gamalost* (vieux fromage norvégien qui pue, disponible au supermarché), et aucune issue de secours puisqu'il n'y avait qu'une seule voiture pour rentrer ensemble à Oslo. J'ai décidé d'aller faire un tour, initiative qu'il a approuvée d'un hochement de tête.

Quand je suis revenue de ma longue balade dans la neige qui arrivait à hauteur de genou, Tor était toujours en train de lire son journal. C'était peut-être son quatrième ou cinquième. J'étais prête à m'ouvrir les veines avec tout ce qui aurait pu me tomber sous la main : un rabot à fromage, une épingle à linge ou une antenne de radio. Je suis allée au lit et il m'a rejointe plus tard sans que je m'en aperçoive.

Le lendemain, après s'être réveillé, il s'est mis à lire les journaux qu'il n'avait pas lus la veille et un livre de Knut Hamsun qu'il avait amené dans ses bagages. C'est dommage, si j'avais su qu'il passerait son temps à lire, j'aurais amené l'annuaire téléphonique avec moi. Au moins, j'aurais pu appeler des gens.

Ce soir-là, il a sorti une bouteille du bar de ses parents. Nous avons joué aux cartes à la lueur des bougies dans la *hytte*. Lorsqu'il a laissé tomber son livre de Knut Hamsun, j'ai été tentée de le jeter aux flammes pour qu'il soit tout à moi pour le reste du week-end. Alors que j'étais en train de gagner au jeu de cartes, il m'a dit :

« Suis-moi, je veux te montrer quelque chose ».

Il avait chauffé le sauna quelques heures auparavant. Il s'est déshabillé et est entré dedans. Et puis, au bout de quelques minutes, il en est ressorti en courant et s'est roulé dans la neige en éclatant de rire. Je suis entrée dans le sauna et j'ai suivi son exemple. La neige n'était pas si froide que ça, elle était juste très fraîche. Le silence régnait à l'extérieur. Je pouvais entendre chaque flocon atterrir sur son lit de neige. Nous sommes retournés dans la cabane et il nous a préparé du café très fort car l'alcool m'avait rendue ivre. Puis, il m'a regardée et m'a dit :

« J'ai envie de te peindre. Je peux ? »

Bien sûr que tu peux. Tandis qu'il était à l'œuvre, je m'imaginais déjà comme la future Joconde. Un tableau de moi réalisé par un artiste norvégien complètement fauché mais certainement talentueux. Qui a dit qu'il fallait aller à Paris pour ça quand on a Valdres sous la main ? Après une nuit de sommeil, nous nous sommes réveillés le lendemain avec une légère gueule de bois. Nous avons dû tout nettoyer car ses parents allaient bientôt arriver. Nous sommes retournés à Oslo. En silence. Mon tableau était dans le coffre de la voiture. Il me représentait de dos, visage tourné vers la gauche, éclairé par la Lune et regardant le fjord.

Il m'a raccompagnée chez moi et je n'ai plus eu de ses nouvelles pendant quelques jours. Et puis, il a fini par m'inviter chez lui. Assise dans le froid de sa chambre et observant les fissures qui couraient le long du mur, je lui ai demandé où se trouvait mon tableau.

« Juste là, derrière le canapé, m'a-t-il répondu.

Je l'ai pris. La toile représentait une coupe de fruits. Plus précisément, des bananes et des pommes.

— C'est pas moi, lui ai-je fait remarquer.

— Exact. Je n'aimais pas ton portrait, alors j'ai peint par-dessus. Je dois réutiliser mes toiles. Elles coûtent cher » m'a-t-il expliqué.

Quoiiii ? Mes cinq minutes de gloire étaient cachées derrière une coupe de fruits ? C'était du sacré foutage de gueule. J'ai ravalé ma fierté et fait comme si ça m'était égal. Après tout, c'était lui l'artiste. Ce n'était pas de sa faute si j'étais une muse complètement nulle.

Ce jour-là, il m'a demandé si je voulais être en couple avec lui. Il y avait du progrès car ça impliquait un engagement de sa part, chose qui semblait donner du fil à retordre à de nombreux Norvégiens.

Tor savait ce qu'il voulait, mais est-ce que je pouvais en dire autant ? J'avais du mal à comprendre ce qu'« être en couple » voulait dire aux yeux des hommes norvégiens.

Encore et toujours des règles tacites. En Norvège, dire publiquement que quelqu'un est sa petite amie ou son petit ami est un grand engagement. D'un autre côté, le pourcentage de couples norvégiens, qu'ils soient mariés ou en union civile, qui se séparent ou qui divorcent est aussi élevé que partout ailleurs en Europe. S'ils peuvent se séparer alors qu'ils ont des enfants, en quoi est-ce si engageant que ça d'annoncer qu'on est officiellement en couple ? Ça n'avait pas beaucoup de sens à mes yeux.

« Je ne comprends pas ce que ça changerait, lui ai-je répondu.

— Pas grand-chose, j'imagine. On a qu'à continuer comme on faisait jusque-là » m'a-t-il répondu en me souriant.

Ça m'a amenée à réfléchir. Où nous menait cette relation ? J'aurais certainement pu vivre avec le gars marrant qu'il était quand il avait bu, mais l'homme timide, introverti et muet comme une carpe qu'il était toutes les autres heures de la journée me faisait douter de ma volonté de m'engager.

J'ignorais qui était le vrai Tor. Je ne m'imaginais pas en train de le présenter à ma famille : le fossé culturel aurait été trop grand. Plus j'y pensais et moins je l'appelais. Il ne se démenait pas non plus pour me contacter, ce qui fait que le silence radio a fini par s'installer des deux côtés.

Quelques semaines après notre dernier échange, j'ai reçu un livre par la poste : *Pan* de Knut Hamsun. C'était l'histoire d'un lieutenant et d'une femme du nom d'Edvarda qui venaient d'un petit village et qui étaient très attirés l'un par l'autre mais qui ne comprenaient pas les sentiments amoureux de l'autre. J'étais si fière de moi : j'avais réussi à lire un livre en norvégien.

J'avais déjà lu des livres comme *Folk og røvere i Kardamomme by* et *Karius og Baktus* en norvégien, mais c'était des livres pour enfants. Cette fois-ci, j'étais parvenue à lire une œuvre pour adultes !

Quand j'ai dit à Kaia qu'il m'avait envoyé *Pan* par la poste, elle s'est émerveillée devant le romantisme de la situation.

« Oh mon Dieu ! Il vient de te déclarer sa flamme ! m'a-t-elle lancé tout excitée.

— Vraiment ? » lui ai-je demandé.

Pourquoi les déclarations d'amour des Norvégiens sont si subtiles ? me suis-je demandé. Où sont les fleurs et les voyages à Prague accompagnés de repas faits maison ?

En bref : je sais que beaucoup de Français ou d'autres hommes non scandinaves en font des tonnes quand il s'agit de faire la cour et de mettre en place un jeu de séduction. Mais l'exubérance avec laquelle les hommes, tout comme les gens en général, exprimaient leurs émotions en dehors de la Norvège me manquait. Qu'il s'agisse d'amour, de passion, de colère ou d'irritation, j'avais envie de voir du mouvement et de la vie, mais ici, tout semblait toujours si mesuré. C'était le sacrifice que je devais faire pour m'intégrer ? Je devais accepter de partager une vie lente et monotone avec un homme qui me prouverait son amour sans même que je m'en aperçoive ?

Au pays des émotions refoulées

En Norvège, les émotions s'expriment de façon tamisée. Au début, je pensais que les Norvégiens ne ressentaient rien, ou du moins qu'ils ressentaient beaucoup moins les choses que nous autres, les peuples latins. Ils avaient toujours l'air si modérés : jamais vraiment en colère, jamais vraiment heureux. En France, si je demandais à une amie comment elle allait, sa réponse pouvait varier d'un « Je pète la forme ! » à un « Horrible, tu ne peux même pas imaginer ce qui m'arrive ». Ces deux réponses sont le début d'une conversation normale. Après tout, on ne pas toujours aller bien, et ce n'est pas un souci de parler de ses problèmes, surtout à ses amis.

Mais en Norvège, quelle que soit la question (comment tu trouves la nourriture ? Comment ça va ? Comment se sont passées tes vacances ?), la réponse tourne toujours autour de « *bra* », « *greit nok* » ou « *ikke så verst* » (bien, assez bien, pas si mal). Toujours une mesure restreinte. Ils ne montrent jamais d'émotions fortes, que ce soit de la joie ou de la tristesse, ou même de l'enthousiasme.

Le contact physique est aussi restreint dans les relations sociales. Il n'y a qu'à voir comment les Norvégiens se disent bonjour : soit ils se font un signe de la main de loin, soit ils se serrent la main.

Les Norvégiens se rapprochent rarement au point de pouvoir s'échanger des germes (comme quand on se fait la bise par exemple), alors que les Français s'embrassent même quand ils se rencontrent pour la première fois. C'est peut-être pour ça que la pandémie de Covid-19 a frappé la France bien plus durement que la Norvège ? En Norvège, le fait de respecter une distance d'un ou deux mètres entre chaque personne est juste normal. Ça n'a pas changé grand-chose finalement. Être enjoint de ne pas avoir de contact physique n'est pas vraiment perçu comme un sacrifice social, mais plutôt comme un soulagement.

Il y avait donc deux possibilités : 1) les Norvégiens ressentent moins d'émotions que nous car en plus d'avoir un foie en acier pour survivre à la consommation excessive d'alcool, ils ont un cœur de pierre pour survivre aux longs hivers qu'ils passent seuls à la montagne. 2) Ils ressentent les émotions tout autant que nous (peut-être même davantage) mais ils gardent tout à l'intérieur. Comme vous l'avez deviné, la seconde option se rapproche le plus de la réalité. La question est de savoir pourquoi. Que redoutent-ils qu'il se passe s'ils montrent leurs émotions ?

C'est peut-être lié au passé du peuple norvégien. Les Norvégiens vivaient autrefois au sein de petites communautés disséminées à travers tout le pays qui n'avaient pas beaucoup de moyens de communication entre elles. Même lorsque les fjords étaient desservis par des moyens de transport tels que les bateaux, les communautés pouvaient facilement être coupées du monde pendant des semaines ou des mois à cause de la neige, du mauvais temps et d'autres imprévus.

Tout conflit ouvert avec un voisin constituait d'ailleurs un risque majeur d'exclusion sociale, et une exclusion sociale était synonyme d'isolement et de pauvreté ou même de mort. Personne ne vous aurait donné de coup de main si vous aviez eu besoin de quelque chose, comme trouver de la nourriture, construire votre maison ou protéger votre bateau d'une tempête. L'idée est donc que les Norvégiens s'abstiennent d'exprimer trop d'émotions afin de préserver la paix sociale et d'assurer leur survie. Ils avaient besoin de leur communauté, aussi petite fut-elle.

Mais même si ça avait du sens, ça n'expliquait pas tout pour moi. Le fait de vivre dans une vallée perdue avec plus de moutons que d'êtres humains n'était pas une raison suffisante pour ignorer les étrangers ou avoir peur d'exprimer sa tristesse ou sa joie.

De nombreuses populations dans le monde vivent éparpillées au sein d'un environnement hostile et disposent de peu de ressources. Le Groenland, la Sibérie ou même le Finnmark ont des conditions météorologiques bien plus rudes et sont encore moins peuplés que la Norvège du Sud. Et pourtant, j'avais rarement rencontré des gens aussi froids et renfermés que dans cette région de Norvège. Il devait y avoir une autre raison à ça.

J'ai découvert que le protestantisme (et notamment un puissant mouvement piétiste rigoriste) a apporté avec lui ses valeurs de frugalité, d'esprit d'entreprise et de diligence personnelle, et a influencé la société norvégienne bien plus que les Norvégiens ne le réalisent eux-mêmes. Quand je mettais le sujet sur le tapis, on m'avançait des contre-arguments tels que « C'est impossible parce que les Norvégiens ne sont pas si croyants que ça ». Oui mais les églises ont beau être vides aujourd'hui dans de nombreuses régions de Norvège, ça n'a pas empêché ces valeurs religieuses rigides de devenir profondes et dominantes au point de se transformer en valeurs sociales au sein de la société norvégienne.

Il suffit de penser à la manière dont le gouvernement norvégien a décidé de gérer les revenus pétroliers. À la fin des années 1960, la Norvège a découvert d'importants gisements de pétrole et de gaz dans la mer du Nord. Les recettes pétrolières en plein essor ont été nationalisées et une stricte limite a été fixée quant au montant de ces revenus que le gouvernement peut dépenser. Depuis 2017, 4 % des intérêts sur l'argent investi peut être utilisé par le budget de l'État norvégien. Le reste sert à alimenter un fonds de pension pour les générations futures ou les périodes de crise, le fameux Oljefondet – Norges Bank Investment Management. C'est le plus gros fonds d'investissement public au monde, avec une valeur sur le marché qui change à chaque minute. Au moment d'écrire ce livre, la valeur des investissements du fonds de pension était de plus de 12 trillions de couronnes norvégiennes, soit environ 120 milliards d'euros. Malgré cela, les Norvégiens paient toujours des taxes et impôts, et même en temps de crise économique, les gouvernements successifs ne puisent pas de façon extensible dans les revenus du pétrole. Il faut continuer à produire des richesses, à travailler, et à avoir un équilibre budgétaire. Et à enrichir les générations futures juste au cas où. Un genre d'État cigale, plutôt que fourmi. Un conseil éthique peut être saisi en cas d'investissements dans des entreprises non respectueuses des droits de l'homme par exemple, et une charte éthique a été instaurée pour que les investissements n'encouragent pas par exemple le travail des enfants.

Cette manière de gérer l'argent est très clairement influencée par les valeurs protestantes : oui, nous sommes devenus ultra-riches, mais ne nous arrêtons pas de travailler dur et de payer des impôts pour autant. On va mettre l'argent de côté et il sera géré pour le bien de tous, et aucune élite n'en tirera profit, mais ce sera la population tout entière qui en bénéficiera équitablement. Vous imaginez un seul autre pays qui aurait fait pareil avec une telle quantité d'argent ? Le mien n'aurait sûrement pas géré cette somme de cette façon.

Un autre argument avancé était « Ça ne peut pas être vrai, rappelle-toi à quel point les Vikings étaient fiers et impitoyables ». Effectivement, c'étaient des aventuriers car ils ont tout de même traversé l'Atlantique jusqu'en Amérique du Nord bien avant Christophe Colomb. Ils ont voyagé dans toute l'Europe et commercé avec de nombreux peuples. Ils ont pillé, bien soucieux de l'égalité et du dur labeur des Protestants. Mais justement, il s'en est passé des choses en 1200 ans en Scandinavie et en Europe. Entre autres, une violente christianisation catholique des Vikings, la Peste noire, et cette seconde vague de christianisation protestante rigoriste. Sans parler des occupations danoise et suédoise de la Norvège, pendant plus de cinq siècles. Je ne sais pas exactement quelles étaient les valeurs sociétales des Vikings, mais ce que je sais avec certitude, c'est que les Norvégiens d'aujourd'hui n'ont pas grand-chose à voir avec les Vikings d'un point de vue social. De plus, selon de récentes découvertes archéologiques, la notion de « Viking » aurait tout aussi bien pu être une description de catégorie professionnelle plutôt qu'une origine ethnique.

L'image des Vikings fait partie de la stratégie marketing des pays scandinaves. Mais cela ne représente pas les sociétés modernes scandinaves (ni la Suède, ni la Norvège, ni le Danemark).

Les valeurs protestantes et notamment le piétisme attribuent une valeur morale aux émotions et encouragent un sentiment de honte quand une personne ne se plie pas à ce que l'on attend d'elle en matière de diligence, de frugalité, de dur labeur et de bonnes mœurs. C'est le signe d'une société qui encourage à refouler ses émotions et surtout sa colère, afin de préserver la paix sociale. Non pas que la Norvège soit une société refoulée de nos jours (encore que…), mais elle l'a bel et bien été très fortement auparavant, et de ce que je peux voir, de lourdes traces du passé en témoignent encore.

La relation des Norvégiens avec l'alcool est assez représentative. C'est un exutoire immense qui leur permet justement d'être cette version décomplexée d'eux-mêmes qui n'est autrement pas acceptée socialement. Ils peuvent soudain exprimer toutes ces émotions refoulées, sans jugement car on est excusé quand tout le monde est saoul (et d'ailleurs si les autres s'en souviennent, ils feront comme si de rien n'était). Selon un proverbe norvégien, « *Sannheten kommer fra fulle menn og barn* », la vérité sort de la bouche des ivrognes et des enfants. En France, on se contente de dire que la vérité sort de la bouche des enfants. On n'a pas besoin d'être ivres pour dire ce qu'on pense, ce qui n'est pas le cas des Norvégiens.

Le reste du temps, il n'est pas acceptable de dire le fond de sa pensée. Pendant une réunion de travail, on ne peut simplement pas lancer « Je ne suis pas d'accord avec toi, c'est une mauvaise idée » de manière ouverte, car cela peut marquer le début d'un conflit. Et un conflit veut dire risquer l'exclusion, et perturber la paix sociale et l'ordre établi, ce qui signifie qu'il faut l'éviter à tout prix.

Cela représente un grand défi pour les étrangers qui essaient de comprendre les Norvégiens de leur entourage, qu'il s'agisse de leur tendre moitié, de leurs beaux-parents, de leurs collègues ou de leurs supérieurs. Comme me l'a dit un jour ma voisine Dagny :

« Les Norvégiens ne te disent jamais ce que tu as fait de mal, mais ils n'oublieront jamais ce que tu as fait ».

Décrypter ce que les Norvégiens pensaient de moi, mais aussi exprimer mes propres intentions avec précision, était un véritable défi pour moi. Le problème, c'est que la « précision » est un concept très subjectif quand il s'agit de la façon dont les autres personnes, quelles qu'elles soient, interprètent ce que vous voulez dire et comment vous vous sentez. Surtout quand mon norvégien n'était justement pas aussi précis que mon français ou mon anglais car je manquais de vocabulaire. Mais c'était plus compliqué que d'avoir les mots justes : il fallait aussi toujours parler de façon calme et souriante, et positive. Mon franc-parler jouait en ma défaveur, ainsi que ma voix un peu forte.

J'ai réalisé que je pouvais facilement vexer un Norvégien sans même le faire exprès, ou leur sembler en colère alors que j'étais très calme. Une fois, peut-être un ou deux mois après avoir commencé à travailler en Norvège, j'avais eu une réunion informelle avec Torbjørn. Nous avions discuté de manière agréable et détendue, sans beaucoup de désaccords. Ylva était passée devant le bureau et avait surpris notre conversation.

« Pourquoi tu es énervée ? » m'avait-elle demandé.

J'étais restée sans voix. J'avais eu envie de lui demander : « Je ne suis pas fâchée. Pourquoi tu penses ça ? ». Son interprétation de mes intentions m'avait tellement surprise que j'avais gardé le silence.

« Elle n'est pas énervée. Elle est juste française, avait répondu Torbjørn en riant. Ouf, quelqu'un qui me comprenait.

— J'avais l'impression d'être paisible, avais-je indiqué à Torbjørn plus tard. C'est le volume le plus bas que j'aie en réserve. Est-ce que j'ai l'air d'être fâchée même là ? lui avais-je demandé, très inquiète.

Il s'était contenté de sourire.

— Ne t'inquiète pas, on sait que tu n'es pas d'ici. On ne s'attend pas à ce que tu suives tous nos codes » m'avait-il répondu.

Ça n'était pas très rassurant.

J'ai appris que même en parlant calmement, certains Norvégiens peuvent être très sensibles à un haussement de ton, ou à un point négatif/une critique amené(e) de façon trop directe. Il faut être extrêmement diplomatique, surtout à Oslo et dans le Sud de la Norvège. Au Nord et possiblement dans l'Ouest (vers Bergen), il semble y avoir un peu plus de latitude sociale. Une belle expression norvégienne décrit bien ce concept : « *Han tåler litt vind* » (« Il supporte un peu de vent », qui signifie qu'une personne accepte la critique plus facilement que d'autres).

Certains Norvégiens semblent confondre deux choses qui sont très différentes : le débat et le conflit. Le fait que les gens ne sont pas d'accord est perçu comme un conflit, alors que pour moi et la plupart des Français, un désaccord marque le début d'une conversation intéressante. Dans une soirée, de nombreuses personnes évitent donc de parler de politique par exemple.

Comme la vie serait ennuyeuse si nous étions tous d'accord sur tout, si nous n'avions pas de divergences d'opinions ni de goûts différents concernant la nourriture ou la décoration d'intérieur ! Le conformisme et le fait de se reconnaître chez les autres n'ont jamais rendu la vie passionnante.

Quelles facettes de ma personnalité allais-je devoir effacer pour survivre socialement et professionnellement en Norvège ? J'avais tendance à dire des gros mots, et à parler fort. Je n'avais pas envie de me transformer en Bisounours parce que certaines personnes ne supportaient pas mon franc-parler. Cela m'a amenée à réfléchir encore plus à toute cette situation. D'après ce que j'avais pu constater en voyageant à travers la Norvège, les codes sociaux différaient selon la région où l'on se trouvait : au sud, au nord, en ville ou en campagne. La prétendue culture qui interdit de montrer ses émotions est en fait assez conservatrice et se trouve essentiellement dans le sud, à l'est et dans la capitale.

Je n'étais pas restée longtemps à Bergen ni sur la côte ouest, mais j'avais eu l'impression que là-bas aussi, la culture était différente de celle du Sud et d'Oslo. L'endroit où je me sentais vraiment chez moi était la Norvège du Nord, là où les habitants supportaient mon franc-parler et riaient quand ils entendaient mes jurons. Et où ils ne se vexaient pas si je haussais le ton parce que j'étais *engasjert* dans un sujet qui comptait à mes yeux.

J'avais beaucoup réfléchi aux émotions négatives telles que la colère, la frustration ou l'irritation. Mais comment les Norvégiens montraient-ils des émotions positives comme l'amour, le bonheur ou le fait d'apprécier ses amis ? Là encore, les Norvégiens semblaient toujours bien plus réservés que nous autres, les gens du Sud. J'ai mis longtemps à m'habituer à serrer la main ou à ne jamais me rapprocher physiquement de quelqu'un en Norvège.

Quand je touchais le bras d'une personne en lui parlant, je sentais tout de suite que j'étais en train d'envahir son espace vital. Alors, j'ai fait comme tout le monde : j'ai serré la main même des femmes, j'ai fait coucou à quelques mètres de distance en disant *Hei*. J'ai donné un *klem* aux personnes dont je me sentais proche.

Les Norvégiens montraient leurs émotions de manière subtile. Comme Tor. Il m'aimait beaucoup mais je ne l'avais pas vu. Les gens qui se sentent seuls ou déprimés ne le crient pas sur les toits, ce qui explique à mon avis le taux de suicide, de dépression et la pression sociale impressionnante que beaucoup ressentent en Norvège.

L'utilisation des réseaux sociaux pour clamer son bonheur est assez impressionnante en Norvège. C'est presque comme s'ils avaient cette envie irrépressible de montrer au monde entier combien leur vie est parfaite. Alors que moi, j'allais au travail en disant à tout le monde que j'étais « de mauvaise humeur aujourd'hui ».

Une fois, Ylva s'était mise à rire quand j'avais dit ça.

« Tu es marrante, un Norvégien ne ferait jamais ça. Mais au moins, tu nous le dis et nous, on peut te taquiner à ce sujet, m'avait-elle dit.

— Je t'en prie, vas-y ! » lui avais-je répondu.

En bref : les Norvégiens, surtout à Oslo, peuvent sembler froids et timides car ils cachent leurs sentiments. Ils peuvent faire des choses très énervantes comme lever les yeux au ciel comme des adolescents pendant une réunion au lieu de dire tout haut « Je ne suis pas d'accord. Discutons-en et passons à autre chose ».

Beaucoup de Norvégiens évitent les conflits à tout prix, ce qui peut devenir problématique pour les étrangers. C'est aussi difficile de savoir si un Norvégien nous aime bien, à moins qu'il ne soit saoul, auquel cas la vérité peut éclater. Comme aux fêtes de Noël, où il est socialement permis de dire à votre chef ce que vous pensez de lui après que tout le monde s'est envoyé au moins cinq verres d'*aquavit* pour ensuite faire semblant de n'avoir jamais rien dit.

Ici, je crois que le secret consiste à apprendre le norvégien, puisqu'on doit commencer par comprendre tous les codes verbaux avant de pouvoir saisir les codes non verbaux. Codes verbaux : « *Vi sees plutselig* » signifie que la personne ne fera pas d'efforts pour vous revoir. Lors d'une réunion, quand quelqu'un dit « *Takk for innspillet, men…* » (Merci pour ta contribution, mais…), cela veut dire qu'il n'est pas d'accord avec vous.

Codes non verbaux : quelqu'un qui ne dit pas un mot lors d'une réunion, qui croise ses bras et ne lâche pas sa tasse de café des yeux a probablement beaucoup de choses en tête. Un collègue qui vous sourit tous les jours, qui vous demande comment ça va et qui rit à vos blagues vous apprécie sans doute beaucoup.

Tout un fromage

Je n'étais pas rentrée en France depuis près d'un an. J'ai donc pris dix jours de congé pour aller rendre visite à ma famille à Marseille. Durant toutes les autres vacances, j'avais exploré la Norvège, mais cette fois-ci, il était temps que j'aille voir ma famille pendant *romjul(a)*, comme l'appelaient les Norvégiens. Le *romjul* est « l'intervalle entre Noël et le Nouvel An ». Une autre période de l'année où tout est fermé en Norvège car les gens prennent des vacances ou ces fameux jours de *avspasering*. De nombreux employeurs « offrent » des jours à leurs employés autour de Noël et du jour de l'An et d'autres donnent carrément une sixième semaine de vacances à tout le monde.

J'ai ramené plein de nourriture typiquement norvégienne à la maison, à préparer en plus du dîner traditionnel de Noël, pour que toute ma famille puisse y goûter. J'ai trouvé du *rakfisk*, la truite que les Norvégiens font fermenter dans des tonneaux, des *lomper*, les crêpes à base de pommes de terre, de la *rømme*, la crème fraîche norvégienne, du saucisson d'élan infusé aux myrtilles, du saumon fumé, du *gravlaks* et du maquereau séché et fumé.

Ma liste était longue et j'ai couru à travers toute la ville pour être sûre de trouver tout ce dont j'avais besoin. J'ai tout casé dans ma valise. À l'aéroport d'Oslo-Gardermoen, je me suis arrêtée au dernier supermarché pour touristes et j'ai réalisé que j'avais oublié le *brunost*. Comment j'avais pu oublier d'acheter du *brunost* ?

Il n'y avait pas de vols directs entre Oslo et Marseille, alors j'ai dû prendre une correspondance à Francfort. J'avais très peu de temps entre mes deux vols. Du coup, quand j'ai passé le dernier contrôle de sécurité de Francfort, j'ai eu l'impression d'être presque arrivée. Mais la sécurité m'a arrêtée. L'agent m'a demandé d'ouvrir tous mes bagages à main et a commencé à fouiller dedans. J'avais tout mis dans mes bagages en soute, alors j'étais sereine. L'agent a fièrement sorti le paquet de *brunost* que j'avais acheté à l'aéroport d'Oslo.

« Qu'est-ce que c'est ? m'a-t-elle demandé. Je me suis donc mise à rire (une très mauvaise idée quand on parle à un agent de sécurité allemand).

— C'est du fromage ! lui ai-je répondu.

— Non, ça, qu'est-ce que c'est ? m'a-t-elle redemandé.

— Oui, du fromage ! Du fromage de chèvre norvégien, lui ai-je expliqué.

— Du fromage de chèvre ? a-t-elle répété, l'air très sceptique. Ça ne ressemble pas à du fromage, a-t-elle ajouté.

— Ne m'en parlez pas ! »

Alors que j'étais sur le point de lui raconter toutes les mésaventures culinaires que j'avais dû affronter en Norvège, elle a appelé les autres agents de sécurité. Un agent souriant s'est emparé du paquet et m'a de nouveau demandé ce que c'était.

« C'est du fromage norvégien. Je l'ai acheté à Oslo. J'ai le ticket de caisse si vous voulez vérifier, lui ai-je répondu, en riant moins et en contrôlant plus ma montre. Je devais embarquer.

— Non, ce ne sera pas nécessaire. Si c'est du fromage, vous en mangeriez ? m'a-t-il demandé.

— Oui… mais… » Mais c'est un cadeau et je ne veux pas l'ouvrir, avais-je envie de lui dire. Mais ça aurait paru suspect.

À ce stade, il aurait été inutile de leur dire que je préférais laisser le *brunost* pour courir prendre mon avion, car ils avaient commencé à appuyer sur le paquet et de la pâte brune s'était mise à en couler. Après avoir passé trois heures dans mon bagage à main, le fromage s'était ramolli, ce qui l'apparentait désormais à un explosif aux yeux des autorités allemandes. Ils n'ont pas arrêté de me poser la même question, et j'ai continué à leur expliquer que c'était sucré, et oui brun, regardez, c'est écrit sur l'emballage : en norvégien, *ost* veut dire « fromage ».

Ils nous ont dirigés, mon fromage et moi, vers un autre agent muni d'une grosse machine servant à détecter les substances explosives. Il m'a demandé une toute dernière fois, d'un air très sérieux : « Donc, vous dites que c'est du fromage ? ». Il l'a passé dans la machine et me l'a redonné au bout d'un certain temps, puis m'a laissée repartir tout sourire. « Bon vol ». Oui, c'était du fromage. Mais il avait failli me faire rater mon vol.

J'étais si heureuse d'être à Marseille : en Provence, chez moi. Il faisait beau, ce qui améliorait considérablement ma qualité de vie. Je pouvais enfin voir le soleil plus de quelques heures par jour et il brillait. Et en plus, il faisait 16 °C. En décembre.

Qu'est-ce qui m'a pris de quitter ce pays ? est la question que je me suis posée pendant les 24 premières heures de mon séjour. Je n'avais pas besoin de doudoune. Ni de gants. Personne ne courait ou ne skiait dehors comme des dingues, ce qui évitait de me donner mauvaise conscience. Je n'avais pas besoin de réfléchir avant de parler et personne ne se moquait de ma façon étrange de prononcer les mots.

Le français étant ma langue maternelle, je pouvais exprimer tout ce que j'avais à dire, dans les moindres nuances. Je comprenais tous les codes sociaux et culturels des gens qui m'entouraient. Je pouvais ne pas être d'accord et lancer un débat sans que personne ne pense que j'étais en colère, sauf si c'était vraiment le cas. Je pouvais entrer dans un magasin et y trouver 15 différents types de fromages, dont aucun n'était dur, blanc et fade. On trouvait du vin même dans les tout petits supermarchés. Je pouvais en acheter à presque tout moment de la journée et même la nuit.

Au bout de 24 heures, ça s'est légèrement corsé. La Norvège m'avait un peu plus influencée que je ne le pensais.

« Pourquoi on mange si tard ? ai-je demandé à ma mère. J'ai trop faim.

— On préparera le dîner plus tard, m'a-t-elle répondu.

— Plus tard ? Mais il est déjà 18 h. Je vais m'y mettre dès maintenant, lui ai-je dit.

— On va manger vers 21 h quand ton père sera rentré du travail. Même si tu t'y mets maintenant, ça ne va pas nous faire manger plus tôt » m'a-t-elle répondu.

Je suis tombée malade deux jours plus tard. J'avais trop mangé de fromage et de portions généreuses de tout le reste car la nourriture de chez moi m'avait manqué. Le premier soir, j'avais mangé 40 escargots. Le deuxième jour, j'avais avalé trois parts de gâteau au déjeuner, après un bœuf bourguignon et des fruits de mer en entrée. Résultat : j'avais la nausée et sans cesse mal au ventre, comme si une grosse pierre était coincée là-dedans. J'ai dû jeûner quelques jours.

Manger des flocons d'avoine et des fruits au petit déjeuner me manquait. Je prenais ça chaque matin en Norvège. Mais contrairement à mon pays d'accueil où on trouvait de l'avoine dans tous les supermarchés, en France, seuls les magasins bio en vendaient. Pour ne rien arranger, aucun de mes amis français (ni aucun membre de ma famille) ne comprenait pourquoi j'étais partie vivre en Norvège. Je passais mon temps à me justifier.

« Alors, les Norvégiens ne sont pas froids ? m'a demandé ma tante.

— Non, je me suis fait de bons amis, lui ai-je répondu.

— Mais il gèle là-bas, non ? Et il neige tout le temps ? » a ajouté mon oncle.

Oui, on vit dans des igloos et j'ai un renne pour animal de compagnie. On skie pour aller au travail. La vie normale, quoi. J'aurais voulu lui répondre ça.

Je n'étais pas la seule à être surprise. Mon nouveau comportement laissait mes parents perplexes. J'allumais des bougies quand la nuit tombait, je faisais couler l'eau du robinet pendant longtemps jusqu'à ce qu'elle devienne froide avant de la boire, et je laissais toutes les lumières allumées dans les pièces de la maison même après les avoir quittées.

« C'est pas Versailles ici, m'a fait remarquer mon père. Quand est-ce que tu as commencé à gaspiller comme ça ?

— En Norvège, on aime boire de l'eau très froide et on laisse les lumières allumées parce que l'électricité est renouvelable et plutôt bon marché ».

Les règles norvégiennes portant sur les droits des enfants, la condamnation de l'arrogance et l'égalité des sexes m'avaient contaminée. En France, ces trois concepts sont mal vus et je passais pour une folle qui les promouvait.

En Norvège, le fait que les enfants doivent être protégés de toute violence physique n'est pas une règle tacite mais bien inscrit dans la loi. Frapper un enfant est un délit qui peut vous faire perdre la garde de votre propre enfant et vous envoyer potentiellement en prison.

Quand j'ai vu ma voisine donner une fessée à sa fille et lui crier dessus, j'en ai presque fait une crise cardiaque. Je me suis approchée d'elle et je lui ai dit que ce n'était pas une façon de traiter les enfants.

« Hé, c'est ce qu'on appelle la discipline. Elle doit savoir qui est le patron ici, autrement elle ne pourra pas bien vivre en société. Et d'ailleurs, qu'est-ce que tu en sais de l'éducation des enfants, toi ? Tu n'en as pas, m'a-t-elle rétorqué.

— Oui, mais en Norvège… on ne frappe pas les enfants, lui ai-je répondu.

— Oui, mais on n'est pas en Norvège. On est en France, m'a-t-elle répondu. Ta mère m'a dit qu'ils laissent les bébés dehors, tout seuls dans le froid. C'est pas pire qu'une fessée ? » a ajouté ma voisine.

En bref : rentrer « à la maison » peut être plus difficile qu'on ne le croit quand on vit à l'étranger. Vous serez peut-être amené(e) à devoir gérer des valeurs incompatibles entre elles : celles avec lesquelles vous avez été élevé(e) et celles de votre nouveau pays d'accueil. D'après mon expérience, vivre à l'étranger fait de nous des hybrides culturels. Je devenais moi-même de plus en plus norvégienne, tout en restant une étrangère en Norvège avec mon accent français.

La loi de Jante

Il y avait tant de sujets sur lesquels je n'étais pas d'accord avec mes compatriotes. Le sentiment de supériorité chez les gens, les commentaires condescendants et les dictons comme « trop bon, trop con » me dérangeaient toujours plus. J'avais toujours été allergique à l'arrogance, même quand je vivais en France, mais après un an passé en Norvège, c'était devenu insupportable à mes yeux. Je n'arrivais tout simplement pas à comprendre comment le fait de rabaisser les autres aussi bien en termes d'intelligence, de richesse ou de toute autre chose pouvait rendre la vie des gens meilleure.

La dernière fois que vous avez trouvé qu'une personne était intelligente, est-ce que c'est parce que cette personne vous l'a dit ou parce que vous l'avez constaté par vous-même ? Si quelqu'un est si intelligent que ça, il n'a pas besoin de s'en vanter. Les autres le remarqueront.

Le problème, c'est que dans la culture française, les gens

peuvent se sentir plus importants quand ils rabaissent les autres, en se faisant passer pour plus intelligents, en prétendant avoir plus de connaissances et de culture et ainsi de suite. Il faut remporter les débats, en citant généralement un philosophe mort ou en faisant étalage de ses connaissances d'une façon ou d'une autre. Souvent, quand ils ne savent pas, certains inventent une réponse tout en regardant la personne qui les a questionnés comme si c'était l'être humain le plus stupide au monde.

Après un an en Norvège, je me rendais compte que je préférais largement qu'on donne de la valeur à la discrétion et à une attitude humble plutôt qu'à l'arrogance et le sentiment de superiorité. La société française est élitiste: entendre certains placer dans les premières phrases d'une conversation dans quelle grande école ou prépa ils étaient allés me fatiguait. Une fois, lorsque j'avais 14 ans, le grand frère d'une amie m'avait annoncé fièrement qu'il était rentré à Arts et Métiers, et je lui avais demandé s'il allait devenir artiste. Je n'y connaissais rien, mon père étant infirmier et ma mère ébéniste, je n'avais jamais entendu parler du nom des différentes grandes écoles d'ingénieurs à 14 ans. Il m'avait prise de haut.

Lorsque, en sortant du baccalauréat à 18 ans, j'ai commencé à étudier l'indonésien et le malais aux Langues Orientales à Paris, par passion pour les cultures et langues de l'Asie du Sud-Est, c'est comme si j'avais annoncé aux gens que j'avais décidé de rater ma vie. « Quel gâchis ! Tu étais si bonne élève, tu aurais pu faire de grandes études ». J'avais ensuite choisi d'étudier les relations internationales et le droit international, puis les droits humains, et de partir vivre en Indonésie pour travailler pratiquement bénévolement dans une ONG de droits des communautés autochtones. Là encore, je faisais apparemment des choix « difficiles » qui ne m'assuraient pas un avenir brillant. Mais finalement, qu'est-ce que réussir sa vie ? Le carcan de ce qu'on définit dans de nombreux milieux en France comme une vie réussie est en fait très restreint. Je crois profondément que suivre sa voie, et ses passions, et éventuellement se planter et recommencer dans autre chose a plus de valeur humainement que de suivre une voie par conformisme social.

Peut-être qu'aujourd'hui je gagne la moitié du salaire de mes amis qui ont fait des écoles de commerce, mais nous ne sommes pas tous faits pour travailler dans une banque ou le marketing. Maintenant que je voyais une autre façon de fonctionner en Norvège, je me disais que je préférais cette société.

En Norvège, le souci d'égalité est tel que non seulement il n'est pas socialement accepté de se vanter, mais il n'est pas non plus encouragé de montrer par exemple que nos enfants sont très bons en maths ou autres matières. Il faut faire partie de la moyenne, et certains se plaignent que cet esprit pousse à la médiocrité et tire le niveau vers le bas. Cela peut aussi affecter le milieu de l'innovation qui dépend de voix singulières.

D'un autre côté, si vous réussissez en Norvège par exemple en entreprise ou en sport, ou que vous êtes extrêmement intelligent, c'est socialement accepté si vous en faites profiter la société tout entière. C'est pareil si vous êtes très riche : vous devez partager et rester humble. Olav Thon, le magnat du secteur hôtelier, est un citoyen exemplaire en Norvège. Pas parce qu'il est très riche, mais parce qu'il paie chaque centime de ses impôts (pour autant que je sache) et parce qu'il continue à porter le même vieux bonnet rouge, à conduire la même vieille voiture, à manger le même déjeuner à base de pain et de *makrell i tomat* et qu'il reste marié à la même femme. Malgré son succès, il reste un homme du peuple.

Au contraire, un skieur professionnel tel que Petter Northug qui a remporté tout un tas de compétitions mais est extrêmement arrogant (du moins selon les critères norvégiens) agace énormément de monde par son comportement.

Vous imaginez que pas même le roi de Norvège n'est

au-dessus de cette règle sociale qui veut que l'on reste humble ? En 1973, le roi Olav V, père de l'actuel roi, avait même emprunté le tramway à Oslo muni de ses skis pour se rendre à Holmenkollen afin de montrer l'exemple aux gens.

À l'époque, à cause de la crise énergétique, les Norvégiens étaient invités à ne pas utiliser leur voiture, alors il avait pris les transports en commun et on l'avait pris en photo tandis qu'il tentait de payer son ticket. J'imagine l'élite politique de mon propre pays. Les ministres ne prennent même pas le bus, alors que ferait un roi français si nous en avions toujours un ? Mais peut-être est-ce la raison pour laquelle nous n'en avons plus.

La confiance est d'ailleurs essentielle dans la société norvégienne. Celle que l'on a dans les autorités, envers ses voisins et tout le reste, et celle que les autres placent en vous. Quand je disais à mes amis français que j'étais heureuse de payer mes impôts, qui finançaient les écoles, enseignants et hôpitaux, et que j'appelais souvent l'administration fiscale norvégienne pour être sûre de ne pas me tromper dans ma déclaration, ils explosaient de rire.

« — Tu te fiches de nous ?

— Non, je suis sérieuse, leur répondais-je. L'administration fiscale me rembourse aussi si j'ai trop payé. Sans que j'aie besoin de leur demander.

— Mais bien sûûûûr. Et moi, je suis Mère Teresa, me répondaient-ils.

La méfiance envers l'élite au pouvoir est tellement ancrée dans la culture française que le fait de parler de choses si ordinaires en Norvège semble surréaliste.

Je me souviens des Danois qui disaient que les Norvégiens étaient très naïfs. C'est peut-être le cas mais n'est-ce pas relaxant de vivre dans un pays où les gens sont humbles et confiants ? Pour ma part, je réponds si. J'ai appris que l'une des pires choses que l'on puisse faire en Norvège est de mentir et trahir la confiance placée en nous. Il est admis que nous sommes des humains et que nous commettons des erreurs, même grosses. Ce qui est important, c'est de reconnaître ses erreurs, souvent publiquement, et de tenter de les réparer. Parfois avant même qu'elles ne soient découvertes. Briser la confiance que les gens et la société ont placée en vous est la pire chose que vous puissiez faire en Norvège. Cela vient aussi probablement des valeurs protestantes.

Janteloven ou la loi de Jante fait couler beaucoup d'encre et de salive en Scandinavie. Elle est issue d'un livre d'Aksel Sandemose intitulé « Un fugitif recoupe ses traces », qui raconte l'histoire d'un jeune garçon habitant dans la ville imaginaire de Jante et décrit sa vie, sa fuite et la société dans laquelle il vit.

Quand les gens parlent de la loi de Jante, ils font généralement référence aux dix « commandements » figurant dans ce livre, lesquels sont souvent mentionnés dans les articles et les livres sur la Scandinavie :

1. Tu ne dois pas croire que tu *es* quelque chose.
2. Tu ne dois pas croire que tu vaux autant que *nous*.
3. Tu ne dois pas croire que tu es plus intelligent que *nous*.
4. Tu ne dois pas te figurer que tu es meilleur que *nous*.
5. Tu ne dois pas croire que tu en sais plus que *nous*.
6. Tu ne dois pas croire que tu vaux mieux que *nous*.
7. Tu ne dois pas croire que *tu* es capable de quoi que ce soit.
8. Tu ne dois pas rire de *nous*.
9. Tu ne dois pas croire que quelqu'un se préoccupe de *toi*.
10. Tu ne dois pas croire que tu peux *nous* apprendre quoi que ce soit.

Il existe un commandement de plus dans la loi de Jante, qui apparaît quelques chapitres avant cette liste dans le livre d'Aksel Sandemose et que personne ne cite :

11. Tu ne dois pas boire d'alcool.

C'est, selon l'auteur, le commandement le plus important de la loi de Jante.

Janteloven est interprétée de différentes façons. Beaucoup de gens (y compris des Norvégiens) parlent de *Janteloven* comme de la pierre fondatrice du principe d'égalité au sein des sociétés scandinaves. *Janteloven* est érigée en dogme d'égalité, qui permet à chacun d'avoir les mêmes chances que son voisin. Personnellement, après avoir lu le livre de Sandemose, j'ai une autre interprétation. Ces 11 commandements expliquent la pression sociale qui pousse à être humble et à ne jamais croire que l'on est meilleur que les autres, certes. Mais le livre est clair, le but n'est pas de se montrer égal aux autres mais humble vis-à-vis des classes sociales plus élevées. « Tu ne peux pas croire que tu es mieux que moi » dit le chef de boutique au père du garçon. Ce n'est pas de l'égalité mais de l'oppression.

Cette utopie selon laquelle la Norvège n'a ni noblesse ni classe sociale est fausse. Dans le livre, on ressent une pression sociale extrême, pour se conformer au rôle qu'on nous a attribué mais aussi pour ne pas se démarquer. Elle reflète la pression du conformisme, qui force tout le monde à se fondre dans la masse.

J'ai entendu des histoires de Norvégiens qui avaient attendu des dizaines d'années avant de faire repeindre leur maison car tant que leur voisin ne l'avait pas fait, c'était socialement interdit. Le jour où une personne habitant dans leur rue fait repeindre sa maison, tous les voisins suivent son exemple. Le livre a été écrit il y a moins de 100 ans : qu'est ce qui a changé dans la société norvégienne ? La pression sociale est bien visible dans le livre et prend d'autres formes aujourd'hui, mais elle est bien réelle dans la Norvège contemporaine, avec ses bons et ses mauvais côtés.

Est-ce que les Norvégiens sont toujours humbles ? Pas vraiment. Les Norvégiens se vantent de manière indirecte en révélant où ils ont passé leurs vacances, combien ils ont dépensé pour leur maison ou combien de kilomètres ils ont parcouru à skis durant le week-end. Beaucoup montrent des signes discrets de richesse et de réussite tels qu'une voiture qui coûte cher ou une maison située dans un quartier chic.

Et puisque tout le monde peut avoir accès à la déclaration de revenus de chacun et peut voir le prix auquel ont été vendus les biens immobiliers, ce n'est pas difficile de savoir combien gagne votre collègue. Le summum de la vantardise consiste à dire que l'on s'est qualifié pour telle compétition de ski ou telle course cycliste. Il existe un classement des événements sportifs qui vous donnent plus de points liés au statut social, notamment au sein de l'élite norvégienne, comme les courses Birkebeiner et Marcialonga.

Si vous vivez ici assez longtemps, vous risquez de réaliser que les Norvégiens peuvent être arrogants quand ils parlent de leur propre culture en la comparant aux autres. Une étude menée en 2018 par le Pew Research Center a démontré que les Norvégiens étaient ceux qui étaient le plus convaincus que leur culture était supérieure aux autres.

Si vous êtes étranger, vous entendrez des choses comme « Les hôpitaux norvégiens sont les meilleurs du monde » ou « Le système scolaire norvégien est le meilleur » jusqu'à ce que vous leur donniez des faits sur la réussite d'autres systèmes, ou sur les faiblesses de leur propre système. Si vous avez besoin d'exemples, la Sécurité sociale ne couvre pas les soins optiques ou dentaires. Les écoles n'ont pas de cantine, et les enfants dès un an sont nourris au pain avec des mayonnaises sucrées goût crevette ou bacon. Il y a un nombre croissant d'enfants obèses en Norvège. Il est aussi compliqué et très long de voir un médecin spécialiste en Norvège, et de nombreuses blagues circulent sur des rendez-vous chez la gynécologue donnés dans tant de mois que la personne aurait déjà accouché. L'accès aux psychologues aux prix conventionnés prend des mois, quelques fois jusqu'à une année. Et les enfants ne sont jamais suivis par un pédiatre, à moins qu'il y ait une maladie grave.

Néanmoins, critiquer quoi que ce soit de norvégien vous vaudra des regards noirs. Un scandale qui s'est produit il y a quelques années illustre bien ce complexe de supériorité. À l'époque, un skieur norvégien avait été testé positif aux stéroïdes et avait incriminé un baume pour les lèvres vendu par une pharmacie italienne. Il s'était empressé de raconter aux médias norvégiens que les médicaments italiens n'indiquaient pas si une crème contenait des stéroïdes. Ce qui était bien sûr faux. Tout le monde avait gobé l'histoire. Mais imaginez combien la Norvège tout entière aurait été scandalisée si la situation avait été inversée, à savoir si un skieur italien avait incriminé un médicament norvégien, les meilleurs du monde. C'est cela qui est improbable avec les Norvégiens. Ils ont en même temps un complexe d'infériorité dû à leur histoire, et un complexe de supériorité récent.

Vous vous souvenez de Brynjulf ? Il m'avait dit qu'il savait skier, comme s'il avait un peu skié dans sa vie et qu'il pouvait peut-être m'enseigner les quelques astuces qu'il avait apprises cet hiver-là. En réalité, après l'avoir cherché sur Google, j'ai réalisé qu'il faisait partie des 15 meilleurs skieurs de Norvège à l'époque où il avait une vingtaine d'années. Un Français doté d'un tel palmarès s'en serait vanté dès le début d'une conversation, alors que lui ne l'avait même pas mentionné. Beaucoup de Norvégiens sont vraiment très humbles.

En termes d'égalité, Oslo est un parfait exemple d'inégalités. L'espérance de vie varie de dix ans entre l'est et l'ouest d'Oslo. Cela s'explique par des écarts de richesse, des niveaux de vie divergents, etc. Des différences semblables ressortent entre Oslo et les autres régions telles que la Norvège du Nord.

En bref : aucun système, aucun pays n'est parfait. Oui, il y a des choses énervantes dans la société norvégienne, mais au final, elles ne sont pas si dérangeantes que ça comparé à ce qui m'a fait partir de France. J'ai envie de vivre dans un pays où les gens se font confiance, même s'ils sont timides, et doivent boire pour exprimer leurs émotions. Même s'ils sont obsédés par l'égalité alors que je pense profondément que cela vient d'une oppression sociale issue du protestantisme et d'une structure de classe. *Janteloven* est certainement l'un des fossés culturels les plus importants entre la France et la Norvège, et peut-être même entre la Norvège et de très nombreux autres pays où c'est l'excellence qui est encouragée.

Un autre fossé est sans aucun doute la place des femmes dans la société. Le discours général sur les femmes en France me dérangeait de plus en plus. J'observais ma propre société patriarcale sous un nouveau jour. Cette misogynie a atteint son paroxysme pendant le réveillon du Nouvel An que j'ai passé chez mon amie d'enfance, Natacha.

Les joies d'être une femme en Norvége

«Cette année, ma collègue nous a vraiment fait un sale coup : elle est tombée enceinte » a sorti le gars assis de l'autre côté de la table.

J'ai failli m'étouffer avec mon morceau de camembert. Cela faisait longtemps que je n'avais pas entendu de commentaires aussi négatifs associés à la grossesse.

« Elle a pris trois mois de congé maternité. Non mais sérieux quoi ! Et après, on se demande pourquoi les entreprises ne veulent pas engager de femmes qui ont la trentaine ».

Cela n'a semblé choquer personne autour de la table, pas même un homme qui tenait son bébé dans les bras ni mon amie qui était enceinte de huit mois.

« Elle nous lâche comme ça et qu'est-ce qu'on est censés faire, nous, après ça ? » a-t-il demandé à toutes les personnes présentes.

J'ai suggéré un timide « La remplacer jusqu'à ce qu'elle

revienne ? ».

J'ai ajouté qu'à mon bureau norvégien, chaque année, au moins une personne prenait un congé parental et ça durait bien plus de trois mois. La personne était remplacée et revenait au travail une fois son congé terminé et tout se passait plutôt bien. Mon chef (un homme) venait d'ailleurs de prendre 7 mois de congé paternité sans que personne ne cligne des yeux. Il était remplacé par un autre collègue qui lui travaillait à 70 % parce que son enfant avait un problème chronique et qu'il devait donc avoir des journées courtes à la crèche.

Étant donné que les congés parentaux concernent aussi bien les femmes que les hommes en Norvège, en recrutant quelqu'un, les employeurs ne peuvent pas penser que les femmes seront plus susceptibles de prendre un congé puisque les deux parents en prendront un de toute façon. Cette solution lui a semblé très étrange et pas du tout pratique.

« Mais ça demande du temps et des ressources de remplacer quelqu'un, a-t-il ajouté. Elle aurait dû nous prévenir qu'elle essayait de tomber enceinte pour qu'on ait le temps de tout prévoir. En plus, elle part 3 mois, tu te rends compte ! C'était vraiment pas pro de sa part ».

Mais quelle serait la solution à ce « manque de professionnalisme » ? Une mise à jour lors des réunions du personnel durant laquelle les femmes indiqueraient tous les mois si elles envisageaient de tomber enceintes et la date de leur dernier cycle ? À mon tour de dire, sérieux ?

En France, les femmes ont 2,5 mois et demi de congé maternité payés, les hommes 4 semaines. En Norvège, on est sur une année à partager entre les deux parents. Résultat : les femmes travaillent plus à temps plein que les femmes en France, et surtout les hommes se retrouvent seuls pendant 3 mois minimum pendant que leur femme est au travail. N'est-ce pas cela le partage des tâches domestiques et de la parentalité ?

Cette image des femmes, finalement reléguées aux tâches domestiques et aux enfants dès lors que le couple a un enfant, devenant ainsi un poids pour leur employeur, n'était que le début. Il y avait tout un autre chapitre, qui est le harcèlement de rue, le harcèlement sexuel et simplement les allusions graveleuses et sexuelles envers les femmes qui n'ont rien demandé à personne. Lorsque je vivais en France (et cela a peut-être changé depuis), il était socialement acceptable que des collègues et dirigeants de sexe masculin fassent des commentaires au sujet de la tenue et du maquillage (ou l'absence de maquillage) d'une collègue. Je me faisais siffler dans la rue, à Paris on me suivait dans le métro et souvent des hommes me parlaient et s'énervaient si je ne répondais pas. D'autres se collaient aux femmes, très proches, sans nécessité apparente.

Mais bizarrement, en Norvège, personne ne semblait accepter ce genre d'attitude, que ce soit dans la rue, au travail ou en politique. Les hommes respectaient réellement les femmes et ceux qui ne le faisaient pas s'exposaient à des conséquences sociales, voire juridiques.

Mes collègues fixaient mes yeux, pas ma poitrine ni mes fesses, et mes collègues femmes étaient sur un pied d'égalité avec les hommes. Elles ne devaient ni amener le café ni faire de photocopies. Elles devenaient souvent cheffes, même lorsqu'elles avaient des enfants en bas âge.

Lors de ma première journée de travail en Norvège, mon chef Bjørn m'avait même demandé mon avis, devant tout le monde. Étant donné que c'était la première fois que ça m'arrivait de toute ma carrière professionnelle, j'avais regardé autour de moi pour être sûre qu'il s'adressait bien à moi.

Quand je sortais à Oslo, je ne choisissais plus ma tenue en pensant au fait que j'allais rentrer seule ou accompagnée, tôt ou tard cette nuit-là. Le sexisme ordinaire a cessé de polluer mes pensées quotidiennes.

Bien sûr, la plupart des hommes français ou non scandinaves

respectent les femmes, mais le sexisme reste toujours socialement accepté au point de pouvoir en devenir insupportable. Et les femmes ne condamnent pas toujours cette situation. Comme mon amie enceinte de huit mois, à ce dîner, qui pensait que c'était normal que son employeur ne lui ait pas renouvelé son contrat en apprenant qu'elle était enceinte.

La France dispose aussi d'une législation anti-discrimination, mais elle est rarement appliquée et les commentaires sexistes sont perçus comme des « blagues » qui ne font pas rire les femmes comme moi parce que « nous n'avons pas le sens de l'humour ». Je me rappelle ainsi d'un collègue plus âgé avec lequel je travaillais dans une boulangerie Paul à Paris alors que j'étais étudiante. « Tu as vu ces éclairs ? J'ai le même dans mon caleçon si tu as envie de le goûter un de ces jours ». Ce n'est pas du tout un évènement isolé ni spécial, malheureusement. Lorsqu'on parle de ce genre de remarques en France, on entend : « Oh là là, bon ce n'était pas très fin. Il doit bien t'aimer ». J'avais 18 ans. Désolée, mais ce n'est pas la réponse que nous méritons.

Je savais que les choses n'étaient pas non plus parfaites ici. Le sexisme existe aussi en Norvège, tout comme les viols et la violence domestique. J'ai découvert que la majorité des chefs d'entreprise en Norvège étaient encore des hommes bien que les femmes occupent des postes de direction.

Mais la situation y est quand même très différente.

En Norvège, l'égalité des sexes fait l'objet d'un débat continu, et est abordée par le peuple et les hommes politiques qui tentent de l'améliorer. Alors qu'en France, c'est une question sans importance.

« En ce moment en France, il y a des problèmes bien plus pressants que les questions relatives aux salaires égaux des femmes, ou au congé paternité, comme le chômage » me rétorquait-on souvent.

Peu importe à quel point j'aimais mon pays, j'ai réalisé que je n'étais pas prête à laisser tomber les joies d'être une femme en Norvège pour un endroit avec des exigences moins élevées en matière d'égalité. Cela voulait probablement dire que je ne pourrais jamais revenir dans mon pays d'origine. Je ne savais pas trop ce qui avait transformé les Vikings en champions de l'égalité, mais ça me convenait.

Même si la Norvège était encore loin de représenter une parfaite égalité, j'étais prête à m'en contenter puisque c'était la meilleure option disponible.

Après avoir passé une semaine en France, je me suis mise à compter les jours qui me séparaient de mon retour en Norvège. J'avais hâte de rentrer « chez moi ».

Ce jour a fini par arriver. Tandis que je faisais mes valises, mon père m'a amené le *brunost*, presque intact, et m'a dit :

« Lorelou, tu ferais bien de ramener ça aussi. Personne ne le mangera ici.

Ça valait le coup de risquer ma vie pour faire découvrir les spécialités norvégiennes à ma famille.

« Et ne deviens pas trop norvégienne, a-t-il ajouté.

« N'oublie pas de boire du vin rouge, d'insulter les gens dans les bouchons et de manger de vrais dîners sans trop de cra-cottes WASA auxquelles tu t'es habituée » a-t-il conclu en me serrant dans ses bras.

Il avait raison.

Au début, je n'aurais jamais imaginé que je me serais mise à apprécier le mode de vie norvégien. Mais la Norvège était devenue mon chez-moi et, curieusement, les Norvégiens étaient devenus ma tribu. Je me sentais plus proche d'eux que de mes compatriotes français. Comment était-ce possible alors que ma maîtrise du norvégien n'était pas parfaite et au bout de seulement un an ? C'était peut-être le destin ?

En bref : l'égalité est un drôle de jeu. Quand j'étais jeune, je pensais que ma vie devait ressembler à ça : lutter pour me faire entendre dans une salle remplie d'hommes. Prouver mon expérience et mes compétences au travail. Réfléchir à ma tenue et tenter de ne pas attirer l'attention des hommes dans la rue.

Carrière ou vie familiale : toute ma vie, j'ai entendu que les femmes doivent choisir. En Norvège, on n'est pas obligées de choisir. On peut tout avoir. Parce que les hommes partagent aussi le temps passé à faire le ménage, à s'occuper des enfants. Parce qu'on est payés presque pareil (oui, il y a un écart de salaire ici aussi, et la charge mentale est toujours plus lourde pour les femmes aussi en Norvège) et parce que c'est normal qu'un père reste à la maison sans travailler si son enfant est malade. Et surtout parce qu'on peut sortir vers 16 heures du travail, qu'on a assez de temps pour s'occuper de notre famille et pour prendre des décisions importantes au travail pendant la journée.

Une fois que vous avez goûté à l'égalité des sexes et au respect, il n'y a pas de retour en arrière possible. Et même si les hivers sont longs et sombres, ça en vaut la peine.

Home Sweet Home

Avant de regagner la Norvège, une dernière étape m'attendait : Paris. J'ai rendu visite à ma grand-mère pour récupérer certains objets que je n'avais pas réussi à embarquer en Norvège lors de mon premier voyage. Ma grand-mère avait renoncé à conduire depuis longtemps dans Paris, alors je me suis rendue en métro en bas de son appartement. Avec des bagages bien plus légers que la dernière fois que je l'avais vue. Les bonnes choses que j'avais ramenées de Norvège avaient été mangées et bues à Marseille. Mais il me restait quelques petits cadeaux en réserve pour elle.

Elle m'a serrée dans ses bras et m'a dit :

« Tu es toute pâle. Tu es malade ? Tu manges assez en Norvège ?

— Oui mamie, je vais bien. Je suis sans doute pâle parce qu'il n'y a pas beaucoup de soleil en ce moment en Norvège » lui ai-je répondu chaleureusement.

Je me suis confortablement installée dans son salon tandis qu'elle allait chercher du thé et un gâteau qu'elle avait préparés pour l'occasion.

« Raconte-moi tout, ma chérie.

Je l'appelais au téléphone mais elle voulait avoir plus de détails.

« Tu as rencontré un garçon ? Tu sais que je préférerais que tu rencontres un Français, comme ça tu reviendrais vivre ici, m'a-t-elle dit. C'est tellement mieux d'être près de sa famille.

Est-ce que ça l'était vraiment ?

— Non, aucun garçon qui vaille la peine d'en parler, lui ai-je répondu. Mais je me suis fait de merveilleux amis. Et j'adore mon travail : ils me traitent bien, je bosse sur des projets très intéressants, je voyage. Et j'ai même eu une augmentation ».

Sa tasse de thé à la main, ma grand-mère réfléchissait. Elle savait que son avis comptait beaucoup pour moi, même si nous étions issues de générations très différentes. Elle était née en 1930 et avait neuf ans quand la Seconde Guerre mondiale avait éclaté. Elle se souvenait de tout. Elle s'était mariée à 20 ans, un âge avancé pour le mariage à son époque. À 28 ans, elle avait déjà cinq enfants. Inutile de dire que j'étais en retard. J'avais 28 ans, pas d'enfants et aucune bague au doigt.

« Tu sais ce qu'il y a de plus important dans la vie d'une femme ? m'a-t-elle demandé.

Je me suis tue, m'attendant à un long discours sur l'importance des enfants, de la famille, de l'engagement et des traditions, mais ma grand-mère m'a surprise.

« Gagner son propre argent. Être indépendante. Comme ça, on a toujours le choix, m'a-t-elle révélé.

« Dans ma génération, les femmes n'avaient pas le choix. On épousait un homme qu'on pensait apprécier, sans vraiment le connaître, et après, si on se disputait ou qu'on voulait s'en aller, on était coincées. Tu as une chance incroyable de pouvoir vivre ta vie comme tu l'entends et de décider de ce qu'il y a de mieux pour toi.

Je n'en revenais pas.

« Mais je ne comprends pas pourquoi tu dois faire ça en Norvège. C'est si bien que ça là-bas ? m'a-t-elle demandé.

Je lui ai parlé du droit du travail progressiste, de l'égalité des sexes au travail, des horaires de travail flexibles et du respect envers les jeunes femmes.

— C'est sûr qu'ils mangent des trucs bizarres et qu'ils peuvent sembler froids au premier abord, mais c'est un bel endroit où vivre. C'est paisible, lui ai-je répondu.

— Je sais à quel point c'est dur pour ta génération de trouver un emploi décent en France. Je comprends pourquoi tu veux rester là-bas, m'a-t-elle répondu.

« Mais reviens me voir de temps en temps. Tu me manques.

— Mamie, une dernière chose. Je crois que je vais m'acheter un appartement. Toute seule ».

Elle était stupéfaite. Une femme seule, qui travaillait, pouvait s'acheter un appartement par ses propres moyens.

« Je suis si fière de toi, m'a-t-elle dit.

« Fais juste attention à ne pas être trop indépendante, autrement tu vas faire fuir les hommes. Fais parfois semblant d'avoir besoin d'eux, d'accord ? Sinon, tu vas finir comme ta tante Lydia avec ses cinq chats et ses avis prononcés sur tout ».

Et voilà, la grand-mère féministe avait disparu.

Elle m'a pris la main.

« Et maintenant, dis-moi tout sur la nourriture et les hommes ».

Je lui ai tout raconté. Pour ce qui est de la nourriture, la Norvège n'a pas que des pommes de terre, lui ai-je expliqué. Ils ont des moutons et des truites et des rennes et du très bon fromage qui vient de Røros. Je lui ai raconté la soirée tacos du vendredi et la tête de mouton. Elle a ri en écoutant mes histoires d'amour ratées et a souffert avec moi quand je lui ai parlé de la sueur et des larmes que j'avais versées en parcourant la Norvège du Sud à vélo.

« Et les aurores boréales ? Tu sais que personne dans notre famille ne s'est jamais aventuré aussi au nord que toi ? »

Je sentais qu'elle voulait me garder près d'elle autant qu'elle souhaitait me voir réussir et être heureuse, même si c'était loin.

Une semaine plus tard, je l'ai quittée, cette fois-ci avec toutes mes affaires. Le vol Paris-Oslo n'était plus aussi surprenant que ça à mes yeux. J'étais désormais habituée aux personnes de grande taille qui portaient les mêmes marques et faisaient la queue à l'aéroport en vue d'embarquer pour Oslo. Je n'ai eu besoin de personne pour soulever ma valise et j'ai réussi à discuter en norvégien avec ma voisine de vol au sujet de banalités dont les Norvégiens aiment parler. Quand nous avons survolé les plages danoises du Jutland pour remonter jusqu'à Oslo, il faisait encore jour dehors. J'ai admiré les magnifiques paysages vierges des forêts enneigées et des lacs.

Nous avons atterri à l'aéroport d'Oslo-Gardermoen à 15 h : le ciel s'obscurcissait. De la neige mouillée tombait sur le tarmac et était illuminée par l'intense éclairage artificiel de l'aéroport. Bien que ce cadre puisse sembler inhospitalier à la plupart des gens, la seule chose que j'ai ressentie était du soulagement. J'étais à la maison.

J'ai quitté l'avion en silence et je suis passée devant les Norvégiens de mon vol qui se ruaient sur le vin détaxé, le *snus* et les bonbons comme si c'était leur dernière chance avant la fin du monde.

J'avais quelques bonnes bouteilles dans mes bagages, et je suis donc passée dans le duty free sans rien acheter. Je n'étais pas encore assez Norvégienne pour ça.

Peu de temps après cette première année en Norvège, j'ai créé un blog qui s'appelle *A Frog in the Fjord*, afroginthefjord.com. À l'époque, je cherchais à partager les frustrations et les défis auxquels je me heurtais dans ma compréhension de la culture norvégienne et mon apprentissage de la langue norvégienne.

À ma grande surprise, certains de mes articles ont fait le buzz en Norvège et aux États-Unis. J'écrivais mon blog de manière anonyme et j'avais peur qu'en révélant mon nom, cela ait des répercussions sur ma vie professionnelle. Je parlais de mes échecs sentimentaux et du côté très étrange des Norvégiens, alors j'ai pensé que ça ne pourrait que me faire passer pour quelqu'un de peu professionnel aux yeux de mes collègues de travail.

J'avais tort et dès que j'ai commencé à écrire sous mon vrai nom, de nombreuses opportunités se sont présentées à moi. Les journaux et organes de presse les plus populaires de

Norvège m'ont demandé d'écrire des articles pour eux, en passant d'Aftenposten et de VG à la NRK. On m'a proposé d'être chroniqueuse pour VG (Verdens Gang), le plus grand journal de Norvège, chose que je fais depuis 2014. Je rédige des articles au sujet de la culture et de la société norvégiennes du point de vue d'une étrangère.

En 2017, j'ai publié un livre auprès de la prestigieuse maison d'édition norvégienne Cappelen Damm dont le titre est «En frosk i fjorden- Kunsten å være norsk» (*Une grenouille dans le fjord : l'art d'être Norvégien*). Il s'est brièvement classé dans les dix meilleures ventes de livres en Norvège et il continue d'être vendu, lu, téléchargé et écouté.

On m'a invitée à des talk-shows et j'ai dû parler norvégien en direct devant des centaines de milliers de téléspectateurs tout en incarnant la Française rigolote du livre. Ça a été l'un des moments les plus effrayants de ma vie. Maintenant que la Norvège et la Scandinavie sont devenues plus à la mode, je suis interviewée par des médias internationaux tels que CNN et le magazine Elle au sujet de concepts typiquement norvégiens comme le fait d'être *koselig* et le *friluftsliv*. Je donne aussi des cours en université et en entreprise pour aider les employés étrangers à saisir la culture d'entreprise norvégienne.

Pendant toutes ces années, j'ai conservé mon poste dans l'environnementavec des postes dans des organisations commes le WWF Norvège, et je travaille désormais pour le gouvernement norvégien sur les questions de durabilité et de responsabilité sociale et environnementale des entreprises.

Malgré mon projet initial de ne rester en Norvège que quelques années, je ne l'ai jamais quittée, ni pour la France ni pour aucun autre pays. J'ai vécu dans le studio de répétition de Jahn Teigen pendant cinq ans. J'ai réalisé que ce séjour temporaire en Norvège devenait toujours plus permanent, alors j'ai fini par acheter un appartement.

Je vis toujours à Oslo, désormais avec mon mari et notre enfant. Je profite des avantages de la maternité en Norvège, ce qui m'a permis de découvrir un tout nouvel aspect de l'excentricité de la culture norvégienne.

Je ne sais toujours pas skier, mais j'ai appris à aimer le *brunost*, uniquement quand il est servi sur des gaufres norvégiennes bien chaudes cela dit.

Bizarrement, ou pas, je me suis mariée à un étranger, qui vit aussi en Norvège depuis un moment. Il vient de Roumanie. J'imagine que je n'étais pas faite pour être avec un Norvégien.

Nous sommes toujours amies avec Kaia et les filles de la chorale de Saint Halvard mais j'ai perdu tout contact avec Tor et Ante. Je ne vois pas souvent Ramu mais on prend de nos nouvelles de temps en temps. Je vois toujours Nina à chaque fois que je vais à Tromsø, tout comme Carina quand je suis dans les îles Lofoten. Roar, mon contact à Porsgrunn, est devenu un ami proche et nous passons souvent nos vacances ensemble.

Alors que ce livre faisait l'objet d'une deuxième révision, j'ai reçu la confirmation des autorités norvégiennes qu'elles m'avaient accordé la nationalité norvégienne.

Maintenant, il ne me reste plus qu'à m'acheter une *bunad* pour me promener dans les rues de ma ville le 17 mai comme une vraie Norvégienne !

MERCI

Je voudrais remercier Ionuț Burchi d'avoir pris soin de notre maison et de notre famille pour que je puisse terminer ce livre, et de m'avoir soutenue de manière indéfectible, Hans Petter Sjøli de m'avoir donné une chance d'écrire pour *VG*, Scott Remborg pour son soutien sans faille, David Nikel pour ses précieux conseils, Ole Johnny Hansen pour son sens de l'humour et son talent qui m'ont tous deux inspirée, Sebastien Hogan de m'avoir promis d'être mon chauffeur une fois que je serai célèbre, Kine Hilmo Dybdalsbakk de m'avoir fait connaître mon premier *hyttetur*, Joakim Moen Tønseth de cuisiner des plats français et de m'enseigner l'argot norvégien et, Annette Katherine Mohr pour sa positivité.

Merci à Ayesha Wolasmal, à Fritjof, Ellinor, Torbjørn et Lotte Katborg Grønning pour la chaleur de leur charmant *hjorteborgen*, à Anja Veum et à Brynjar Skjærli pour m'avoir appris à manger les *smalahove* et bien plus encore, à Sebastin Britto et à sa chèvre, à toutes les copines de la chorale de Sankt Halvard, à Kingsford Siayor pour m'avoir fait confiance et m'avoir confié son histoire de vie, à Ariane Bouchardy Gauthier pour son soutien depuis Montréal, à Tori Lind Kjellstad pour sa créativité et son humour, à Fosia Mohamed Hansen pour sa chaleur, à Øyvind Eggen pour son soutien et son rire, à Lucie et Thomas Bassetto pour avoir été à mes côtés contre vents et marées, à mon oncle Pierre Mrejen pour m'avoir enseigné l'amour des livres, à Rune Paulsen pour m'avoir appris l'humour norvégien, à Unni Delgado pour m'avoir enseigné le norvégien, à Lotte Havemann — ma nounou danoise, à Kajsa Kemi Gjerpe pour m'avoir fait découvrir le mode de vie à la samie, à Carina, Egil, Joppe et Liuda d'être ma famille à Tromsø. Merci aussi à mes amis de toujours, Delphine Armand, Sutarni Riesenmey, Julia Richardson, Arnaud Leroux et Nicolas Oltramare. Merci aussi à Jessica Rivière pour son soutien et son amitié, et Julie Petros pour sa positivité et son humour.

Un merci tout spécial à Øyvind Bryde pour son bon goût en matière de musique, ses fêtes et son amitié qui me manqueront à jamais.

Merci à mes collègues et amis de la Rainforest Foundation Norway qui m'ont patiemment expliqué le mode de vie à la norvégienne pendant les premières années de mon séjour : Anja Lyngsmark, Geir Erichsrud, Vemund Olsen, Anja Lillegraven, Nils Hermann Ranum, Lionel Diss, Kamilla Berggrav, Ann-Kristin Berg, Britta Ødegaard, Lars Løvold et Yngve Kristiansen.

Merci à mes parents Catherine et Denis, et à mes frères et sœurs Grégoire, Marielle et Chani Desjardins.

À ma bien-aimée grand-mère Arlette Mrejen.

Aux trois petits trolls norvégiens qui illuminent ma vie : Joan, Erik et Isak.

Et à tous les lecteurs de mon blog afroginthefjord.com

www.ingramcontent.com/pod-product-compliance
Lightning Source LLC
LaVergne TN
LVHW040110180726
843489LV00005B/1339